U0889912

绝迹动物古抄本

Babel Cat

巴别猫

绝迹动物古抄本

斯宾塞·布莱克医生的

解剖手记

[美] E.B.哈德斯佩斯 著

万洁 译

長江出版傳媒
湖北人民出版社

本书内容纯属虚构

其中之出版人手记、人物传记、生物结构图

均不具有严肃历史及生物学学术意义

特此说明

出版人手记

幸有费城医学古文献博物馆不懈的努力和慷慨的经济支持，本书才得以出版面世。

在过去的十五年中，该博物馆的馆长一直致力于在全美国和欧洲进行游历，以便在私人藏品中搜集斯宾塞 · 布莱克医生遗失的日志、信函和图解文件。至于斯宾塞 · 布莱克医生，他是西方文明中有史以来最杰出的医生之一，也是科学界特立独行的人物之一。

诚然，正如许多医生和医学院学生所知，19 世纪晚期布莱克医生在治疗遗传畸形病方面做了开创性的工作，因此既赢得了声望，也招致了恶名。但没有人能否认，布莱克医生是一位真正的奇才。在近二十一岁时，他的成就就已经为世界各地的医师所敬仰。然而，他职业上的辉煌并不长久，布莱克医生晚期所做的工作大多离不开争议、流言和指责他亵渎神灵的诋毁。通过此处搜集的材料，现在我们才了解，与布莱克医生在世时流行的哥特小说中的情节相比，他的个人事迹与职业创举更加令人震惊。

本书中的很多信函和图解都是布莱克医生的哥哥伯纳德提供的。因为 1938 年出台的《国际现代科学公约》，世人未曾亲眼见过这些文献（因为遭到了公众谴责，展出十分短暂）。一些匿名捐献者直接向我们提供了本书中的其他信函、日志和图案，这些内容也是首次结集出版。通过这些资料，我们可以对布莱克医生的私人生活和专业成就有全新的了解。

本书开篇介绍了这位在西方世界中备受争议的外科医生的生平，此为迄今为止关于他的最为全面的传记。后篇内容为布莱克医生的著作《绝迹动物古抄本》的翻版，内容与原版相差无几。

上、下两篇共同构成了这本书，它是了解斯宾塞 · 布莱克医生的不二选择。

斯宾塞·布莱克

医生

生平

1851—1868

童年

在我童年的想象中，上帝的威严总是
一触即发、无处不在的。

——斯宾塞 · 布莱克

1851年，斯宾塞 · 布莱克医生出生于马萨诸塞州的波士顿，其兄长伯纳德则出生于1848年。他们的父亲是著名的外科医生格雷戈里 · 布莱克，母亲名为梅瑞狄斯，生斯宾塞时难产而亡。因为母亲的早逝，兄弟二人的童年生活颇多坎坷。

格雷戈里 · 布莱克是波士顿医学院一位备受尊敬的解剖学教授。在他教授解剖学的那个年代，尸体并不容易得到，因此他们研究所用的尸体都是盗墓者偷挖出来的。他的办公室中摆放着一些保存完好的尸骸，穿着衣服，在架子的支撑下呈站立姿势，像真人一样。他是波士顿市数一数二的教授，听他授课的学生人数也逐年增加。由于通过合法渠道获得的尸体已经无法满足教学需要，他不得不购买来路不明的尸体，还经常在两个幼子的协助下亲自盗尸。斯宾塞 · 布莱克在日志中详细地讲述了这些经历。

> 那时候我还不到十一岁，就不得不面对痛苦和折磨了。我记得特别清楚，有一天晚上，我匆匆忙忙地从床上爬起来，跟在我哥后面。我哥叫伯纳德，比我大三岁。因为要帮着父亲备好马和马后面拉的车，他总是第一个醒来下床。
>
> 离天亮还有好几个小时。在清冷的夜里，我们离开家，向河边进发。之后还要经过一座桥，桥上漆黑一团，我们很难看清路。但有一个好处，那就是从这里进出墓地不易被人察觉。

一路上，我们始终保持安静。弄出动静惹人注意对我们可没好处。那晚空气很潮湿，由于不久前刚下过雨，我甚至能从空气中闻到新鲜的雨水味道。我们在桥上慢吞吞地走着。我还记得马车轮子似乎很费力地转动着，发出吱吱嘎嘎的声响，我一直担心附近的居民会被任何一点响动吵醒，并产生好奇。我们那匹老马身上冒着热气，它的鼻息让我感到安定平静。它本是个无辜的生灵，却成了我们的同谋。桥下是一道细细的溪流，但因为光线太暗，我们看不见它，只能听到溪水静流的声音。一旦过了桥来到遍布青苔的墓地上，我们这场乏味旅途中的种种声音就一下子柔和起来。来到这个地方，我父亲紧张的神经开始松弛下来，心情也好了。于是，他把我们带到为某个死人新修的墓前。我们，就是被大家叫作掘尸人或盗墓者的人。

儿时的我和现在不同，那时的我是信仰上帝的。我父亲是个没有信仰的人，但我祖父母信，正是他们给了我这方面的严格的理论教育。我非常害怕那些夜晚我们所做的事情。在人能犯下的所有可怕罪行中，我觉得盗窃死尸是最可怕的。在我童年的想象中，上帝的威严总是一触即发、无处不在的。不过，比起上帝震怒，我更害怕父亲发脾气。

父亲曾提醒我们，根本没必要感到惊恐或害怕。晚上我们掘墓的时候，尸体的腐烂气息弥漫在我们周围，他则在我们耳畔不住地重复这些话。很快，我们挖到了柔软潮湿的木头棺材，里面装的是哈斯佩尔·厄尔·沃西的尸体。棺材板裂开了，因此空气中恶心的尸臭更加浓重。我放下铲子。谢天谢地，父亲决定自己动手扳开木板、起出尸体，没让我们干。哈斯佩尔的脸已经凹陷，像是戴着张灰色面具，身上的皮肤像烂橘子一样。我就是通过这样的夜晚逐渐了解了父亲的职业。

不久后，布莱克医生又写下了另一篇日志，里面是一首短诗，名为《可怕的一幕》。诗歌的灵感显然来自他挖坟盗墓的经历。这是已知的布莱克医生的作品中唯一的一首诗。在他所画的无数图例中，这首诗反映出了他的创作冲动。

可怕的一幕

在一个愉快的夜晚，我安然入眠；
次日醒来，眼前却是可怕的一幕。
我挚爱的她，撒手人寰。
于是，我将她安置在棺木中，
将棺木深埋于地下。
地下世界，平和安宁。
而她也将安息，静等我主降临。
我去拜祭，洒泪墓前。
可是，看啊！爱人的尸体早已不见。
她去的不是耶和华的天堂，
而是从坟墓到了医生的尸房。

1868 年冬季，斯宾塞 · 布莱克的父亲——格雷戈里不幸得了天花，不治身亡。有人说，要是他预先知道自己会得此病，凭他的才华一定能治好自己。葬礼后不久，斯宾塞宣布自己也要当一名医生。从他写下的文字中可以看出，他将死理解为一种抽象概念。他常常将死亡描述为“会发生在活人身上的一种现象”，甚至没有为他亲生父亲的去世感到过多悲哀，反倒是感到好奇。

> 看着他躺在土坑中，泥土和草皮将他覆盖，一切都是那么安静。我在一旁等待良久，等待着会听到一声命令、一句建议或者能激怒我的话语，等待有什么能证明他的死给我带来了损失。但是我没等到。

伯纳德 · 布莱克也写了一本日志，里面记录着他的生活和他所从事的自然科学方面的工作。

1908 年，他被报失踪。他的妻子艾玛在《与一位美国博物学家为伴的旅行》一书中收录了他的几篇日志。以下内容写于他父亲去世的那周：

> 那一刻，因为我们父亲的去世，我感受到了巨大的痛苦。而在同一时刻，我看到斯宾塞反倒无比兴奋，好像他的全部心思都随父亲进入坟墓，想要追逐“死亡”的藏身之所。

他们的父亲与世长辞后，斯宾塞和伯纳德于 1869 年秋天搬到费城，由他们的叔叔撒迦利亚和婶婶伊萨多照顾。葬礼花销巨大，尽管格雷戈里生前留了些丧葬费，但还是不够。撒迦利亚和伊萨多用他们的积蓄补上了缺口，那是一笔很大的支出。看得出来，就和现在一样，体面的葬礼都花费不菲。

1869

医学院

在当今经验至上的时代，
真相是很难传播的商品。
有何证据证明太阳两面都能发光呢？
我没法证明，所以这就是不可能的吗？

—— 文森特·赫尔姆斯爵士，医学院创始人

搬到费城之前，伯纳德已经在波士顿医学院完成了三年的课程，而斯宾塞只在那里上了一年学。于是，两个年轻人都进入费城医学院继续学业。斯宾塞就是在那一年开始写日志的。

1869年9月

身为人类真是个奇迹！虽然费城不是我的家乡，但我会在这本日志中尽力记录我在费城医学院的生活、学业和种种经历。追求医学事业并非我个人的选择，而是命运和上帝或者人的其他什么特质指引我走上了医学的道路。

我的父母均受过良好的教育，但他们都已经离我而去了。母亲生我时死于难产，而当时父亲也在场。他一边迎来了我的出生，一边又要承受我母亲的离去。因此，他不常提起母亲。

父亲因感染天花去世是在冬天，那年我十六岁。我确实对父亲的去世感到哀痛，但是，我不曾因此哭泣。

他躺在棺材中，我却总觉得他会坐起身来。我幻想他被脸上涂着煤渣或灰烬的人们从墓穴中抬出来，衣不蔽体，然后沿着小路被拖到马车上。几秒钟之后，车夫“啪”地一挥马鞭，马儿就将他带走了。我父亲生前是一位有名的医生和解剖学家，十分受人尊敬。他曾为了研究购买过不少尸体，现在，他可能有机会以另一种方式献身科学了。

人死后，既不会上天堂，也不会下地狱，而是就此解脱，不用再忍受疾病带来的痛苦，也不用再承受死亡带来的恐惧。我们的身体所拥有的意识和直觉十分神秘，而我们身体的化学反应过程更为神秘。我立誓要成为医学领域的科学家，致力于生命科学的研究。人整个身体的意义在于其中的灵魂，而我的手术刀只是切开血肉。我发誓，我用手术刀剖开人体时，永远保持一颗虔诚的心。

斯宾塞·布莱克在医学院中学习成绩优异。在同学和师长的眼中，他将很快成为医学界的新星。严肃认真的态度和聪慧机敏的特质让他成为同龄人中的佼佼者。斯宾塞是大家眼中前途无量的青年才俊，闻名全国。伯纳德的兴趣却与他截然不同，伯纳德致力于研究自然科学、化石和历史。

约瑟夫·沃伦·敦克尔是对斯宾塞影响最大的教授之一。他是来自苏格兰的移民，最初也在波士顿医学院学习。他在那里认识了斯宾塞的父亲，他们是同学。后来，他在内战时期[①]担当军医，曾做过成百上千例截肢手术，很多人因为术后感染而丧生。在费城医学院，敦克尔是一位公认的颇具魅力的医生，他很喜欢和同事、病人开玩笑，还喜欢在晚上赌博或参与一些热闹的活动。他和斯宾塞成为了好朋友。

当时的医学界正在经历剧变，不仅在美国国内，整个世界也都发生了很多改变。医生开始了解细菌及其与感染的关系，卫生手段也有所进步。以前，人们认为医生手上干涸的血液可以形成一层卫生屏障，还认为环境卫生与术中感染没有关系；现在，术前洗手或将双手在石碳酸中浸泡这样的步骤越来越普及。手术中还开始革命性地使用麻醉措施，此举可以让医生长时间进行手术，而无须担心病人的痛楚。布莱克十分欣赏这些进步，也十分乐于贡献自己的想法和创意。

① 美国南北战争。——译者注

1869年是布莱克在费城医学院上学的第一年，他开始研究人体变异——尤其是人体严重的、特殊的甚至致死的畸形病例。但是，研究这些屡因疾病受到羞辱中伤的病人并不容易。这类病人通常死得很早，或者因为与世隔绝而难以找到。布莱克的很多早期作品都受到了他参观位于费城市中心的戈候斯密耶博物馆的经历的影响。该博物馆的藏品中有一副罕见的两臂双头连体婴儿骨架，她们分别叫艾拉和艾米丽，在出生时夭折了。布莱克针对她们的不幸状况写了他的第一篇论文。论文得到了高度评价，但是知道的人不多。人们认为布莱克的很多著作都没什么探讨价值，反倒是他关于传染病的研究、更为高效的手术实践案例或经过改进的麻醉手段更有价值。很多人认为这位年轻医生在先天畸形领域的研究纯属浪费时间。布莱克写下了当时他遇到的挫折：

> 我现在醉心于研究解剖。敦克尔在我对人体畸形的研究上给了我不少帮助。尽管其他教授说这种研究“既没有必要，也不会有什么成果”，可他还是一如既往地帮助我。要么是他要用行动对众人的劝告表示不屑，要么就是他真心对我的研究感兴趣——我倾向于认为是后者。
>
> 生命的奇迹是一种恩赐，但既然这奇迹发生了，为什么却带着种种缺陷呢？这一点是我尤其有兴趣搞明白的。我和敦克尔正在准备一篇将在今年春天发表的文章。我相信这篇文章会对此给出不少启发性的解释。

在进入医学院的第一年里，斯宾塞·布莱克开始越来越多地绘制图例。对于医生来说，用绘画的方式做笔记或记录其发现并不常见，但是布莱克似乎尤其善于采用这种方式进行记录。而且，他还找到了帮助其他研究者绘制图例的工作，其中一位就是著名的植物学家和旅行家让·德兰。

德兰的作品集保存在布罗德大学的正厅中，布莱克就经常去那里学习。他后来断断续续地为德兰工作了很多年，为他绘制了上百幅标本图。

> 我在绘图方面有了可喜的进步。这真是让我从听课和讲座中松了一口气。一个人专注地绘画，让我可以更好地学习、思考和放松。

英国紫杉

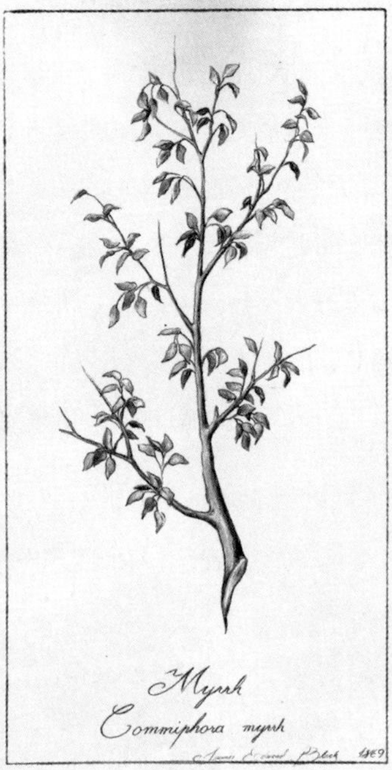

没药树

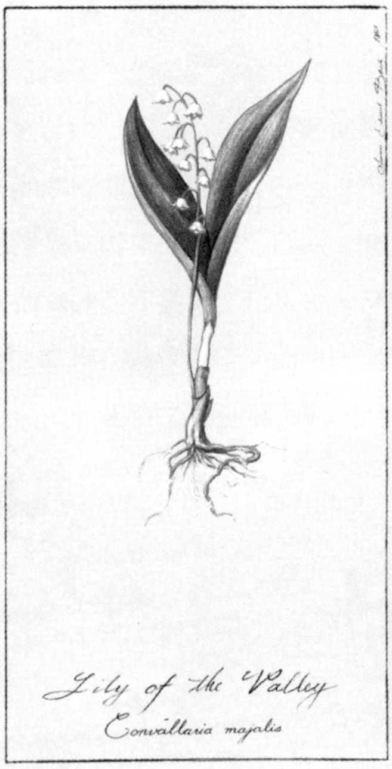

铃 兰

斯宾塞·布莱克为植物学家让·德兰绘制的三幅植物作品；它们都因独具特色而广为人知。

英国紫杉的树籽有剧毒，这种树可以活两千多年，人们甚至认为有的树已经活了九千年之久。在一些精神团体[①]中，紫衫被认为是一种超越死亡的存在。因为这种树具有超强的适应能力，很多文明将其视为重生和永生的象征。

没药树[②]可产生红褐色的树胶。在基督徒中，这种树非常有名气，因为它是献给耶稣圣婴的三个礼物之一。没药树还是著名的香料，因此现在还常常被用作熏香或入药治病。

铃兰，有剧毒，很多故事和传说中都有关于它的描述。该植物也被称作“圣母之泪”。据传，圣母玛利亚因为儿子耶稣基督被钉在十字架上受苦而落泪，她的泪水中长出了这种植物。人们相信，铃兰可以赋予人们憧憬美好世界的力量。它还是“幸福归来”或“耶稣基督再临”的象征。

---

① 成员均相信某种超自然力量的组织，部分带有宗教性质。—— 译者注

② 乔木或灌木，有树脂道分泌树脂或油质。—— 译者注

上：月形天蚕蛾　　中左：燕尾蝶　　中右：阿波罗绢蝶　　下：女皇蝉

斯宾塞·布莱克还写了很多关于他研究的昆虫和植物的内容。他对于会蜕变的昆虫尤其感兴趣。昆虫变身的过程让这位年轻的科学家十分痴迷，因此他经常描摹蝉，也经常在书信和日志中提起这种昆虫。

1869年11月22日

夏天到了，蝉从地下钻出来，变身为长着翅膀的昆虫，歌唱，交配，产卵，又很快死掉。幼虫从树上的卵中孵化，掉落到地上，然后挖开地面，深遁地底，在那里生活十多年。

蝉是如此转瞬即逝。它们经过漫长的蛰伏钻出泥土，蜕变出翅膀；它们以身体为蛹破壳重生，空壳终被抛弃，不久自己也会离世。这类变态从表面上看虽然不及蝴蝶或飞蛾那么神奇，但在我看来，却更有意义：熬过漫长黑暗，生命如此短暂。

* * *

1869年12月1日

让·德兰教授交给我一件非比寻常的任务，我非常感兴趣。他需要一些稀有小昆虫的图例，想放在他正在编的一本书中。他收集的这些昆虫都是死的，包装、固定得很仔细。它们来自世界各地：几内亚、马来西亚群岛、非洲和亚洲。它们的结构精巧独特，能观察这些昆虫最细微的区别是件很让人兴奋的事。人与昆虫的差别其实并不大，二者在自然界中所扮演的角色之不同才是真正令人吃惊的地方。

上：蝉的幼虫，刚刚从地底爬到地面上

中：蝉蜕壳，重获新生。它会稍事休息，为后面的活动积蓄力量

下：双翼完全展开后，蝉可以飞到树上歌唱，然后生生不息地繁衍下去

1870

C病房

科学证据的坚实源自客观观察者的结论，
而不是对博学者的鹦鹉学舌。

—— 斯宾塞 · 布莱克医生

在医学院上学的第二年，斯宾塞将自己的所有时间都投入到研究人体的奥秘上。他尽可能多地去参与解剖实践，不管是本学院还是附近学校机构组织的，他都去参加。而且，很可能他自己私下里也进行解剖。有人认为，斯宾塞利用童年积累的经验寻找并挖出新鲜尸体，以供自己研究。不过，他从来没有写过类似的经历。

此时的伯纳德已经完成学业，移居纽约，开始在纽约科学学会发展事业。不过，没过多久，他弟弟的成就便超过了他。虽然只有十九岁，但斯宾塞 · 布莱克已经成为了全国最杰出的年轻科学家之一。他对于研究的动力和热忱都清清楚楚地体现在他 1870 年的日志中。

1870 年 2 月

我最近一直在工作，但是没有什么值得一提的成果。我开始认为，学习解剖比单纯了解人类生长发育期间的生理变异或畸形来得更有意义，因为通过前者我可以掌握更多知识。截至目前，我还无法从对胚胎的研究中找到这种变异的来源，即使是促使变异的因素都没找到。或者说，这些方面并不明显，我无法觉察。但是，势必得找出对此的解释，我们才能了解、接受它。我们是科学家，是医生，是学者，不能让怪力乱神影响我们的逻辑判断。

人类可以行走、说话、发起攻击和进行躲避。人会做这么多奇妙的事情，但是就有一些人，生下来就无法做上述任何一种事情。

至于为什么有的孩子生下来没有胳膊，为什么会有连体婴，为什么有的人会多出来手指或脚趾，有的则根本没有指头，我不敢说我能找到原因。为什么人类会以这种形式存在呢？为什么不是长成其他样子？只要我弄明白了这个，我的研究就能有进展。

我必须得先搞懂人为什么会长五个手指头，然后才能发现六指的原因。

我对自然界会产生有缺陷的生物的问题疑惑不已。我没有信仰过上帝或大自然，只相信天地间存在着某种法则——二者中必有一种是真正起作用的。我十分努力地想研究清楚我们的身体这种完美的有机体为什么会“出错”。身体是怎么被“设计”或“安排”成可以完成某项活动、发生变异或者在无法满足某种功能的同时再舍弃另一种功能的？我们不能只是简单粗暴地使用“畸形”或“有病”这样的词汇，而不顾及这些基本原理。仅仅说一个事物“坏了”无法赋予它一种新的身份。现在，我打算从根源入手，找到“为什么人体会变异”这个问题的答案，可这个问题真的很伤脑筋。

1870年春天，布莱克在医学院开展了一项新的外科手术计划。该计划致力于改善并研究可以通过手术修复的先天畸形，这在世界上尚属首例。他这样做的目的是想了解如何帮助那些因为各种不同畸形而备受折磨的人，或者通过研究，在未来的人类繁衍中避免出现畸形。鉴于约瑟夫·沃伦·敦克尔一直以来都是布莱克的导师，这位年长一些的科学家也负责监督他的手术。同时，参与该手术计划的还有一位美国医生——约押·A. 郝拉斯，他在胚胎和连体双胎研究方面成绩出众。郝拉斯医生不久便给布莱克留下了深刻印象，他在1870年5月的日志中清楚地记录了这一点：

我以前听过他的演讲，他超凡的演讲能力让我印象深刻。他脱口而出的一番话引起了台下公众深深的共鸣。他出口成章，似乎是在演讲的前夜认真组织准备过，上台后只是轻轻松松地把这些想法讲出来而已，就像一位大富翁对一众乞丐无所谓地抛撒零钱一样。听他的演讲我确实受益匪浅。

学院特许这个小团队使用位于三楼的专属手术室。那里光线充足，位置私密，空间宽敞。这间特殊的实验室后来被称为 C 病房，该病房具备了当时最先进的技术条件——显微镜、各种化学药剂和工具，堪称当时世界上最先进的科研场所。当然，该实验室在其研究领域中确实独一无二。

该团队包括敦克尔（C 病房的负责人）、两位医生（布莱克医生和郝拉斯医生）和两名人类突变领域的专家。1870 年 6 月 3 日，他们进行了第一例手术。患者是一名手指连在一起的年轻人，这种病被称为缺指畸形，因为患病者的手外形与龙虾的螯相似，因此又叫螯状指。这例手术相对简单，最后也成功了。同年夏末，该团队为一个患有先天多指畸形的年轻女孩进行了手术，患有这种病的人手指、脚趾或四肢会比正常人多。具体到这个女孩身上，她的右臂上并生着一条多余的手臂，从肩膀一直到手指尖，是一条完整的胳膊，但右前臂粗大，而且右手长着两根大拇指和八根其他指头。经过数小时的手术，几位外科医生将多余的胳膊截取了下来，患者的切口愈合得很好。此例外科手术的成功经验被发表在全美范围内发行的医学期刊上，一些国际媒体也刊登了关于该手术的资料。就这样，斯宾塞 · 布莱克医生的知名度越来越高，工作成绩也十分出众。

1870 年秋天，布莱克发表了一篇名为《完美的人》的论文，颇受争议。文章指出，人类只不过是进化后的各个身体部件的组合，组合时偶尔会多出几个部件，更严重的是，偶尔还会少几个部件。布莱克的观点与人们接受的传统进化理论和自然选择理论不同，他的观点强调了变异并非意外，而是人类的身体在试图成长为几千年前的原始样貌。按布莱克所说，这是解决畸形学——对先天性畸形和畸形胎儿的科学研究——困境的唯一方案。他争辩道：“长成那样还能是因为什么呢？只有曾经是那样，身体才可能照着那个样子长。”

论文中最受争议的莫过于这一点。文章说：很多所谓的神话中的生物，都是世界上曾经真实存在过的物种。布莱克进一步争辩说：这些物种有时还会以基因突变的方式显示其仍旧存在于世间。布莱克的同事郝拉斯医生强烈反对他的这个观点，这种分歧后来演变成了一场激烈的竞争。

尽管这个观点获得的回应多属负面，但布莱克又接连发表了两篇论文，其中一篇探讨了血液、胆汁和血浆的物理记忆问题，另一篇研究的是儿童畸形及其身体如何适应成长发育变化。两篇论文中均附有图例。

仅仅几个月的时间，C 病房中的医生们非同凡响的工作成绩就不胫而走，轰动了全球医学界。很快，这个小团队的医生们纷纷收到来自世界各地的演讲邀请函和相应的住宿确认函。C 病房在外科手术和研究上的成功让布莱克进入了公众的视野，他被认为是团队成功的关键人物。

1871—1877

婚姻与转折

虽说医生不是上帝，
但他们做的都是上帝的工作。

—— 斯宾塞 · 布莱克医生

斯宾塞 · 布莱克以优异成绩从医学院毕业了。他年纪轻轻，仅二十岁就已经在世界范围内具有一定知名度了。在费城的精英家族中，这位少年得志的医生被视为前程似锦，不可限量。

后来，布莱克遇到了伊丽丝 · 夏代尔。她当时是为写一篇关于进化论和自然选择的人类学论文造访医学院的。我们对她的了解不多，但是从布莱克的日志中可以看出，她是一位吸引力十足且受过良好教育的女士，出身于芝加哥的一个富裕家庭。他们几乎可以说是立即坠入了爱河。三个月之后，也就是 1871 年 6 月，他们就结婚了。

求婚前我没做任何准备，也不打算做。我不知道怎么表达我的感受，只能说真的很美好。

通过在 C 病房的工作，布莱克赚得了大笔的酬劳，于是他在医学院附近购置了一套房子。1872 年春天，伊丽丝生下了他们的第一个孩子——阿方斯。孩子身体健康，以后将继承父亲的事业。

1871 年，伊丽丝 · 夏代尔的画像。画像背面所写文字如下：

亲爱的伊丽丝，我写下这行文字的时候，天边已是一片夕阳霞光，我满怀着对你的爱意和对我们今后生活的憧憬。我将发自心底地永远忠于对你的那份爱意，陪伴在你身边。——你永远的爱人，斯宾塞

阿方斯·爱德华·布莱克的画像。这是我们已知的唯一一幅阿方斯的画像。下方写的是：

我的儿子阿方斯正在熟睡中。——S. 布莱克，1872 年

1872年3月1日。从结婚算起还差4天就9个月的时候，我的儿子阿方斯在蝉的季节出生了。

医学界和全美国都对 C 病房的手术成绩展现出的发展潜力感到振奋并满怀期望。来医学院的学生也因此日益增多，学院不得不对课程和学生录取政策做出调整，以适应其快速增长的声望。1873 年的时候，申请该学校的学生已经有成千上万名了。

可惜的是，一名叫梅瑞狄斯 · 安妮 · 希斯的九岁小病人的到来，打断了 C 病房的成功。这个女孩患有一种名为“寄生双胞胎”的畸形病症，下腹部多长了两条腿，还多长了一条胳膊。她的父母带着她从科罗拉多州来到 C 病房做手术。手术开始后仅仅过了几分钟的时间，女孩就出现了并发症。在经历了 45 分钟极度痛苦的外科手术后，梅瑞狄斯死亡了。尽管郝拉斯医生宣布他对这个悲剧负责，但医学院的医务委员会将该事件视为是无法预防、不可控制、也不可预见的。布莱克也同样感到愧疚。

1873年3月12日

虽然不是我主刀，可是，想想看，女孩死的时候我们不是都在场吗？！我们竟然没能避免死亡，我真的无法接受。我们将她的身体切开，血液喷涌而出。这种情况实在出乎我的意料：我本意是要挽救她的人生，却导致了她的死亡。她的家人、父母和兄弟已经返回了家中。如果他们负担得起的话，我想他们会给孩子买一件寿衣，或许买一件刷好颜色的棺材。我该以什么样的态度再次回到医生的岗位上来呢？我会多久就碰到一次患者的死亡呢？

这场意外对布莱克产生了很大的影响，他和同事的关系甚至因此变得不再稳固。这种影响最后表现为他和他曾经的老师——约押 · A. 郝拉斯之间的一系列分歧。

我想，我能明白他研究医学科学所用的精确严密和循序渐进的方法，但我认为，记录守则的书应该能轻松地拿起来，以便需要时容易翻看里面的内容，不需要时又能马上放手，不用管它有多重。

布莱克讨厌失败，而且（因为一些我们无法完全了解的原因）他将那女孩的死怪罪在郝拉斯和C病房的医务人员身上。布莱克可能还被一些个人问题困扰。他经常在日志中写他做了噩梦，成天精神紧张，这些都可能导致他在单位的人际关系恶化。

> 昨晚，我又梦到有一具尸体被送进解剖室，尸体上盖着的布掀开后，我发现下面竟然是我父亲凹陷的脸。有人穿着白大褂，把他身体的各个部分切了下来。切完后，旁观的人都走开了。我上前一看，虽然他死了，可他的器官却还“活着”——他的心脏在“怦怦”跳动，肾脏也在分泌着汁液。然后，我就醒了。

1874年秋天，布莱克再次因为死亡而感到痛苦不堪，只不过这次死亡降临到了他的家庭。他的妻子伊丽丝又生了一个孩子——伊丽莎白。但不幸的是，几天之后，伊丽莎白因为器官衰竭不治身亡。据说，布莱克被这件事压垮了。

不过，他还是继续在C病房工作。接下来的四年里，从1874年到1878年，布莱克始终如一地在同事面前证明了自己的价值。他在移植手术、活体解剖和矫正外科手术方面做出了极大的成就。这些成就也让医学院的声誉达到了空前的高度。

> 以前从未有哪个医学中心能像费城医学院一样，做出如此多的乐观承诺。在这样的学府中，年轻学子们必能受到质量上乘、受益良多的教育。
>
> ——阿尔弗雷德·J. J. 医学博士，纽约

1876年冬天，伊丽丝又生了一个孩子——维克多，但是这个孩子的出生并没有在布莱克的日志中留下什么痕迹。这个时候，医生已经二十五岁了，他的性格开始发生转变。曾经的他总是精力充沛、活力四射，但现在他整日郁郁寡欢、愤世嫉俗。很多人说，他古怪的行为举止让他的性格越来越反复无常。而且，他开始变得脾气暴躁，如果有人与他意见相左，他便很快焦躁起来，缺少耐心。几年前，他的工作能力和研究成就曾令他闻名于世，现在却让他的处境非常糟糕；他在医学院的声望，甚至他的经济状况，都岌岌可危。但是，他的研究工作从未松懈。他变得越来越忙碌，以至于忽略了朋友和家庭，也忘记了他在医学院的工作。

秋霜化作严冬的暴风雪。我思绪纷乱，内心无法平静。我总会想起我的童年，也总会反复回忆起童年的诸多不快。要是能将这个大自然中代表死亡的季节换成温暖的春日，挥别这潮湿阴冷的糟糕天气，在洒满阳光的房间里工作，那该有多好啊！要是每天看到的面孔不是面无血色的死人脸，也许我就能开心起来了。

1877 年是他在 C 病房工作的最后一年。布莱克在医学院工作的时间越来越少，他将精力更多地投入到了自己的私人研究上。他产生了一个关于进化的新想法，这个想法最终将他与科学界的其他人对立了起来。二十六岁的时候，他做的笔记和提出的想法中都介绍了这样一个概念，即通过进化和特殊的自然选择方式，人类失去了一些他们原本有的、自然的和不可或缺的特质。他认为，正是因为失去了这些重要元素，人们才有了畸形和身体部分缺损等种种病症。

而且，布莱克推测，人类并非最优的进化结果，我们的祖先也许具有某些原始动物的特点，或者更确切地说，是某些原始神兽的特点。布莱克宣称，有科学证据显示，一些不知名的团体隐藏了原始神兽存在的真相，他们毁掉了生物分类学记录，篡改了星座记录，改写了童话。他们做这一切都是为了掩盖真实的历史。尽管布莱克从未将这个惊天阴谋归罪于谁，但他在信中好像已经认定了是某人（或者说某几个人）所为。

对于布莱克医生来说，C 病房的所有成功和获得的认可似乎都微不足道。他好像坚信自己尚未达到研究的巅峰。他的日志表明，尽管还不知道该怎么做，但他已经将自己交给了一些冷门的研究领域。后来，他在某个嘉年华表演节目中有了一个意外发现，这才全身心投入到畸形学的研究中来。

1877年7月

现在是黎明前的黑暗，我马上就会有重大发现了，所以得把那些乏味的工作放一放。要想做出比外科手术更伟大的贡献，我必须更上一层楼，继续我自己的工作、我自己的研究，尽快发展起来。

需要干的事儿太多了。我们在病房做的不过是屠夫和裁缝的工作，而并非医治者。我希望能想个法子先把这个问题抛在一边，这样才能彻底避免失败手术的出现。一个医生，对医学的深刻洞见压迫着他的良知，让他清楚地意识到：生命并非大自然的赐予，而是大自然最为宝贵的秘密。大自然对待万事万物皆平等。人的死亡是再容易不过的一件事了，就和人将一株草踩在脚下毁掉一样容易。

1878

鹿孩

阿方斯像春天的植物一样，生机勃勃地成长起来。
这真是个奇迹啊！
我心中越来越感激他能健康地来到这个世界。

—— 斯宾塞 · 布莱克医生

自从观看了当地游艺团（具体的游艺团名字已无从考证）的一场演出后，斯宾塞 · 布莱克医生的事业和理想就发生了巨大的转变。游艺团包含了巨人、杂耍艺人和其他堪称“自然奇迹”的特殊演员的表演。在这诸多热闹非凡的余兴节目中，最具特色的当属解剖博物馆，馆中展出了古怪的医学手工艺品，还有令人瞠目结舌的生物标本。

这座解剖博物馆，和陈列着诸多珍奇古玩的柜子一样，都是数百年来收集到的颇受欢迎的新奇玩意儿，其中许多藏品至今仍然允许公众参观。布莱克觉得，在这些展品面前，自己之前所做的工作黯然失色。受此启发，他开始研究在任何科学家眼中（至少在有他这种天分的科学家眼中）都最为奇异、最为独特的课题。

> 这些余兴节目我看过不少，都是典型的老套把戏。看过之后，人们会情不自禁地涌起对端庄体面和礼仪礼貌的强烈渴求。那些表演者往往是遭众人嘲笑和侮辱的对象，他们还常常会成为我们病房的病人。他们也追求更好的生活，或者说，至少想追求像正常人一样的生活。

这场展览主要展出了一些比较常见的畸形人，以及带有特殊生理缺陷的人。展品包括一对连体婴的头骨（二人的头骨是连在一起的），一个怪物般的胎儿（罐子中装着一个类似于小猪的胚胎），一条南太平洋美人鱼（一具猴子的尸骸和一条鳟鱼缝在一起）。了解科学和医学知识的人，都能轻松识别所有这些陈列品的真相。但是，“鹿孩”是一个例外。那是一个死去的年轻男孩，他膝盖弯曲的方向与常人相异。他的骨骼极其怪异扭曲，皮肤表面的毛发异常浓密。他的颅骨上还有隆起的骨质或者钙质，看起来像是小角。这个死去的孩子被封存在一个装满酒精的大玻璃罐中。

布莱克相信，这具人体样本藏着他一直在追寻的秘密。他认为，所谓的变异，就是他在书中读过的那些古老物种存在的临床表现，是尚未完全消失的基因密码的证明。也有些人认为，布莱克的这些研究根本没有什么意义。不管怎样，看到“鹿孩”，让他对找出治愈畸形的方法的渴望更加强烈了，这也让他攀上了事业的高峰。他决定再也不从事常规的医疗工作了。

展览的开办者以两百美元的不菲价格将“鹿孩”样本卖给了布莱克。布莱克把“鹿孩”带回了家，在阁楼上进行了秘密而彻底的解剖。工作完成之前，甚至连他的家人也对此毫不知情。

有意思的是，布莱克在笔记材料中对此解释说，他认为自己解剖的并不是一个为畸形所累的人类，他更相信这个“鹿孩”是神话中某个物种的残骸。他的解剖和医学方法在相当短的时间内发生了翻天覆地的变化。

1878年8月14日

通过解剖，我现在认为这个“鹿孩”是神话中森林之神萨梯的近亲。为此，我还将一头正常羊羔抬上阁楼，以作比较。我的检查显示，“鹿孩”的确是半人半兽的生物，而且和某种羊有关系。发现这种相关性并不容易，形体大小、颜色和角的区别让我很难判断它究竟与哪种羊更相近。“鹿孩”与北山羊十分相似，那是一种比较完美的种类，但它的皮却更像克什米尔细毛山羊。

从生理学方面看，它是人类，因为它腹内并不像反刍动物那样有四个胃；因此，我也没有找到胃石。大体来说，它是人类。

在短短一个月的时间里，我恶补了我这一辈子可能学到的所有动物学知识，试着用理性和逻辑的方法来推进当前工作。我还试着不要对我手术桌上这具无辜生物的尸体产生任何偏见。我现在每天都要和疲惫以及身体的不适作斗争：伴随这个工作而产生的焦虑和所需知识量的庞大，都给我带来了相当大的压力。我的精神几乎被毁了。但与此同时，我又有一种清醒满足的感觉。我无法思考，寝食难安，情绪多变。每当我面对这具在阁楼中安静等待着的被剥了皮的尸体，我就有种抑制不住的恶心呕吐的冲动，除此之外，就再没有别的感觉了。当我把它的皮肤重新归于原位并固定好后，它的器官已经都被掏了出来，浮在罐子中的有毒液体中。那具尸体的旁边就是我为它画的图和写的注解，其中记录了它最后是如何被“毁于一旦”的。

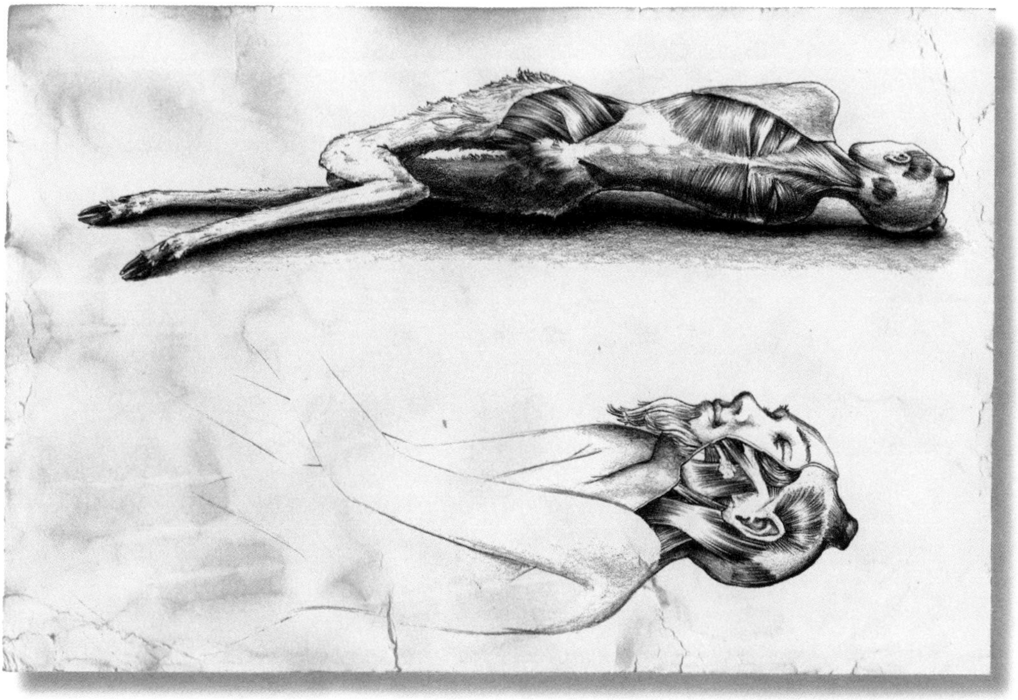

斯宾塞·布莱克在解剖“鹿孩”的早期阶段所画的图纸。费城，1878 年

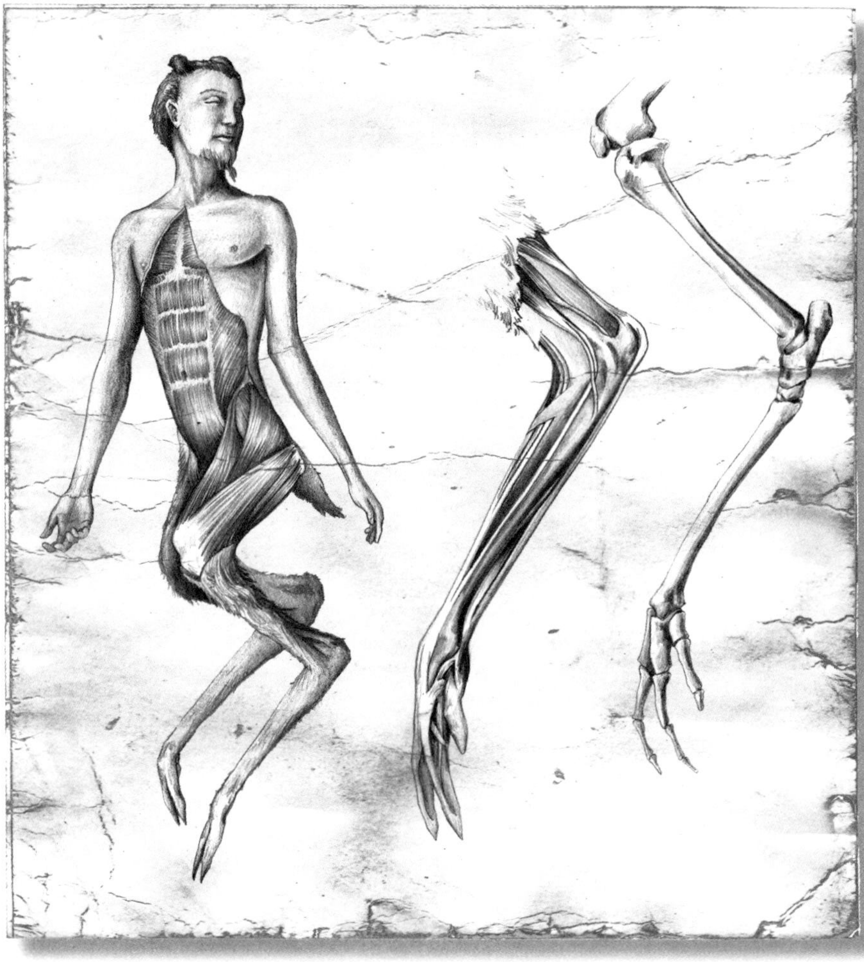

通过这些对细节的描画，可以很清楚地看到畸形躯体的具体情况，也很容易理解为什么这种情况会在19世纪，甚至在今天仍让人们产生极大兴趣。在他的解剖笔记中，布莱克医生写道：

我将这具尸骸正面朝上、端端正正地放在地上，然后将边桌收拾出来，也准备了记事本，以便记录第一阶段的解剖情况。我要继续仔细认真地工作，随时将所思所想记下来。我还要将这头“动物”的细节画下来，将窦道和组织撕开或者切开来画。我这是在和这具尸体的腐坏比速度。我必须仔仔细细地对待它的每寸肌肤和躯体的每个部分。处理这些的时候，我紧张焦虑得厉害，汗水流进眼里，手也变得僵硬不灵活，生怕自己做错哪一步，生怕错失哪个关键部分，从而导致这个谜团永远无法解开。

1879—1887

美国嘉年华游艺团

我亲手解剖过不少人。在解剖台上，他们都是
无辜而平等的，都是精致而怪诞的。

—— 斯宾塞 · 布莱克医生

完成鹿孩的解剖工作后，布莱克决定将成果发表出来。他认为，公之于众是唯一能让自己的努力产生价值的实际、大胆而且有效的方法。他知道，自己近乎异端的言论会毁了他的前途，会毁了他作为一名正统医生的声誉，但他还是冒险将成果报告提交给了医学院。他写了一篇论述全面的论文来简述自己的观点，即在鹿孩身上发现的突变表明：类似萨梯这样的神话物种曾经存在过，鹿孩的标本就可以证明这一点。但医学院退回了他的论文，没有发表。

布莱克又联系了其他城市（包括芝加哥、波士顿、纽约和伦敦）的十二所大学，但都遭到婉拒。

没过多久，医学院就停止了对布莱克医生的所有资助。他的同事也都清楚，布莱克并不认为自己之前的工作有多重要，他已经一门心思地投入到对鹿孩的研究中去了。他在科学界的声誉很快一落千丈，媒体也对他大加苛责。有时候他会在大街上遭到人们的质询，收到的私人信件中也不免有不恭之语。

> 布莱克医生的种种发现就好像孩子的胡思乱想，而不像是一名现代医生会提出的观点……他说的那些真应该写进小说里，这样读者才可能从那些怪物狂想中得到一点儿乐趣。
>
> ——约押 · A.郝拉斯医生

布莱克的声誉遭到了无可挽回的破坏。渐渐地，他债台高筑，而且因为还在继续搞自己的研究，基本不可能通过工作来赚钱偿还债务。但他下定了决心，并坚信能有史无前例的人类学大发现。

1880 年，布莱克加入了“美国嘉年华”。当时有成百上千个游艺团和马戏团在全美以及欧洲大陆巡回演出。美国嘉年华并不是巡回演出队中比较大的一个，他们的大篷车队只有十五匹拉车的马，规模相对比较保守。布莱克医生的解剖博物馆是新加入嘉年华的展览，展出内容包括史前古器物、标本和他多年来收集到的资料。

布莱克展示了一系列真正的畸形骨骼，还附有这些骨骼产生畸形的原因分析。这些标本有的摆在桌子上，有的陈列在容器中，小型的古器物则吊在帐篷顶下面。为了增加展览的娱乐性，在组织者的劝说下，布莱克还负责给游客们讲故事，向他们解释这些古老的神话动物标本是怎么留存下来的。嘉年华的一份宣传单上这样写着：“一个生来就没有双臂的孩子，也许是因为某种遗传信息缺失而无法长出双翅的人面鹰。”

就这样，布莱克医生从万人敬仰的医学奇才突然化身成了嘉年华展览厅的主人。他和他的家人都不得不为此做出调整，以适应新的生活方式，而这种“新生活”与他们之前习惯的生活有着天壤之别。跟随嘉年华的大篷车走四方是一件相当辛苦的事情，但他的妻儿都适应得很快。大家知道，伊丽丝出生于一个家教严格的殷实家庭。她本可以带上孩子回芝加哥与娘家人一起生活，但她并没有这么做，而是跟随丈夫融入了美国嘉年华游艺团的大家庭。嘉年华的工作人员都知道她，也喜欢她。她在团中扮演着慈母一般的角色，经常照顾其他演员，于是很快她就有了个昵称——“伊丽丝妈妈”。

布莱克个人的经历要更复杂一些。以下这两篇日记的写作时间仅仅相隔四个月，可以看出他对自己的研究和嘉年华生活方式的看法的逐步转变。

1880年9月

一直以来，我兢兢业业，只为了完成我的研究。可现在，我的研究成果只能和一群骗子、罪犯和杀手分享了：这些愚昧的人没有互相拆台的唯一原因，只是怕给自己找麻烦。是啊，我可真是来对地儿了，我算得上是在为嘉年华那些光怪陆离的表演添砖加瓦。比起我的科学理论来，普通观众对所谓的丛林中的蜥蜴女更感兴趣，而我却要对这群人“讲经布道”。要知道，那个“蜥蜴女”其实只是底特律一个患了鱼鳞病的女人罢了。独自在大学实验室里做研究是件多么幸福的事儿啊！我知道，尽管实在瞧不上那些观众，但我必须得继续自己的研究。失去了原来的生计，我只剩下这个选择了。

* * *

1881年2月

我可以去全国各地展览，像以前那样讲给愿意听我说的人听。我不再只局限于一个州或者一个省；他们不来看我的展览，我就可以把我的展览带到他们那里去。我会走到他们家门口敲门。

虽然起初顾虑重重，但布莱克最终成为了一名看上去挺成功的艺人，而且他很快便接受了这种走走停停的生活方式。在嘉年华的诸多知名演员中，他的展览和演出风格尤其吸引眼球。他的展品总会引起当地报纸的大肆报道，结果好奇心强的观众蜂拥而至，他们渴望见到这些备受争议的展品。这个博物馆为他带来了丰厚的回报。布莱克不仅不用再为一家人的吃饭问题发愁，还买了一辆足够大的马拉大篷车，这是早期美国游艺团和马戏团常用的交通工具。这辆新添置的马车让他能更自由地游走各地，尤其是在嘉年华暂时停办的冬天。

布莱克医生喜好交际，且为人坦率，经常与提出质疑的观众进行公开辩论。1881 年，在纽约的马里斯郡就发生过这样的事情。一位名叫小威廉姆 · 卡萨维的牧师批评布莱克的展览有失体面，是亵渎神灵。卡萨维尤其恼火布莱克宣称古时候的人类外形与《旧约》中的亚当和夏娃有异。

卡萨维牧师和科学家布莱克持续不停地争论，围观人群也自动分为了两派，最后这场论战演变成了一场斗殴。两派人均被逮捕，但只有布莱克遭到起诉，被控煽动暴乱罪。不过他最后并没有被定罪。因为出了这事，在随后的几年里，他被频繁骚扰，甚至遭警方拘留，当地政府也把他视为对社会稳定的威胁。他被人们赶出了城镇，却始终保持着平常心，没有受到那些骚扰和迫害的影响。他虽然从未被定罪，却遭到过几十种罪名的指控：盗窃罪、诈骗罪、公然猥亵罪（即在公众面前展示不妥物品 / 场景或画像），等等。

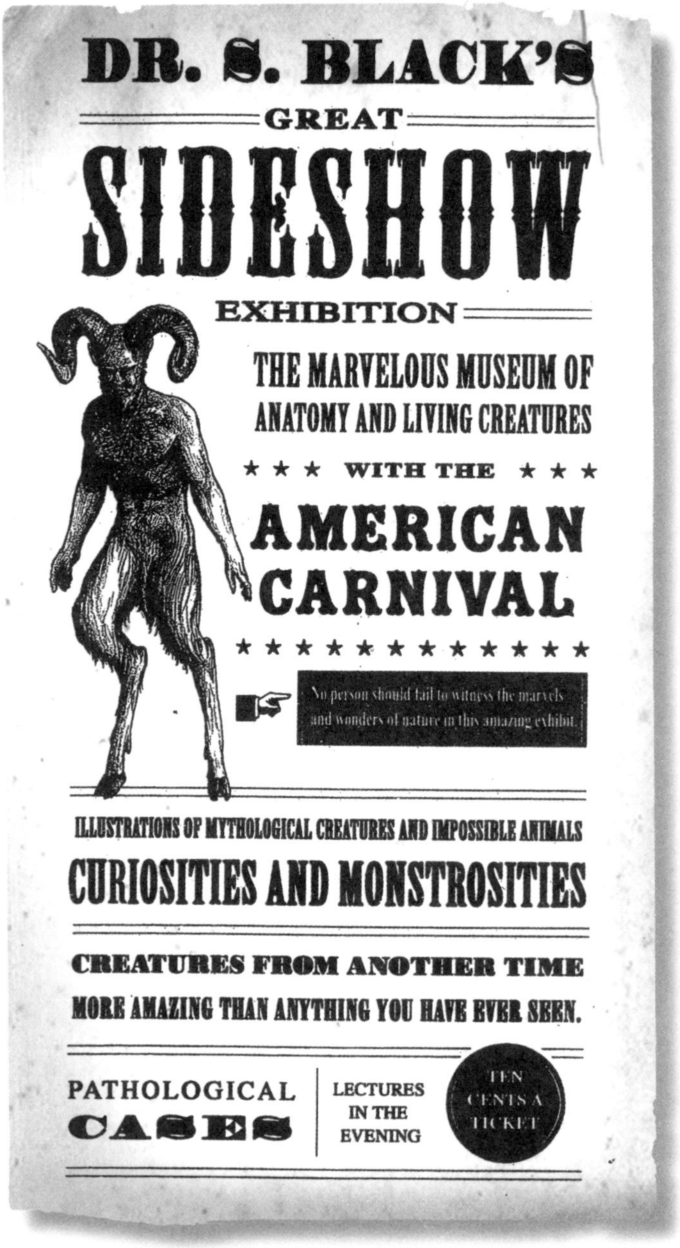

这张美国嘉年华的演出宣传单将布莱克医生的展览作为重点宣传的对象，但事实上，该展览仅仅是一场规模庞大的演出中的一小部分。这种夸大其词的宣传是嘉年华和马戏团老板的常用手段，同时也说明这张宣传单是布莱克医生自己设计的。

当地政府采取了很多措施来避免我在他们的地盘上设展并宣讲我的研究。其实他们本不必如此。我只是一个科学家而已，至于让他们如此恐慌吗？

布莱克很快就明白了一个事实：再多的科学探讨都无法说服他的听众。他需要证据，而且这证据只能靠他自己创造出来。仔细分析后，他得出了一个结论：利用曾经用来治愈或逆转畸形的方法，他可以制造出畸形体，他可以还原出他想象中的人体本来的样子。

于是，在接下来的几个月，布莱克淡出了公众的视野，他要重新改造展览。他把他的那些展品带回了隐蔽起来的嘉年华大篷车里。开始，他先是从体型较小的动物尸体入手，将不同动物的不同部分组合起来，组成他想象中的动物的样子。1882 年夏，布莱克常常和五岁的儿子阿方斯一起远足，去搜寻小动物。满载而归后，父子二人就将猎物带回大篷车中——它停在费城以北四十英里处的一片草坪上，并将动物尸体分部位切下来。有一次，布莱克用这些动物的身体拼出了类似小人面鹰的标本。标本颈部以下来自一只火鸡，它结实的颈部只薄薄地覆盖了一层柔软的羽毛；上面则是一个小孩的脑袋，那是布莱克医生从一具尸体上取下来的。他管这东西叫夏娃。

继夏娃之后，布莱克又创造出更多精致复杂的生物标本。布莱克利用他的生物生理学和解剖结构学知识，开始构造他认为的世界上原本就有的物种。1883 年，他独自打造了一个不可思议的珍奇展示柜，里面摆放了多种神话动物标本。标本中使用的人体部分，都是布莱克和儿子阿方斯从坟墓中挖掘出来的。

1884 年，他再次开放了这个升级版的博物馆，并和伊丽丝以及他们的两个孩子一起，进行全国巡展。尽管各地警方还是处处刁难，但他的展出依然取得了巨大的成功。

1883年5月9日

人们成群结队地来看我的展览，就像一群群黑压压的蝗虫。他们小声地议论着，显出一副困惑不解的样子。那些看到了我的作品并且深信眼见为实的人们，脸上写满疑惑，表情十分怪异。他们看到的是生命的历史长河中留下的遗迹。

参观这场展出的人中，有的热情高涨，但更多的则是害怕或愤怒。一个参观者如是说：“看到布莱克医生拼凑出来的标本，我感觉很不安。那些动物看起来就像活的一样，它们的眼睛似乎随时都有可能睁开，仿佛只要轻轻一推，它们就会醒来。”

最初，该展览的展品只有一个小人面鹰、一只地狱三头犬和一条东方龙。但当布莱克展出用人类尸体和死马拼接的半人马标本时，观众们都被震撼了。这个处处充满死亡气息的展览实在是太过诡异了，观众们都心生抗拒，陷入了恐慌。费城的一家本地报纸报道说：“布莱克医生的展览还是那么令人作呕、有失体面，他已经丧失了他曾经的风度和理智。”

但布莱克坚持己见。他从未动摇，始终坚信自己展出的所有幻想物种都曾经存在过。他声称，揭露人类的本质是他对科学界、医学界以及整个世界的责任。他认为，世界上曾有过许许多多怪异未知的生物，现在发现的仅仅是冰山一角。他相信深海中曾有过人鱼，相信马其顿的崇山峻岭中曾生活着弥诺陶洛斯牛头人，相信埃及凯瑟琳山的岩石之地曾是斯芬克斯的巢。

布莱克声称有证据证明这些古老物种曾经存在，它们被从世界各地运到他那里，现在都已打包整齐，放在他大篷车中的箱子里了。他的确收到过很多货物，但那些大木箱中的其实是一系列畸形人体的标本，供他研究所用。其实，他还在 C 病房工作的时候起，就开始收集这些了。在布莱克展览馆展示的诸多修复物件中，有一个附着提货单的大木箱。从提货单看，箱子是从君士坦丁堡寄来的，但货船的名称已难以辨认，我们也无从得知里面装过什么，但这个箱子大得可以轻松容纳两个成年人的身体。遗憾的是，我们甚至无法得知布莱克医生到底收到了多少货物，连大概的数量都不可考。

> 那东西终于到了。我等的时间已经够长了。我感觉自己好像已经烦躁不安地等了相当长的时间，比那东西在运送途中的时间都长。

随着布莱克的知名度逐渐提升，越来越多的人了解了他独特的科学观点，对他的批评也与日俱增。这个事件甚至导致出现了两个针锋相对的阵营。但这些喧嚣都没能阻止布莱克频频在公众面前露面，事实上，他经常参加社交聚会、晚宴、公共活动或政治集会（通常是在没有收到邀请的情况下），以表明自己的立场、阐述自己的理念。据说他曾跑进新泽西的一个精英俱乐部的小规模晚宴里大讲特讲，说上帝不想让人类拥有飞翔的能力，但人类总是苦心孤诣地想要飞上天空。这让晚宴的主人勃然大怒，竟将手中的玻璃杯摔向了窗户。他的行为最终导致了一场混战，餐厅也因此毁于一旦。

> 我听见众人对我的作品发出了阵阵惊叹。我听见他们面对眼前所见发出恐惧的喊叫。几位绅士对我的说法表示

> 怀疑，他们说我是骗子，是哗众取宠的江湖医生。但总有一天，他们会接受我今日为了说服众人所用的科学方法，那时便会幡然醒悟——唉，真是无法跟这些愤怒的愚民解释。

对批评自己的人，布莱克很少有什么尊重可言。在他医学院的职业生涯接近尾声的时候，大家就已经知道他的喜怒无常了。随着参观他的展览和聆听他的演讲的人数不断增加，批评他的人也越来越多。布莱克开始担心大众没有认真对待他的发现。他毕竟是一名科学家，而非博人一笑的演员。失望之下，他仅仅在 1884 年秋季开办了两次展览，之后就偃旗息鼓，取消了跟随美国嘉年华游艺团巡演的安排。以下段落摘自 1884 年 7 月费城一家医学杂志刊登的文章。

> ……他向大家展示他从坟墓里挖出来的普通人体骨骼，展示从一只羊或一头狮子身上得来的骨骼，然后告诉大家他找到了狮身人面兽存在的证据。他没完没了地宣讲他那一套理论，专注于这些骨骼上的小细节，揭露其中的秘密。然而，我看不出这中间有什么秘密，我们每个人都看不出来。现在，他像江湖医生一样满世界招摇撞骗，展示他所谓的标本和小玩意儿，说那就是证据。通过拼凑造出一个怪物标本，就能证明它是现实中存在的吗？斯宾塞·布莱克医生是个胡言乱语的疯子，他永不满足，总是拿那些本不存在的生物说事儿。这就好比一个人坚持谬误太久后，就会把谬误当成真理。他就是个疯子！
>
> —— 约押·A.郝拉斯医生

1884 年年末，布莱克对此做出了回应：

> 郝拉斯医生：
>
> 我有意没有立刻写信回应你的指责。我知道，你已经不再当我是朋友了，但是，当我听说你加入诋毁我声誉的队伍后还是感到吃惊，你竟然如此决绝地谩骂指责我，如此不顾情面！

我亲爱的郝拉斯医生，并不是我满脑子不切实际的幻想，缺少脚踏实地做研究的勇气，相反，这样做的似乎反倒是你。而且，你竟然还热衷于宣扬那些你明知虚妄的知识。

是我给了你不再做井底之蛙的机会，是我给了你任何医生都梦寐以求的参与人类学突破性研究的机会。我为自己能妥善保存这些杰作而庆幸，也为失去和你的伟大友谊而遗憾。

——斯宾塞·布莱克

1884年5月3日，斯宾塞和伊丽丝生下了一个男孩，取名叫塞缪尔。但是，迎接新生儿的喜悦还未消散，这个家庭就遭遇了不幸。塞缪尔降生四个月后，他们的次子维克多就病倒了，而且一病就是数周，最后因伤寒发烧不治身亡。为此，斯宾塞在1884年9月的日记中这样写道：

我亲爱的小天使，我可爱的小宝贝追随他的姐姐伊丽莎白的脚步去了。我——他的守护者，他的父亲，对于他的逝去无能为力。我的其他孩子会不会出事？他们生病的时候我会不会也如今日一样无能为力？我从我的工作中获得了那么多经验和技巧，我学过那么多医学知识，比一个普通学者懂的要多得多，即使如此，我还是无法拯救我自己的孩子，这和我亲手杀死他有什么区别？

我是不是只能见证死亡，无法沐浴在生命的荣光中？

布莱克对解剖标本展览的成功并不开心，儿子维克多的夭折让他伤心欲绝。他一头扎进高强度的工作中。他现在深信，要想证明自己的发现，唯一的方法就是拿到活的证据，即创造出活生生的神话动物，唯有如此，这个世界才会相信他。

1884年冬，他回到费城的家中，立刻开始在房后树林中的一座小库房里嫁接活体组织。这间库房后来被改造成了一间实验室。布莱克在主宅中居住，但他每天清晨都会策马入林，到实验室中累日工作。他变得愈发固执己见，一门心思地想要造出新生命。

当死亡来到身边时，你反而会格外清楚自己应该做什么。对命运的残酷无情我们始料未及，耳中灌满死亡之音，你将很快忘掉伤痛。死亡悄然降临，就像悬在空气中的水分。死亡的声音中透出使者般的敬意，又如外交官那样中立，所以你只会为她的到来心如止水。

之后的两年中，布莱克购买了不少活体小动物，进行种种实验。他对工作的痴迷让他跟妻子和孩子逐渐疏远。他竭尽全力工作，却屡遭失败。一年半以后，伊丽丝终于承受不了他这么做带来的压力，给她的大哥伯纳德写信，希望他能来拜访。

……满眼是死去的动物尸体，关在笼里的则血迹斑斑，奄奄一息，过不了多久就会死掉。这里总散发出一种令人作呕的臭气，吸引着周围的各种野兽；被吸引过来之后，它们又会被我丈夫捉住杀死……我向上帝祈祷你的弟弟正常健康，希望你也能与我一同为他祈祷……

1887年秋季，为帮助伊丽丝，伯纳德返回了费城。和她一样，他也非常关心弟弟的身心健康。但斯宾塞·布莱克冷淡自闭，不愿与人交谈，而且他显然停不下手中的工作，总是整日待在实验室里。

1887年11月末，距离上次嘉年华巡展已经过去了一年多的时间，布莱克邀请伊丽丝和伯纳德见证他的科学成果。他管那成果叫作“现代复兴”。无论伊丽丝还是伯纳德，都压根没想到会看到什么“成果”。伊丽丝还带着塞缪尔和阿方斯进了布莱克的实验室，他们俩一个近四岁，一个十六岁。在日记中，伯纳德描述了那天他看到的情形和接下来发生的情况。

当看到我那该死的弟弟做了些什么的时候，我心头一紧，后脊梁一阵发麻。房间里黑漆漆的，只在他的桌子上放着一盏小台灯，灯下是一张张笔记，和一个个满是液体、肉块的容器；桌子后面的地上放着空空如也的小笼子。整个建筑潮湿阴暗，到处污秽不堪，散发着死亡的气息和粪便的味道。斯宾塞带着我们走近他的桌子，他引以为傲的那东西就在那里。那是一只血淋淋的动物——背上缝着一对鸡翅膀的狗。那条狗看上去完全是个死物，只是每呼吸一次，身体就稍稍起伏一下。这是它还活着的唯一证据。它丑陋不堪，身体肿胀，伤口也很是醒目。伊丽丝忙用左手拎起裙摆挡住塞缪尔的视线，另一只手伸向阿方斯，她自己却双眼定定地瞪着斯宾塞。她只瞥了那可怜的动物一眼，但只是一瞥已经让她大叫起来，阿方斯僵直地站在他妈妈够不到的地方，面无表情。那动物听到斯宾塞的声音开始躲避畏缩，尝试着站起来的时候翅膀还扑打了几下。斯宾塞大笑起来，边笑还边拍手。

突然，实验室深处的阴影里传来很大的呻吟声，接着我们又听到撞击笼子的声音。这时我们才意识到，地上那条可怜的狗并不是这屋里唯一的动物。伊丽丝拉着塞缪尔逃出了屋子。她本来也想带上阿方斯的，但是阿方斯不愿走，执拗地甩开了妈妈的手。我没有跟她一起出去，而是抓着这个古怪男孩喊他出去，到妈妈身边去。

当屋子里只剩下我和斯宾塞的时候，我愤怒地对着他吼了起来，大声质问他都干了些什么，问他这些日子里都在搞什么名堂。他实在是把我气坏了。他怎么能干出这么残忍的事情！我想不出来他怎么会练成这种“绝技”。他告诉我他做了什么再清楚不过，地上的那条狗就能证明一切，他还跟我讲起这一切都是怎么回事。斯宾塞说话时，那动物一直在疯狂地挣扎着。我告诉他那条狗就要死了，说这话时我情绪几乎失控，差点哭出来。我强迫自己不去看那个可怜的东西——它的爪子一直在地上扒拉，想要站起来，但每次都以失败告终；身上的好几处伤口都渗出血液和胆汁[①]来；它在斯宾塞脚下痛苦地扭动着残躯，可他说话时对它根本漠不关心。他

① 原文为“blood and bile”，指体液学说中的血液和胆汁。体液学说是起源于古希腊的医学理论，认为人体由血液（blood）、黏液（phlegm）、黄胆汁（yellow bile）和黑胆汁（black bile）四种体液构成，并对应到火、水、气、土四元素。这一医学观点对西方医学发展有巨大影响，甚至影响到波斯、印度等的医学理论。——译者注

向我解释说它还没死，依然活着，它是在涅槃重生。我抨击他的逻辑，他却跟我大吼大叫，看起来像要杀了我一样。斯宾塞说他做这些既不是为了我，也不是为了自己，而是为了让它成为新物种，成就新理论，创造新世界。他站在那条狗的前面，看起来像是要保护它。我知道，我说什么都无法劝他回心转意了，也无法熄灭他的怒火。这是我最后一次和他争辩此事。

他像机关枪一样对我大放厥词，并狠狠地批判他所谓的“伪善的道德仲裁者和道德说教者”。说完这些之后，他突然安静下来。台灯的灯光从他身后照过来，在他脸上投下一片阴影。我看不清他的双眼，但我知道他在看我。我转身离开。对这些事儿，我记得十分清楚，甚至音犹在耳。从那往后，我就再也没见过他。

没有谁的医术能高超到把那条狗治好。斯宾塞轻轻将它捧在手上，仿佛那就是科学知识本身，仿佛是他从小养大、走到哪儿带到哪儿的亲密宠物。

伯纳德在日志中还写道：伊丽丝把两个儿子交给了伯纳德，让他当晚便将他们带走。伯纳德照做了。她还告诉他，等她收拾完东西，也会马上离开那里。

伯纳德返回了纽约。他觉得自己对那个走火入魔的弟弟已经无能为力了。他想抚养两个男孩，可当时已经十六岁的大儿子阿方斯拒绝了他，并选择离开他回家照顾父亲，因此当伯纳德回到纽约时，身边仅带着快四岁的塞缪尔。

让伯纳德没有想到、我们大家也没有想到的是（直到多年后我们才能从斯宾塞·布莱克的日记中知道），在伯纳德离开的当晚，伊丽丝返回了那间实验室。她将油灯摔破在斯宾塞的书桌上，并点了一把火，想把丈夫所做的一切都毁掉。她还用一把小手枪射杀那些动物。斯宾塞听到枪声后，发现那栋房子着火了，赶忙冲过去灭火。对于那场冲突，布莱克在日记中是这样描写的：

我绝望地穿过树林，想去拯救我的作品。我甚至差点忘了有马，自己跑过去。一到门口，我就匆忙翻下马冲进去。但刚进去，就看到伊丽丝举枪指着我，并对着我的双腿开了枪。我知道她本来是瞄着我的胸口打的——幸好她没有瞄天花板，那样我就死定了。然后，伊丽丝开枪射杀了我的狗，又在已经熊熊燃烧的实验室里枪杀了剩下的所有动物。由于火势太强，伊丽丝很快就被火焰困住了。我把她拖出屋子，救下了她。

伊丽丝差点被烧死。她瞎了，没法说话，也动不了。她能活下来是个奇迹，因为在当时，她死于感染的概率极高。

关于这场事故，布莱克对任何人都只字未提，甚至也隐瞒了伯纳德。阿方斯从伯纳德的监管下跑回家后，父子二人将伊丽丝抬到深林中的大篷车里实施抢救手术。布莱克担心人体的自然愈合过程会受到手术操作的不良影响。

我们将大篷车转移到了北边的一处地方，距离其他住家有好几英里远。我解开了束马的缰绳，将马拴在远离大篷车的树上。我准备在这个僻静的幽谷中实施手术。

首先，我得进行植皮手术。这种手术复杂艰难，并不常见，而且几乎没有医生成功过。我和阿方斯为此忙活了两个晚上。他被吓坏了，不愿意打下手，但他没得选择。我缺少麻醉剂，所用剂量不足。她承受了极大的痛苦，但我们没有其他办法。

车里灯光昏暗压抑，她大声尖叫，凄厉痛呼。大篷车地处偏僻，周围罕有人烟，所以没人听见这里的动静。当时的情况真是可怕。最后，我不得不停下手术。这样的手术是不会成功的。

我还是不敢相信发生的这一切。那场火仿佛上帝的细语，它吞没了一切，骄傲而决绝地毁了所有，只留下了我和我可怜的妻子。我怀中的她已奄奄一息。

报纸媒体批判了布莱克的所作所为，将火灾归咎于他的不负责任和他无法无天的“科学实验”。

没人知道伊丽丝因为那场火灾伤势严重、生命垂危。布莱克无路可退，只得离开费城，去一个没人知道那场大火的地方。伊丽丝不得不一直住在大篷车里，最后还对鸦片产生了依赖。

1888—1908

“人类复兴”展

我的实验室并不只是用木材和金属制成的冰冷手术台，
而是我心之所系、身之所存，
是我的家，我的神殿。

—— 斯宾塞·布莱克医生

尽管发生了这样的家庭悲剧，布莱克还是坚定不移地继续着他的研究。他在日记中记述了他与伯纳德和塞缪尔分道扬镳、离开费城远走他乡后的感受。

1888年4月30日

我们现在正在去芝加哥的路上，伊丽丝安静地睡着。我和哥哥起了争执，我想，恐怕我们兄弟之情的裂缝是无法弥合了。我也没有机会跟他解释这一切，也许他应该有点同情心。是啊，没有机会了，我怎么会有机会呢？难道让我去解释有关生命体复杂结构的科学细节？难道让我去解释怎么超越这些科学知识去创造新物种？要解释清楚这些得花上一千年！与其解释这些，不如直接把一个活生生的新物种摆在大家面前来得容易。我这样做难道还不够吗？

我现在根本静不下来，没法休息或睡觉。我不会放弃我已经开始的工作。对我来说，我的工作现在并非满足好奇心那么简单了。我年轻的时候太无知，那时我离生命的终点还有很长的距离，不像现在这样与死亡如此之近。我当医生、或者说是科学家的时候，根本没有全面地考虑过这些事情，但我现在足够严谨认真。我们已经离出发点很远了。

最后，我们终于到达了目的地。现在正是清晨。看到眼前这片长满了高高野草的田野，我感到十分欣慰。马儿也很安静，它们停下脚步，身上冒着热腾腾的蒸气，再也走不动了。伊丽丝还在沉睡中，我不忍心叫醒她，她也是刚刚睡着。我的至爱，我永远的宝贝伊丽丝——我就算把这句话写上千百遍也不倦怠。今年的春日，所有的花儿都竞相开放，我却独独不能看到她绽放笑颜——天知道我心中有多么痛苦。

到达芝加哥后，布莱克就为他的新展览——“人类复兴”忙碌起来。他想在这场展览上展出活生生的新物种。1890 年，经过两年的筹备后，布莱克在波士顿举办了首展。展览的宣传单上写着“生有双翼的女人”或“天使圣婴”“蛇女”“喷火恶魔”和背部长着翅膀的“达尔文的‘小猎犬’”等字样。

有些人猜测这些动物只是意外发生的畸形、人们的视觉错觉或是穿了精心缝制的道具服装而已，也有人认为这些动物是利用外科手术制造的（他们的观点确实没错）。但布莱克医生声称它们都是新发现的生物物种。1891 年秋的《芝加哥科学杂志》上有这样一段话：

一个人，不管他是不是科学家，只要是通过活体解剖或其他任何方法篡改大自然造物主的作品，那他就没有在实践中秉承科学的精神。但做出这种行为的人并不了解这一点，他们掌握了这种人类不应该拥有的能力，还用这种能力做出了人类不应该做的事情。

—— 威廉·J.盖提（纽约，医学大学解剖系外科教授）

“人类复兴”展览中的一部分表演者是布莱克医生在 C 病房医治过的患者，其他表演者则是他随美国嘉年华游艺团巡演途中遇到的患者。他们的情况都很极端。据说，有个年轻人的身上移植了一条腿，来自一个身材更高、肤色更深的男人。另外一个患者曾经是连体婴中的一个，叫

THE

NATIONAL JOURNAL OF MEDICINE AND SCIENCE

VOL. 2 NO. 8 PHILADELPHIA, PA. SEPTEMBER, 1891 EST. 1812

New sideshow at traveling carnival. Medical marvel or menace?

Dr. Spencer Edward Black hosts what he calls, "A triumph over the fate of man," in his traveling sideshow with the American Carnival titled, The Human Renaissance. In this performance he showcases the common thrills that are expected at these events: bizarre skeletons, strange creatures in glass jars, and amputated limbs from a variety of imagined animals among many other odd items. What is most interesting, or disturbing to one's senses, is the taxidermy collection of mythical animals such as: the mermaid, the sphinx, the minotaur, and even a pegasus. It is obvious that these are not real creatures, the doctor will tell you so himself; they are instead, "A vision of what may come." Dr. Black purports that the alleged creatures were once real, and can be made to be real again. Yes it's true, an outlandish claim indeed; however, his presentation has lead to a great deal of trouble for him. Angry mobs gather to protest his work, police are reported to have arrested the doctor on a number of occasions, and it is said that he is even estranged from his own family- all but his son who assists him while on the stage.

The Human Renaissance show will be performing in Philadelphia, October 13-25, and though there are many who are curious, there are many more who are outraged. "Why must he come here with that deplorable act, we are a good city with good sensibilities- we have no need for any of that frankenstein nonsense," says, community organizer, Garth Dewint.

Among the attractions of the sideshow must be included Dr. Spencer Black's most impressive and disconcerting exhibit, Darwin's Beagle.

DR. S. BLACK'S
DARWIN'S BEAGLE!

NEW EXHIBITION

lectures about this amazing creation in the evening

TEN CENTS A TICKET

Pictured above, an event attraction cleverly named, Darwin's Beagle. Only one of many grotesgue animals in Dr. Black's cabinet of curiosity.

It is what appears to be an ordinary beagle with working wings; wings that function so well, the animal needs to be chained to the stage so it doesn't fly away from the patrons. If this is indeed an illusion, which it must certainly be, then a splendid one it is. This novelty is a new act for the doctor, and is anticipated to attract a great number of curious onlookers.

-Article written by: David O'Boyle

Local community man complains of rare skin condition

Local man, George J. Spleate, was under the care of Physician Jaques De'van complaining of an irritation and greenish colored rash on the entire surface of his chest.

来自《国家医学与科学日报》的剪报。尽管该报纸号称是一份全国性报纸，但其报道主要是围绕费城的，鲜有关于其他地区的事件与活动的新闻。该报纸的读者大部分是本地居民，而不是医学界专业人士。

露丝，十七岁。她接受的手术十分复杂，包括新的心脏、肺、肾脏、脾脏和胳膊等方面。这个女孩的父母表示，布莱克甚至把她变得比以前还好看了。她的连体姐妹则在手术中不幸死亡了。

对于那些存在生理畸形的病患而言，布莱克医生俨然是草根英雄。虽然他被主流科学界嘲弄讽刺，却得到了很多人的尊敬，尤其是那些被特殊病症困扰的人。布莱克在给《芝加哥科学杂志》的信中写了如下讽刺之语：

> 贵刊发表的质疑之辞相当尖锐，但显然，贵刊在表态前未曾仔细研究在下的作品。贵刊何以摆出一副道貌岸然的样子，不惜口出恶言、横加指责，将我等（医生）视为洪水猛兽一般？我们是科学家，不是魔鬼。

世界上很多地区仍在以布莱克的名义为那些有需要的病患弱小提供食物、医疗服务和其他福利，此举沿袭了他在嘉年华游艺团中善待诸艺人演员的传统。他在全国巡回展览时，就常常为有需要的人提供手术帮助，有时候被大家传为奇迹。于是，一传十，十传百，甚至有虔诚的教徒前来膜拜他。有很多家庭带着深受生理缺陷折磨，甚至有性命之忧的孩子千里迢迢赶来求医。1891 年 10 月，布莱克在日记中记载了这样一个案例：

> 她被带来的时候没有双臂，也没有双腿。我不仅想让她参加我的展览，更将她视作大地女神盖亚。人们发现她时，没人肯承认是她的父母。她被孤零零地放在一个盒子里，旁边还有一封信。信中没写别的，只是说这个可怜孩子是被遗弃的。她的家人以她为耻，将她视为怪物，却不知道她的真实身份——她生来的生理状况和所谓的畸形其实并不是上天的惩罚或凶兆，也不是巫婆对她的诅咒，而是源于她的上古血脉，珍贵的血脉。我将赋予她那本该属于她的身份。

这名患者叫米里亚姆 · 赫尔墨，是一个九岁的小女孩。她天生没有双臂（仅有两只手），双腿则非常短，可能是患有一种叫罗伯茨综合征的病。布莱克医生在女孩的肩膀上接了一对翅膀，经过短暂的愈合期后，她便开始在他的展览中露面。布莱克将她以双翼女神的名义介绍给观众，声称她缺少双臂是因为体内蕴含着长出双翼的遗传因子，而最终未能生出双翼则是因为她体内的遗传因子大部分来自于人类。米里亚姆为展览工作了几年，于 1899 年去世，死因不明。

通过米里亚姆·赫尔墨的案例，布莱克形成了一个“自我修复”理论。他认为，通过移植其他部位建立“唤醒”机制，便可以唤起身体对其原本样貌的记忆，接收到移植手术带来的“提示”，从而使身体按照古老的遗传因子重塑自己，也就是进行“自我修复”。他援引了一些出自《呼吸之书》的自我修复的例子，但人们普遍认为这本书是布莱克自己写的。直至今日，人们也从未见过有着相同书名或符合相关描述的手稿或出版物。

从 1892 年到 1893 年，“人类复兴”展每推出一款新“展品”，都会引发极大争议。展览受到的干扰和引发的争斗已司空见惯。不但宗教领袖对布莱克医生的“作品”发起声讨，政治领袖也在讨伐他的活动中不甘落后，而且几乎整个医学界都将其视为异端，甚至连美国优生学会也对布莱克医生表示不满，他们认为布莱克的工作会令人类退化：

> 这是对现代人发展的藐视，是对人类形态的攻击。正如布莱克医生所说，这些“怪物”并非自然的产物。他不该让这些异类出现在公众面前，而应该让它们从这个世界上消失。
>
> ——爱德华·司铎尔兹（美国优生学会负责人）

但是，通过布莱克一直以来的表现我们可以看出，他并不是一个轻易气馁的人；他已经习惯于站在舆论的风口浪尖上，习惯于因他而起的骂战；他已经成长为一个另类“艺人”，脾气火暴，内心渴望让大众陷入狂热状态。他最后一次举办公众展览，是在 1893 年芝加哥的哥伦布纪念博览会上。他原本计划展出两个月，但最后只坚持了三天。每一场展出，他都会遭到众人的嘲弄和讥讽，反对者的队伍越来越壮大，到了展览第三天，人群终于涌上他的展台，杀死了其中一些动物，烧毁了他制作的许多标本，最后还将他轰出了展览会。布莱克从此绝望了。

> 1893年7月
>
> 伯纳德：
>
> 也许你已经听说了；也许信使之神赫尔墨斯已将众人对我的嘲笑声随风远播，传到了你的耳朵里；也许你还一无所知。我参加了哥伦布纪念博览会，也就是世界博览

会，但我却遭到了无情的讥讽和嘲弄，人们甚至向我吐口水。他们想以此伤害我。作为医生，难道我不辞辛苦地想要救助的就是这些人？难道我积极寻找良法治疗的伤者和病患就是这些人？

他们真是一帮可怜的乌合之众！亲爱的哥哥，我向你发誓，我会让他们知道的，我会做的不仅仅是治病救人那么简单。我如今比以前更精进了。

你的弟弟——别忘了，我永远是你的弟弟。

遭遇芝加哥的惨败后，布莱克医生再没有在公共场合露过面，不过他还是在私下里为一些特邀观众继续设展。他不再为这些展览进行大肆宣传，很多时候根本不做宣传。我们几乎找不到关于观众名单或展览细节的资料，但从他的展出活动安排来看，这种展出还是相当频繁的，几乎每周都会在三四个场馆中设展。

我们有理由相信，布莱克每次仅能在城市里展出一两天。他有时会在私人宅邸或剧院中设展，但由于没有其他选择，更多时候只能在远离人烟的偏僻之处设展。有谣传称，布莱克曾经在宾州哈里斯堡的希尔斯国会大厦进行展览，但第二天该场地就被烧成了一片灰烬。很多观众都在日记中写道：这些展览和参与展出的“新人类”，会给人带来“亵渎神灵”的感觉。

这场美国巡展持续到 1895 年冬天才结束。斯宾塞、伊丽丝、阿方斯和不少于六个的表演者或助手动身离开了纽约。但他们没有为了躲避即将到来的严寒而前往温暖的南方，布莱克决定一路北上，去和亚历山大 · 歌德会面。歌德是一位富有而古怪的博物学者，他出资邀请布莱克为他做一场私人展览，就在他富丽堂皇的豪宅中展出。

歌德拥有几个展示“珍奇古玩”的怪异陈列柜，这在 19 世纪晚期的贵族中非常常见。但他对自己的收藏品有着异乎寻常的热忱，还经常称其为“新的世界奇观”。他的收藏品如此之多，只能分别陈列在不同的建筑中：西哥特[①] 武士的脱水人皮、玛雅人的武器、埃及祭司的木乃伊，以及一系列说不清道不明的“宝贝”，包括传说中的塞壬女妖的胳膊和斯芬克斯的躯干。歌德声称那条胳膊是他从印度洋里钓上来的，而且那个塞壬还激烈反抗，以致让他以为自己钓到了斯巴达战士。斯芬克斯的尸体则是他在尼罗河畔发现的，当时这具怪兽的尸体已经被撕成碎片，只剩下如今收藏在他的私人博物馆中的残骸了。

① 日耳曼族的一支，于公元 4 世纪入侵罗马帝国并在法国和西班牙建立王国。—— 译者注

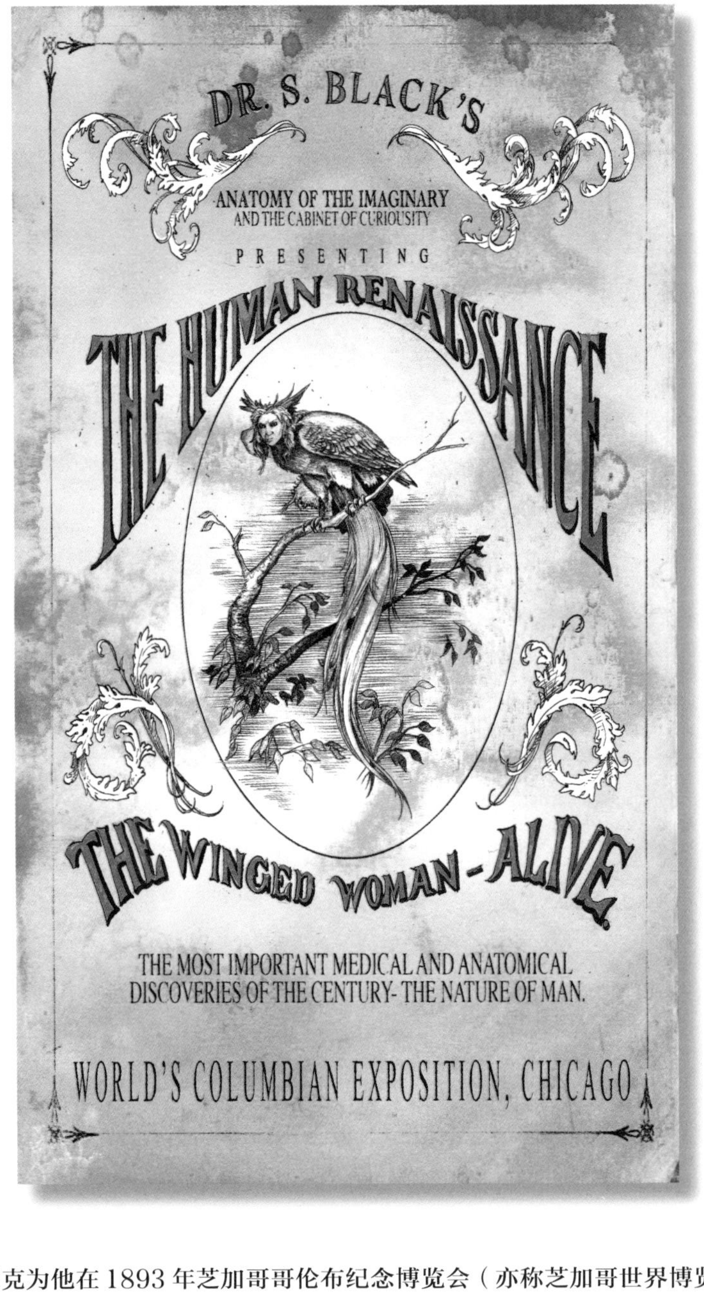

布莱克为他在 1893 年芝加哥哥伦布纪念博览会（亦称芝加哥世界博览会）上的展览设计的宣传单。中央这幅长着人脸的鸟的图案可能是布莱克早期制作的标本之一。一个观众曾说："我们看见那些怪兽在台上走来走去。它们有的啼叫，有的呜咽，就像真实的活物一样。它们一定不是上帝的造物，而是别的什么东西，可怕极了。"很多观众中途离场，认为这是一场骗局，或是利用人类视觉错觉营造的展览。

1896年春

我碰到一个机会，可以和大名鼎鼎的亚历山大·歌德见面了。他是位探险家，收藏各种新奇玩意儿，是阅历丰富的贵族。可是一见之下，他与我想象中的那个歌德相去甚远。他粗鲁愚钝，跟他相处让我十分不快。他的脊柱弯向一侧，上身纤长，腿却极短，比例不均，脸上总是带着一种嘲弄的笑容。

他身边总是烟雾缭绕，味道比鸦片还香甜。他告诉我，他用的是莲花花蜜，只有他自己才知道如何从莲花中提取这种绵绵不绝的烟的关键配料。过了一会儿，他邀请我参观他的收藏，那收藏包罗万象，是我有生以来见过的最丰富的收藏。不过我向他发过誓，无论在私人笔记还是在公开场合，都不会透露他的藏品究竟都有什么。但我敢担保，他的收藏中确实有几样堪称世界奇珍。

关于歌德的不凡藏品没有留下什么记录。那些收藏大多在1902年的一场大火中付之一炬。后来人们发现了仅存的几件，但都无足轻重。不过，也可能原本就没有什么值得深究的藏品，亚历山大·歌德于1897年因诈骗和盗窃被警方逮捕，1912年死于狱中。

20世纪初，布莱克医生带着“人类复兴”展览漂洋过海，来到欧洲进行巡回展览，反响良好。他曾在不列颠群岛、欧洲大陆和更靠南的地区（包括今天的土耳其、叙利亚和以色列）开设展览。他去过那里的证据可在附近的博物馆中找到；当地还流传着关于“魔法手术刀”的民间故事，也有宣称得到过布莱克医生治疗的人的证言。

在国际巡展中，布莱克宣称他拥有起死回生、延年增寿的能力。他还断言自己能够改变人的性别和年龄。他曾在展台上当众表演了一次手术，展览现场一定令人毛骨悚然。几个不愿透露姓名的观众曾这样描述当时的情形：

1900年5月3日

他跟观众讲了很长时间的话，说的东西我都听不大懂。虽然听上去合理可信，而且字字句句的意思都很明白，但我还是没能真正听懂。后来，他从帘子后面带了一名观众上台，医生说那人的双腿曾经因为感染截了肢。他的助手将那人抬到手术台上，布莱克医生立即展开了手术。神奇的是，那人似乎并没感到疼痛。我以前曾见过类似情景，认为这不过是个骗人的把戏。我坐的位置离展台非常近，因此能清楚地看到手术台上的患者流了很多血，于是我知道，这一切都是真的。接着，他把一具死尸的双腿锯了下来，缝在那人身上。他告诉我们，这种手术使用的尸体只能是最近死去的。那时候，我其实不想再继续看下去了，可是又无法离开。剧院里的人们都在静悄悄地观看，我怎么能退场呢？过了大约一个小时，手术台上的人就能行走了。所有的人一齐鼓起掌来，但我不愿鼓掌。我怎么能鼓掌呢？我看到的是恶魔的法术，大家都看到了。他是恶魔的私人医生，我亲眼看到的……

* * *

1901年6月12日

我以我的认知、我的理性、我受过的科学教育作证，我确确实实亲眼看到了那一幕。那既非自然的造物，也不是无聊的闹剧。那些已经死去的动物经过防腐处理栩栩如生地呈现在我面前，和节目单里描述的一样，而且大小、外形都比我想象的还要好。看起来，所有的有机系统、毛发、肌肉等都是自然形成的。

如果要我创造这类事物，我不敢想象要用什么方法才能达到眼前这种效果。如果说这是江湖医生或街头骗子的把戏，那么我得说，这人肯定有极其精湛的手艺或者得到了超自然力量的帮助。对于后者，我拒绝相信，而前者的可能性让我颇为烦恼，因为我亲眼见证了这台魔法般的展览，如此具有说服力，我不得不相信这是真的。我无法解

> 释我所看到的一切，要知道，同时见证的还有上帝和那么多的观众。

这些表演让斯宾塞 · 布莱克逐渐宽裕起来，不过也有越来越多人将他奉为当时那个时代最伟大的骗子之一。有批评家在文章中写道：“他不过是个魔术师，或者说是个江湖骗子。”“布莱克医生来这儿不仅骗到了钱，还骗了大家的感情。”奇怪的是，没有任何记录显示这些批评家曾经亲身看过那些演出。

有谣言称，布莱克医生在他儿子阿方斯身上也实施了手术，一种让阿方斯“青春永驻”的手术。他还给阿方斯起了一个新名字，叫“不眠人”。他的一则日记透露了相关的情况：

> 我能让人永生，我能将我的医者妙手浸在“不老泉”中，我能让一个人活过来，即起死回生或重返年轻。“不眠人”将永葆青春。等人们在我的鬼斧神工和普通人之间做过比较就会知道，后者简直不值一提。
>
> 通过对社会意识形态的比较，我开始了解到，虽然有许多科学家是相信上帝的，但其实他们都是无神论者，他们深深植根于自然的信念，这让他们不可能归属于任何教会。让我吃惊的是，信教的医生和信教的科学家都如此众多。一个人只能在极为有限的时间里假装自己无法理解大自然的真谛，因此他们皈依真正的科学是迟早的事情。
>
> 能看到我所展示的一切并非人生来的权利，而是我赋予他们的特权。他们能否获得这种特权由我说了算，我是唯一的主事者。

他的展览和表演持续了八年之久，最后终结于 1901 年秋季在布达佩斯的一场私密演出。那场演出中出了意外，他制造出来的一种动物——“蛇女皇”袭击了一名观众。但关于那场演出的具体细节和受害者，我们无法找到更多资料，只有地方政府的一段记载可能揭示了当时的情况。记载中称：在美国医生和表演艺术家斯宾塞 · 布莱克的“人类复兴”表演中，出席该演出的赞助人意外身亡。那场意外对布莱克的影响一定很大，因为之后他就再没有表演过。他回到了他在费城的家，开始置办他的研究设施。

自从 1887 年离开斯宾塞、收养塞缪尔之后，伯纳德 · 布莱克就一直在纽约生活，他在那里遇到了后来的妻子艾玛 · 沃斯通—— 一个体面家庭出来的孀妇，颇为富裕。她的第一任丈夫是南方的一名军官，在美西战争[①] 中不幸阵亡。1899 年，伯纳德与艾玛结婚，二人一起抚育塞缪尔。塞缪尔是个天资聪颖的学生，他对建筑和工程专业很感兴趣，最后毕业于负有盛名的韦恩和米勒建筑学院。

布莱克在欧洲举办“人类复兴”巡回展览时，经常会给伯纳德写信。大多数去信都很短，好像没有写完，还有的写得极为晦涩，令人费解。由于斯宾塞总是从一个地方转移到另一个地方，伯纳德无法给他回信。这也就是为什么斯宾塞的这些信读起来好像日记一样，有的甚至可以说像酒后的胡话。奇怪的是，他从未提起过伊丽丝的状况有多糟糕，只是在信中简单地告诉伯纳德他和伊丽丝有一些家庭纠纷。

1897年12月

最亲爱的哥哥：

我的生活不容乐观，那些曾经宛若琼浆玉液的甜蜜生活如今变得如同噬人的剧毒。我对繁琐的家务感到力不从心。我磨破了嘴皮也无法得到伊丽丝的原谅……我知道她是怎么看我的。至于我的儿子，阿方斯，他就像一头狂野的小兽，经常发脾气，似乎有种疯狂扎根在他心中，我害怕他……担心他的命运。

我现在一无所有了。我备感疲倦，对一切事情都持无所谓的态度。我迷失了，亲爱的哥哥。

我怀念有你陪伴的日子，看不到你真让我懊恼。我衷心希望你能过得舒心，希望你是生活的宠儿。

—— 斯宾塞

* * *

① 1898 年美国为夺取西班牙属地古巴、波多黎各和菲律宾而发动的战争。—— 译者注

1898年6月

亲爱的朋友伯纳德：

我相信，你一定能看到这封信。我上次给你写信已经是很长时间以前的事儿了。最近我实在是太忙了。眼下我恐怕不能给你写多少，因为手头的工作太多、太繁杂，几页家书无法详述。

我得告诉你，我要向你致以最深的歉意。我这么说可不想引得你担心我又做了什么出格的事儿。我已经碰到了太多悲剧。我亲爱的伊丽丝一切安好，我猜，她还撑得住。

我马上要开始一段旅程，那将会花上我很长时间才能完成。

——你的弟弟，S.

* * *

1900年8月

伯纳德：

我必须得表达我对你的感激之情。你预见了我的失败，这证明了你对我的爱和对我最衷心的关怀。我一有空就会想起你多年前曾经给过我怎样的教诲，当时我还醉心于我的研究，而你却早已指明我该注意的方方面面。我确信我欠你的情，我要谢谢你——虽然我承认，若你所说的危险和黑暗预感全都落空，证明你不是什么智者而是愚夫，我会更加感激你。

亲爱的哥哥，你把小日子过得有声有色，享受着你的生活，所以是不可能继续医学之路，和疾病、死亡打交道的。你一定会去追求更安宁的科学研究——这是我的理解。

你按部就班地跟随前人的脚步，你读的书也都是学校推荐的读物。你就像个启蒙阶段练琴的孩子。你把玩手杖的时候，总是把它放在手背上，靠近关节并确保姿势正确，以便它能保持平衡。后来，你做的工作也都乏味无趣。但不管怎么说，手杖在你手里是永远不会掉到地上的，在此我为你喝彩，真的很棒！而我把玩的时候，手杖势必会掉下来，但落下来的一瞬，就是震撼人心的音乐响起的时候。

——布莱克

* * *

1901年10月

伯纳德：

我再也不办展览了，再也不云游四方了。现在我在家中享受着闲适的生活，再也不去为人们治病了。

你一定清楚，我创造出来的这些生物，对你来说什么也不是，对其他任何受过教育的人来说也什么都不是。其实在我眼里，它们同样什么都不是，但是，一旦摆到我面前的手术台上，它们就有意义了。它们的致命伤口清晰可辨，它们空洞的眼神任何一个标本师都做不出来。没有哪个艺术家或魔术师能召唤出生物眼神中的真实，只有生命本身才能赋予它们这份特质。伯纳德，我要告诉你，我现在就有这种能力。我能让它们活起来。

我理解你对我经济状况的担忧。用不了多久，等我完成我的研究，我就会告诉大家我发现了什么。我的自信就像灿烂的阳光一样，一定不会让你失望。所有工作都在有条不紊地开展，没有任何不顺的地方；我向上天祈祷，求老天保佑我的工作一直这么顺利。要是再遭遇什么坎坷，我可就无法承受了。我的研究目前正处于关键时刻，还需要多久才能完成连我也不知道。

想必你已经收到我寄给塞缪尔的礼物了。我希望你和我最宝贝的孩子一切安好。他的幸福是我最大的牵挂。有你照顾，我相信他一定前程似锦。

请原谅我这封信通篇都是溢美之词，要知道我现在正处于一个特殊时刻，心情格外愉悦，感觉周遭的一切都是那么美妙！我唯一觉得麻烦的就是，我现在不得不做诗人和梦想家要做的基本功：在纸上挥毫泼墨，写写停停，笨拙地表达我满心的欢喜、兴奋和幸福。最后，伯纳德，我要告诉你，我离成功已经相当近了！倘若我成功的话，我也不想再这样给你写信，宁愿拉着你指给你看我的作品。我才不管你乐不乐意，也不管你是否心存疑虑，我就是要把你推进我的实验室，让你见识见识我做的大事儿！到时候你一定会像我一样目瞪口呆、彻底拜服。要是你知道我现在在做什么，一定会大吃一惊的！

我想你一定会明白我送的那个古怪礼物有何深意。

——S.布莱克

1908 年，斯宾塞 · 布莱克开始与纽约的一家出版社——Sotsky and Son——洽谈他的著作《绝迹动物古抄本》的出版事宜。但是后来，布莱克医生取消了出版计划，突然就消失了，只留下六份完整的书稿。至于他为什么突然离开，谁也不知道。

布莱克医生在科学界树敌颇多，首要的就是他在医学院时的同事和领导，如约押 · A. 郝拉斯，他从未停止攻击布莱克，不断破坏布莱克的信誉，质疑他行为的合法性。他曾在很多知名报纸上发表攻击文章，如 1891 年伦敦的《皇家外科医生协会评论》，1894 年、1896 年、1897 年和 1908 年（尤其提及了布莱克的书）的《纽约医学杂志》。

冒牌医生斯宾塞就要出书了，我想他那本即将出版的“童话书”恐怕还不够当柴火使吧？我还没有读，而且我也不想读。我敢说，那些描绘他疯狂的脑子里装的动物的笔墨，纯属浪费资源。他的书不过是自娱自乐而已，简直是浪费各位读者钱财的一个玩笑。

—— 约押·A. 郝拉斯医学博士

（《纽约医学杂志》，1908年）

1908 年后，参与布莱克古怪医学实践的就只剩下他的儿子阿方斯一人了。1917 年，阿方斯被告发在位于费城以北二十五英里处的一座谷仓中残害小动物，并遭警方逮捕，被送进了精神病院。就这样，他就在那里度过了此后的十一年，这期间，只有 1920 年有一个人探访了他，那就是他的弟弟塞缪尔。1929 年，精神病院的照明设施引发火灾，整个建筑都遭了殃。病院里关着的许多病人都趁乱逃走了，阿方斯正是其中一个。

据说阿方斯在 1933 年到 1947 年间开了一家私人动物园，里面关的多是他自己创造出来的动物。他继承了父亲斯宾塞的遗产，还宣称自己有青春永驻的秘诀，高价出售，借此发了一笔横财。不过关于阿方斯和他的工作的情况我们知之甚少。阿方斯和他的父亲一样，十分神秘。

至于斯宾塞·布莱克，在 1908 年后就再没人知道他的下落。他再没有在公众面前露过脸，也再没有为病人做过手术。他人间蒸发了。1925 年，他在费城的家被改造成一座小型博物馆，有讲解员带领游客参观并讲述布莱克医生的生平事迹。1930 年，博物馆关闭。这处产业数次易主，直到 1968 年最后一任主人突然搬走，据说是因为受不了宅子里的古怪动静。于是，该宅邸废弃至今。

斯宾塞·布莱克医生留下的最后一线踪迹是他写给哥哥伯纳德的一封信，这封信寄出的时间距离他们上一次通信已有七年之久。该信件是布莱克留在世上的最后手迹。写信时他刚刚从格陵兰岛的最北端回国，在那里，他完成了为期六个月的挖掘和研究工作。信里提到，他一直在积极治疗他的妻子伊丽丝，但治疗方法却很怪异。在收到这封信之前，伯纳德还不知道伊丽丝在火灾中被烧伤，也不知道斯宾塞对她进行了手术治疗。伯纳德将这封信交给了警方，然后就开始了寻找弟弟的旅程。

1908年2月

伯纳德：

事到如今，尽管很难接受，但我只能承认我之前的研究是个大错误。我今晚给你写信是想表达我最深的谢意，也是要向你致以我最诚挚的歉意。以前我是被我要追逐的目标蒙住了眼，忽视了你入情入理、清晰明确的警告。那些我不敢称其为导师的先辈们早已预言了我未来研究的失败，但我却对这些预言置若罔闻，对大家（尤其是你）的忠告充耳不闻。

我现在孤独地在煎熬中写着这封信，心中悲凉万千。就算你嘲笑我咎由自取，讽刺我自作自受，我都将甘之如饴。我知道，自己已经病入膏肓、无药可救，落得如今这步田地，也只能全怪自己。

我不确定你是否能收到这封信，也不知道你读到这里时会想些什么。我唯一确定的是，如果你还能得到关于我一星半点的消息的话，那肯定都来自于这封信。换言之，这封信将是关于我的唯一的消息来源。我之前一直躲着你，故意隐藏行踪。我的哥哥，求你一件事，千万别让“不眠人”，也就是我的儿子阿方斯看见这封信。

恐怕你已经知道我接下来要说什么了，但我其实真心希望你不知道。我祈祷我取得的成就、我过去十年里付出的努力能超过科学界、哲学界任何专家学者的贡献。但真是那样的话，我这封信写到这儿也许就可以打住了。我成功过，我做的事恐怕任何人都不曾做过。

我只跟你有信件往来。我知道，此时此刻，你恐怕觉得我是个可怜可鄙之人，甚至对我都没有对一般体面人的尊重。我曾经希望，也许有一天，我们还能在活着的时候再次成为朋友……可我深知这只是个奢望。

我挚爱的、永远宝贝的伊丽丝……她曾经是那么美丽。我确实深爱着我的伊丽丝，可这并不是我冒险在她身上实施那该死的手术的原因。我曾经解剖过很多尸体，他们躺在我的手术台上，总是那么无辜而沉静，精致而美妙。

我得说，我的想法很好，但技术远远没达到理想水平。我将我的生命、我宝贵的青春时光都耗在了我那残酷的事业上。我甚至都不知道自己怎么敢在这未知的旅途上走这么远。在那旅途中等待我的是极可怕的命运。要不是我不撞南墙不回头的性子，那令人绝望的失败也不会是我的归宿。

我深信，在上古世界中，万事万物都是另外一种模样，所以我开始着手发掘自然历史的秘密。可这条路根本没有尽头。我为了看到自然造物原本的真面目，付出了多少努力、经历了多少艰辛啊！可现在，命运收紧了她早已布下的阴谋之网，我遭到了彻头彻尾的毁灭性打击。如今，每每入夜，我仿佛都能听到自然之母的哂笑。她在召唤我。我想，我只有离开尘世才能彻底解脱吧。自然之母是个卑鄙小人，是浑身上下污秽不堪的丑妇。她的肮脏猥琐无人可及，只有她哼唱的恶魔之歌才能与之相比。

死亡，多么可怕的字眼。你会忍不住将目光从这两个字上移开，生怕死神看到你，叫出你的名字。我亲眼见过许多死亡事件，也听到过人们死前的尖叫，更经常看到他们在疾病、伤痛或愈合中痛苦地扭动身躯。我不得不羞愧地承认，听到病人尖叫的时候，我竟然有种如释重负的感觉，因为我知道，他们本应承受的痛苦比这要难熬得多。倘若他们知道自己可能会有怎样可怕的遭遇，就不会觉得当时的那些“小病痛”算什么了。

我们活在这世上，却对自己的身体知之甚少。生命和死亡的种子，总是相伴在一起。我们呱呱坠地之时，那种子就已经在我们体内扎下了根，或抽枝长叶，或默然不发，一切由命。我曾经见过这“种子”，甚至对它还悉心培育，后来发展到打压它、防御它。我曾经为它做出牺牲，流过鲜血，现在我又将为它冒生命危险——我不知道如何毁灭它。我能听到自然之母的声音，听到黑暗中的咆哮和嘶吼。她在四处搜寻我。我能听到地狱中传来的呼唤，那声音分明是在叫我的名字。伊丽丝，我的爱妻！我曾下定决心要把她救活，所以我选择赠给她一份贵重的礼物——来自上古时代的“复原因子”。她的祖先其实是十分强大的物种——复仇女神法瑞[①]。如今的伊丽丝不再是曾经温柔如水的她，也不是烧伤后皮肤绽裂、血肉模糊的她，而是蜕变后的另一个“她”，仿佛从地下钻出的重获新生的蝉。

我了解这大千世界中的许多奥秘，现在是我挥舞神剑的时候了。尽管她一直扭动着被火燎焦的身躯，我还是将她抓住不放，就像捏住一条蛆虫，就像擒住一个可怜巴巴的瘾君子。听我说，伯纳德，我写的都是实情。她现在正拍打着她的双翅，发出阵阵愤怒的咆哮，仿佛在吟唱地狱冥谣。于是，我用匕首了结了她。事实上，我是拯救了她……真的，我的确是拯救了她。

最后，我要办的就只有一件事了，那就是找一块称心合意的墓碑……快来吧。

—— S.布莱克

伯纳德将妻子艾玛留在纽约，只身一人去寻找布莱克，自此也再没有音信。

① 即 Fury，传说她们身材高大，眼睛血红，长着狗的脑袋、蛇的头发和蝙蝠的翅膀，一手执火炬，一手执蝮蛇扭成的鞭子。—— 译者注

1908年，在《格氏解剖学》（Gray’s Anatomy，一译《亨利·格雷氏人体解剖学》）出版五十年后，斯宾塞·布莱克也开始计划出版他的著作《绝迹动物古抄本》。在布莱克医生取消出版计划、人间蒸发之前，这部书只印刷了六本，也就是说，这部书从未正式发行过。费城医学历史博物馆收藏着该书仅存的一本。为什么布莱克医生突然停止印刷（然后消失了）呢？我们不得而知。

该书是一部解剖参考手册，是那个时代的博物学家热衷研习的一类资料。如扉页所述，该书包括了十一种不同动物的解剖图，且均为已灭绝的动物。在每个章节的开始部分，布莱克医生分别讲述了相应动物的几个值得注意的关键点。尽管他有时会提及是如何在旅行中找到这些动物（或动物部分残骸）的，但公众普遍认为它们都是布莱克一手制造出来的。至于这些动物标本的下落，没有人知道，可能绝大多数都已经不复存在了，不过也可能有个别标本在某个不为人知的收藏家手中。布莱克医生的笔迹有时比较散乱，难以辨识。他的描写总是带有一种歇斯底里的语气，他暮年的性格便是如此。

绝迹动物古抄本

此抄本中之内容为
鲜为人知的物种的研究笔记

斯宾塞·爱德华·布莱克医学博士 著

内含肌肉组织与骨骼结构之
详细图例与说明文字
附加某些动物的内脏图解

纽约
SOTSKY AND SON出版

布莱克医生选择在第一章中介绍有翼斯芬克斯，可能和这种神兽提出过的广为人知的谜语有关。凡是答不上它谜语的人都会被它杀死。无论如何，布莱克这样安排介绍顺序并没有什么难以理解的。因为清楚自己的动物标本很有可能会被毁掉或者成为私人藏品，所以他画了这部图册作为留下来的研究成果——也许，未来的科学家能从这部书中得到帮助。

除了简单介绍外，图册每一章都有风格一致的图谱——布莱克想象中的动物的外形和构造。

有翼斯芬克斯

界	动物界	科	猫科
门	脊椎动物门	属	斯芬克斯属
纲	厄喀德那人蛇[①] 纲	种	有翼斯芬克斯种
目	卫守目		

① 原版作 Echidnæ，是 Eechidna（厄喀德那）的变形。厄喀德那是古希腊神话中半人半蛇的怪物，与堤丰结合生了许多可怕的怪物，包括三头巨犬刻耳柏洛斯、九头蛇许德拉、狮头羊身蛇尾的喷火怪物奇美拉和斯芬克斯等。—— 译者注

我们还没能掌握斯芬克斯相关起源的太多细节。这类神兽在非洲大陆上分布很广。在埃及，人们为它筑起了巨大的雕像——斯芬克斯像，它被视为太阳神的守护者。有些斯芬克斯长的是羊头（狮身羊头像）。典型的斯芬克斯形象并没有双翼，我想，可能和很多不能飞的鸟儿一样，因为生活在与世隔绝的地理环境中，斯芬克斯并不需要飞翔，这才逐渐进化成了没有翅膀的样子。这种神兽很可能在来到非洲、埃及之前就已经如此了，但我无法确定它到底来自何方。

底比斯城著名的狮身人面像与我记录中的标本惊人的相似。尽管数量不多，但它们拥有发达的智商和非凡的智慧。它们极有可能属于凶猛的肉食动物。

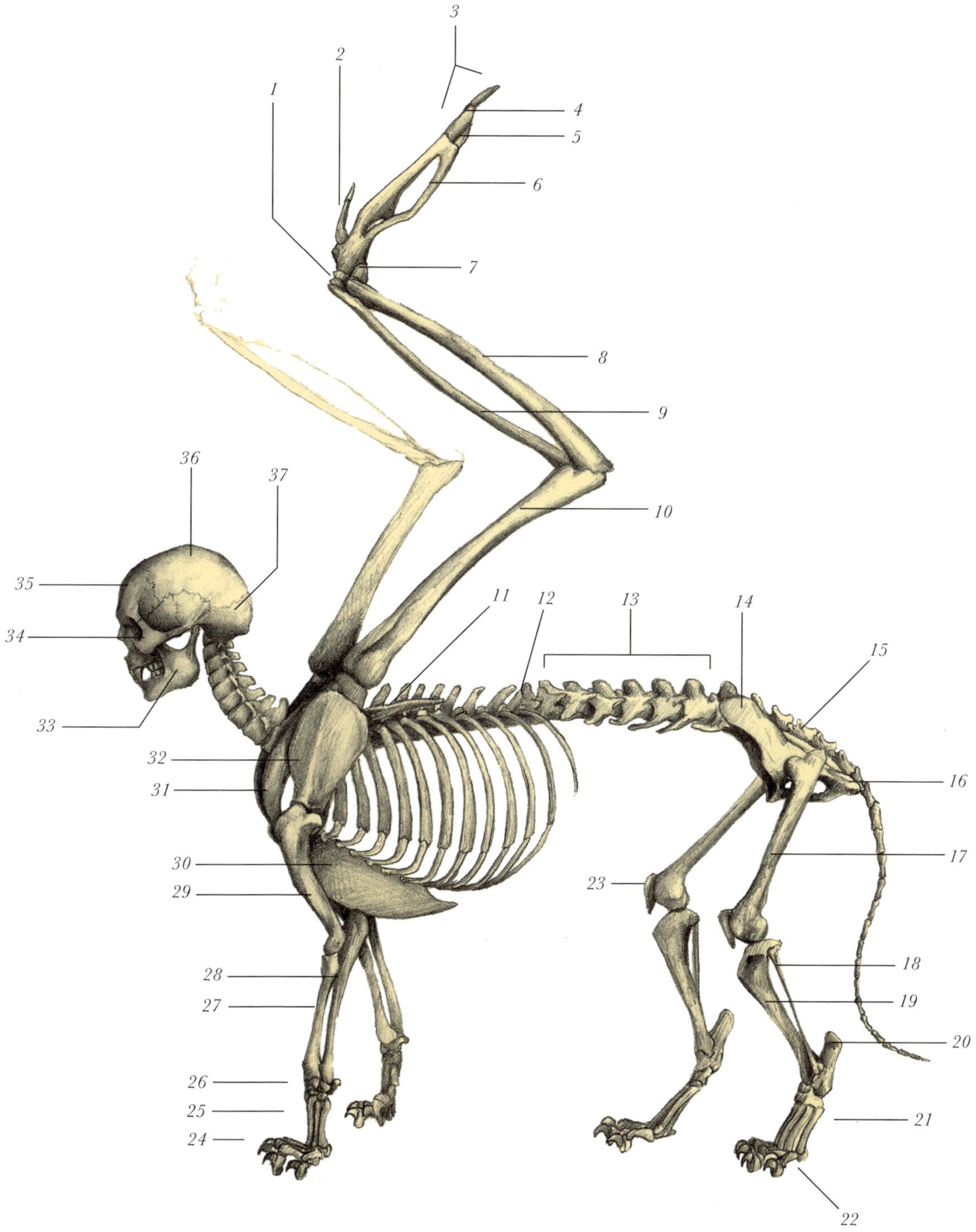

图 1

1– 桡侧腕骨
2– 第1指
3– 指骨
4– 第2指
5– 第3指
6– 腕掌骨
7– 尺侧腕骨
8– 尺骨
9– 桡骨
10– 肱骨
11– 肩胛骨
12– 第12节胸椎
13– 腰椎
14– 盆骨
15– 骶骨
16– 坐骨结节
17– 股骨
18– 腓骨
19– 胫骨
20– 跟骨
21– 跖骨
22– 趾骨
23– 膝盖骨
24– 趾骨
25– 掌骨
26– 腕骨
27– 桡骨
28– 尺骨
29– 肱骨
30– 龙骨突
31– 叉骨
32– 肩胛骨
33– 下颌骨
34– 颧弓
35– 额骨
36– 顶骨
37– 枕骨

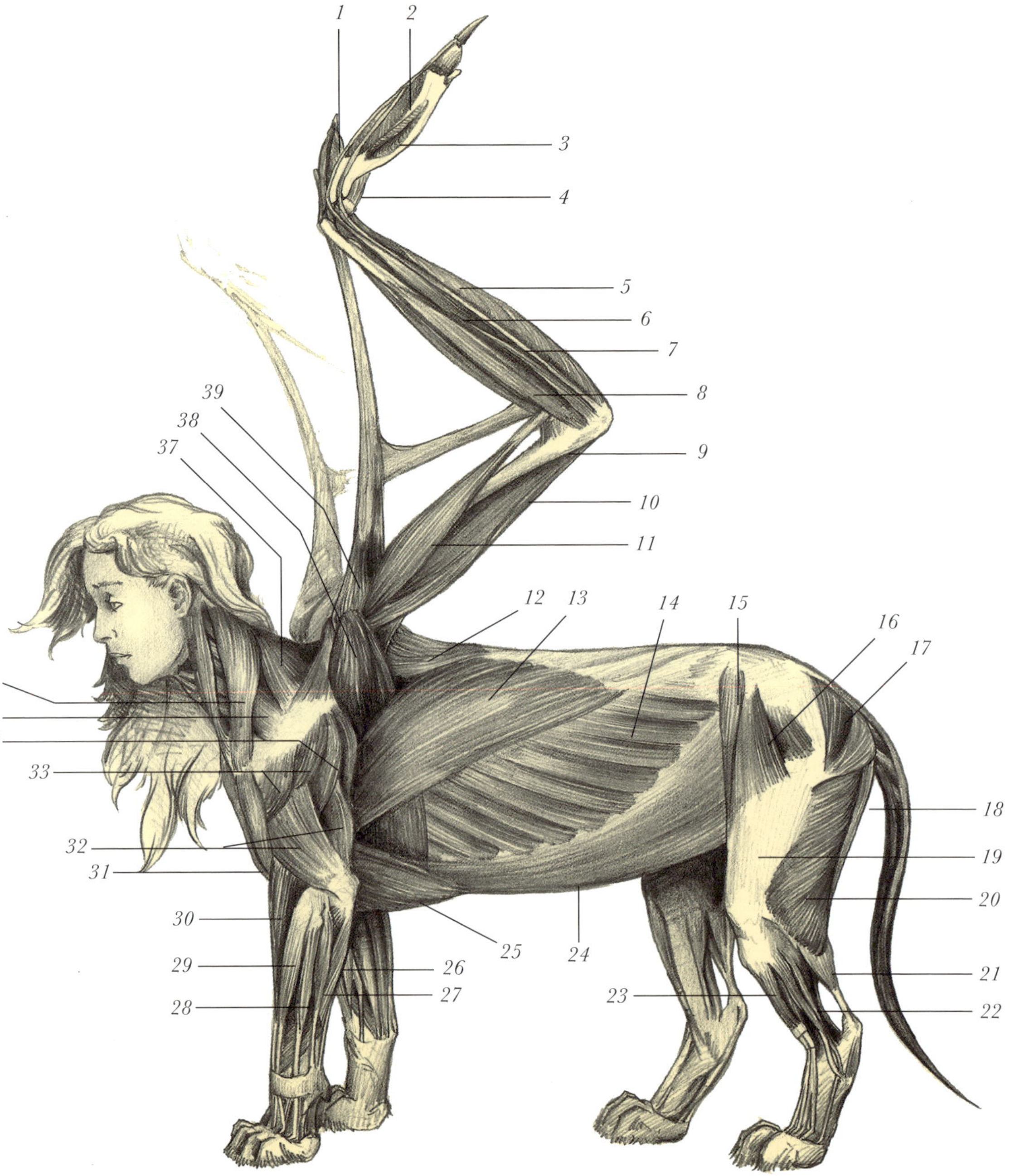

图 2

1– 小翼内收肌
2– 大指内收肌
3– 腹侧骨间肌
4– 尺掌背侧肌
5– 尺侧腕屈肌
6– 指深屈肌
7– 指浅屈肌
8– 旋前浅肌
9– 肱骨
10– 肱三头肌
11– 肱二头肌
12– 斜方肌
13– 背阔肌
14– 腹外斜肌
15– 缝匠肌
16– 阔筋膜张肌
17– 臀浅肌
18– 半腱肌
19– 股四头肌
20– 股二头肌
21– 腓肠肌
22– 趾深屈肌
23– 胫前肌
24– 腹直肌鞘
25– 胸小肌
26– 尺侧腕屈肌
27– 尺侧腕伸肌
28– 趾侧伸肌
29– 趾伸肌
30– 桡侧腕伸肌
31– 锁臂肌
32– 肱三头肌
33– 三角肌
34– 冈下肌
35– 肩胛横肌
36– 肱头肌
37– 斜方肌
38– 胸大肌
39– 前翼膜张肌

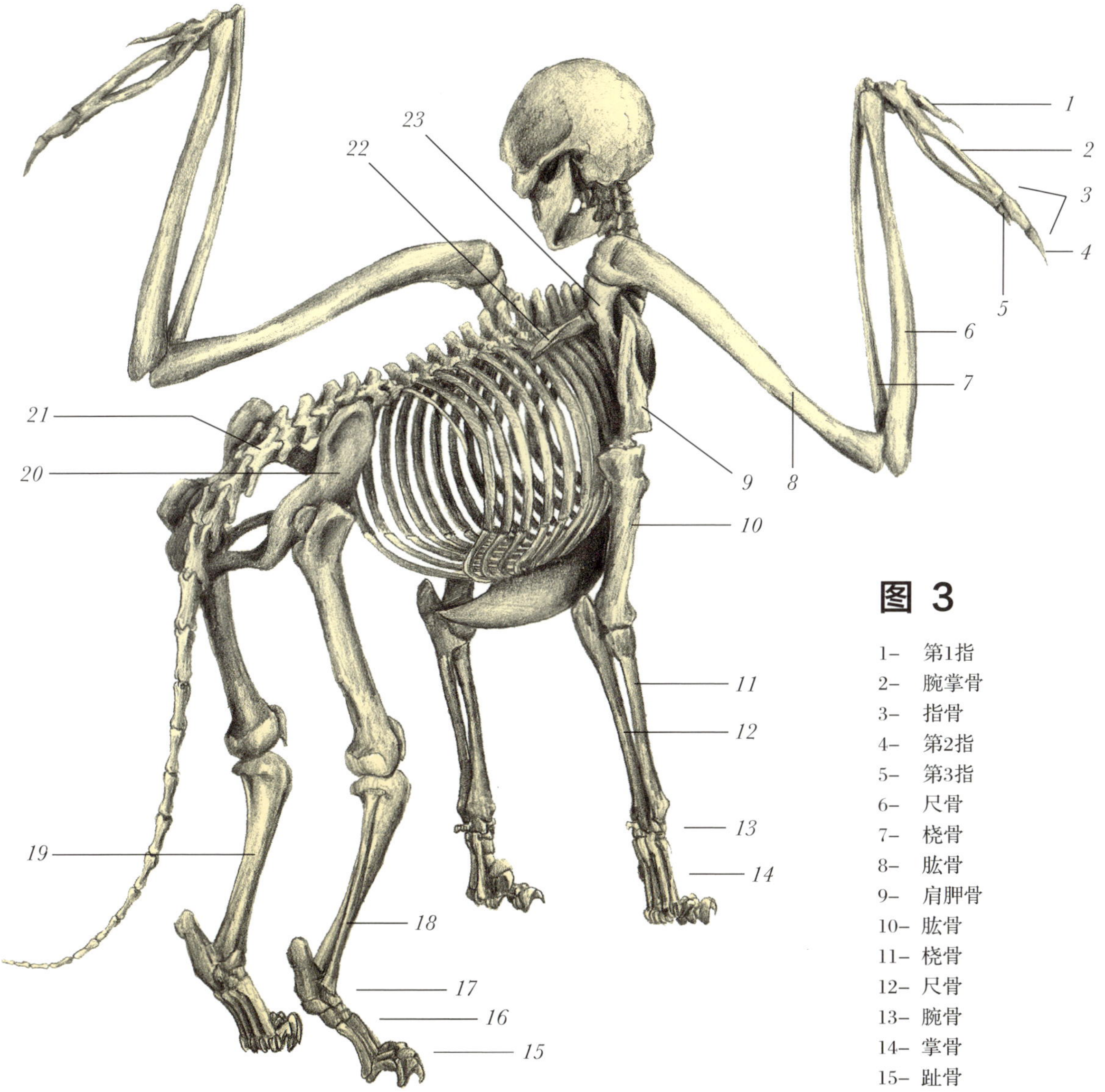

图 3

1– 第1指
2– 腕掌骨
3– 指骨
4– 第2指
5– 第3指
6– 尺骨
7– 桡骨
8– 肱骨
9– 肩胛骨
10– 肱骨
11– 桡骨
12– 尺骨
13– 腕骨
14– 掌骨
15– 趾骨
16– 跖骨
17– 跗骨
18– 腓骨
19– 胫骨
20– 盆骨
21– 骶骨
22– 肩胛骨
23– 乌喙骨

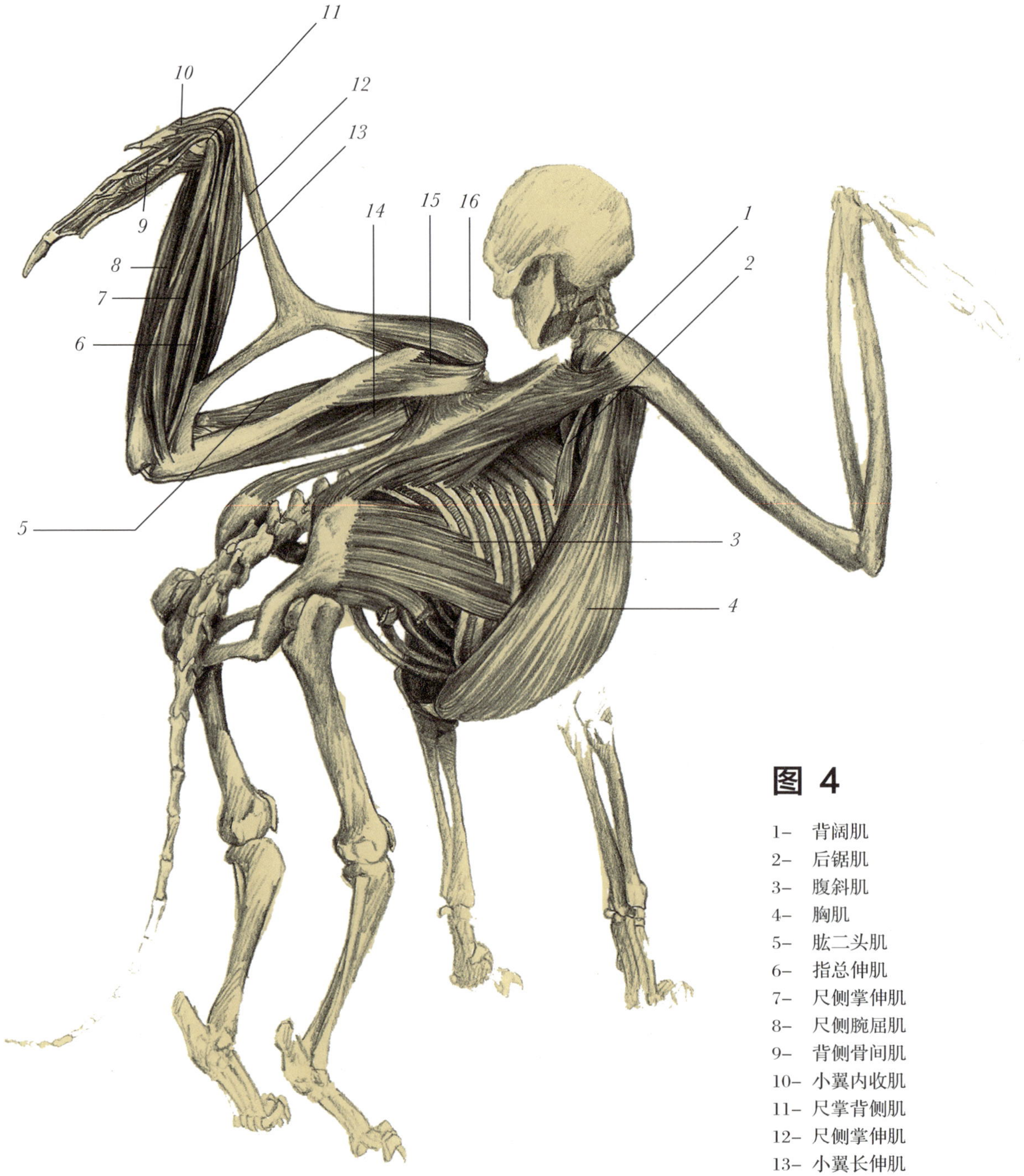

图 4

1– 背阔肌
2– 后锯肌
3– 腹斜肌
4– 胸肌
5– 肱二头肌
6– 指总伸肌
7– 尺侧掌伸肌
8– 尺侧腕屈肌
9– 背侧骨间肌
10– 小翼内收肌
11– 尺掌背侧肌
12– 尺侧掌伸肌
13– 小翼长伸肌
14– 肱三头肌
15– 大三角肌
16– 前翼膜张肌

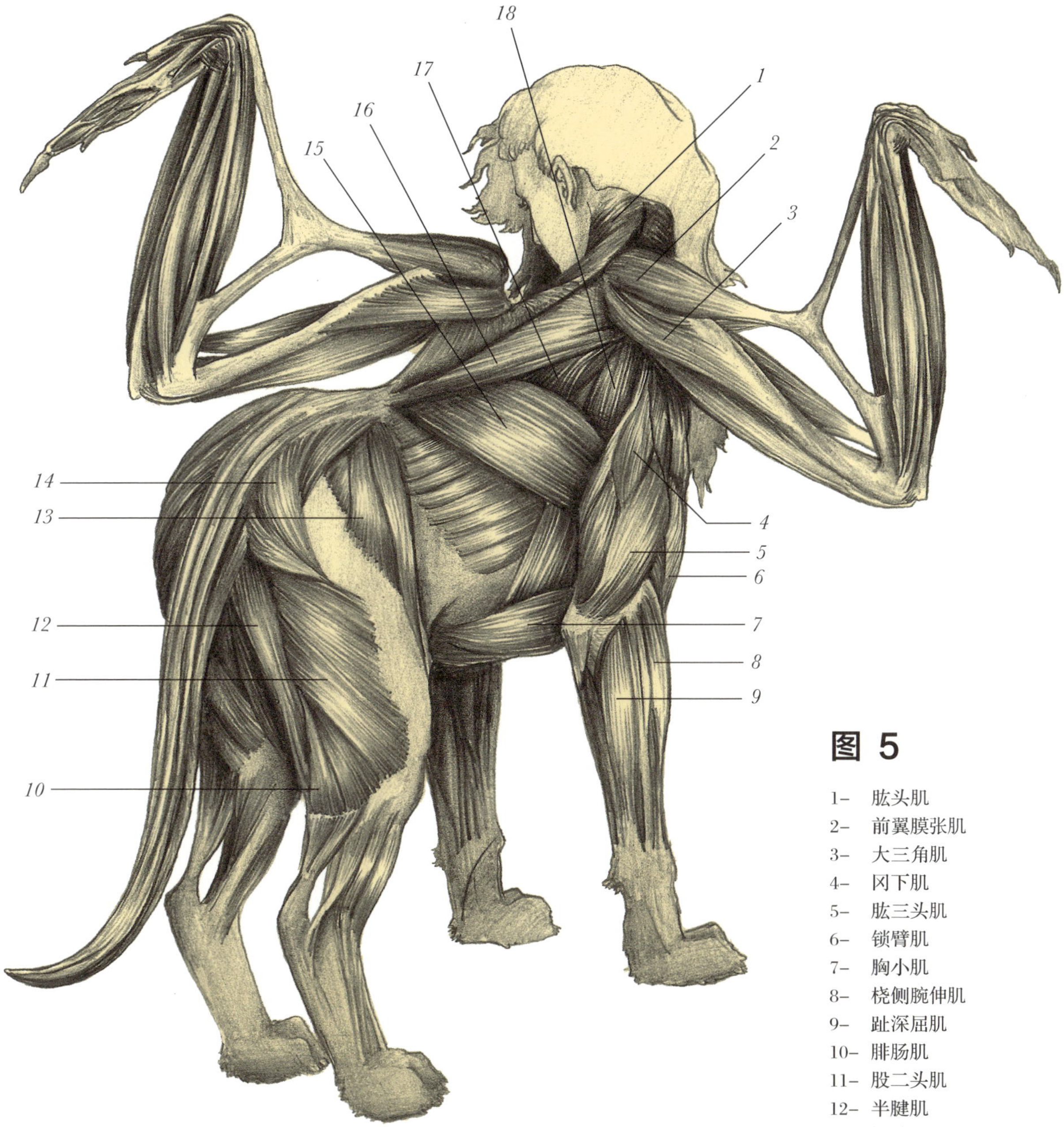

图 5

1– 肱头肌
2– 前翼膜张肌
3– 大三角肌
4– 冈下肌
5– 肱三头肌
6– 锁臂肌
7– 胸小肌
8– 桡侧腕伸肌
9– 趾深屈肌
10– 腓肠肌
11– 股二头肌
12– 半腱肌
13– 阔筋膜张肌
14– 臀浅肌
15– 背阔肌
16– 斜方肌
17– 胸前锯肌
18– 胸肌

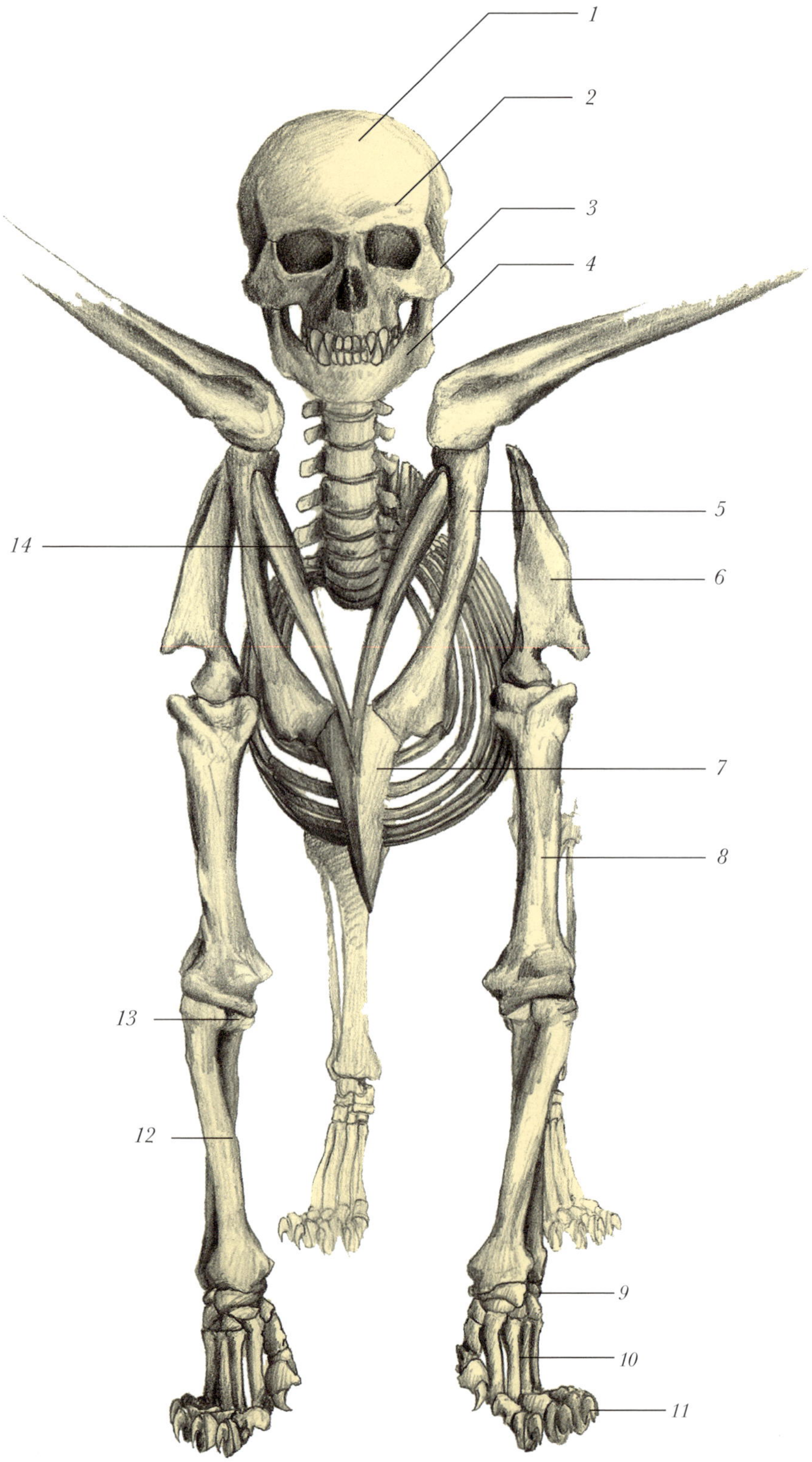

图 6

1– 额骨
2– 眉嵴
3– 颧弓
4– 下颌骨
5– 乌喙骨
6– 肩胛骨
7– 胸骨
8– 肱骨
9– 腕骨
10– 掌骨
11– 趾骨
12– 桡骨
13– 尺骨
14– 叉骨

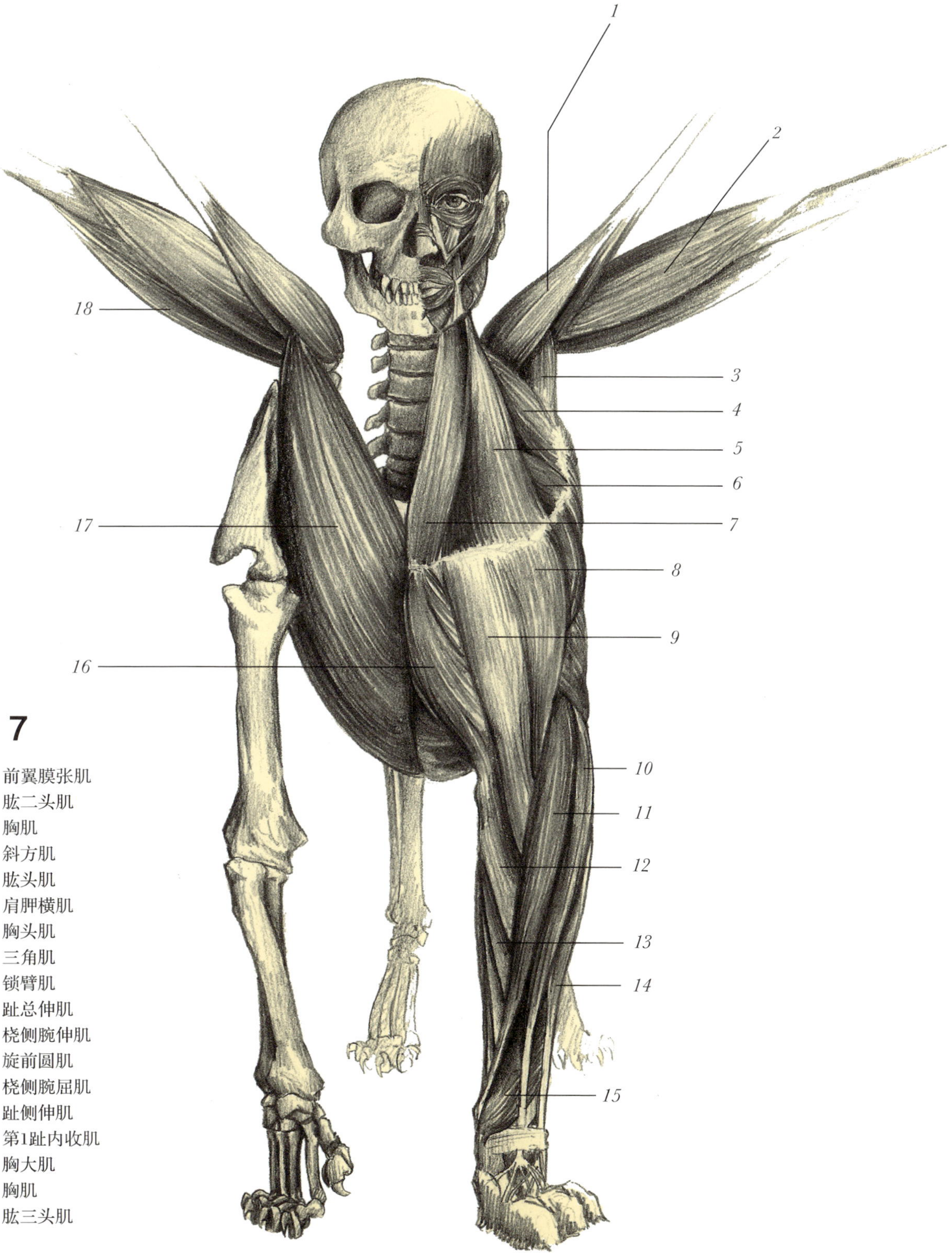

图 7

1– 前翼膜张肌
2– 肱二头肌
3– 胸肌
4– 斜方肌
5– 肱头肌
6– 肩胛横肌
7– 胸头肌
8– 三角肌
9– 锁臂肌
10– 趾总伸肌
11– 桡侧腕伸肌
12– 旋前圆肌
13– 桡侧腕屈肌
14– 趾侧伸肌
15– 第1趾内收肌
16– 胸大肌
17– 胸肌
18– 肱三头肌

19世纪，人们普遍相信塞壬海妖或人鱼的存在。许多博物学家和分类学家也认为，此类物种的存在似乎是可信的。布莱克医生本人称，海洋浩瀚无垠，一切没有绝对。值得一提的是，尽管很多科学家对布莱克的研究持批评态度，但其实也有不少人支持他，甚至保有与他一致的观点。

海塞王

界	动物界	科	塞壬科
门	脊椎动物门	属	塞壬属
纲	兽鱼纲	种	海塞壬种
目	有尾目		

人们常常将塞壬海妖、海中仙女涅瑞伊得斯和美人鱼混为一谈。早在人类使用科学方法下论断之前，这些动物就已经在民间传说中频频现身了。而且，神话传说也对这类物种的进化特征有着精确的描述。我将从这些物种的共同特征入手进行介绍，它们之间的差别就像不同品种的犬类一样，确实有显著差异。

古时候，人们所说的塞壬是一种鸟，后来才逐渐演变成海中的妖女形象。从某种意义上说，我们的确应该对传说中的“水中人”和“鸟型人”进行严格区分。至于二者之间的混淆，到底是因为分类上的错误，还是因为塞壬后来进化成了水栖哺乳动物，我们无从考证。

涅瑞伊得斯，或称海中仙女，它的很多特性都与深海物种相同，但前者比人鱼更接近人类。而且，在很多故事里，它们几乎与人类没什么两样，只不过是水栖动物，只能生活在水中。这样一来，它们喜欢住在较浅的淡水区这一习性就讲得通了。

美人鱼（海塞壬中的雌性）则并不常见，当然也比塞壬更难以捉摸。它可以在水下呼吸，因此无需浮上海面换气。据我推断，美人鱼可能有几个变种，而且变种的生活习性更接近哺乳动物，需要偶尔呼吸空气，就像海豚和鲸鱼那样。仅凭好运发现此类动物完整骸骨的可能性几乎为零。

此类动物得有一个进化完全且极为独特的呼吸系统，与鱼鳃的功能相近，但又符合人类胸腔的结构。如果我的理论没错，那么以前肯定有需要呼吸空气的美人鱼存在，这就意味着有各种各样（外形各异、大小不一、官能独特）的种类生活在水里。

此类动物的盆骨和股骨十分坚固，且比较长。从较长的腰椎和较厚的臀鳍棘来看，该物种一定十分机敏灵活，行动速度几乎不逊于其他任何已知的海洋生物。它的浅层肌腱与肌肉组织交织在一起，使得肌肉具有极大的肌张力、强度和抵抗力。发达的肌肉组织支撑着整个鳍脊部位，这让此类动物在水中生活具有无可比拟的优势。

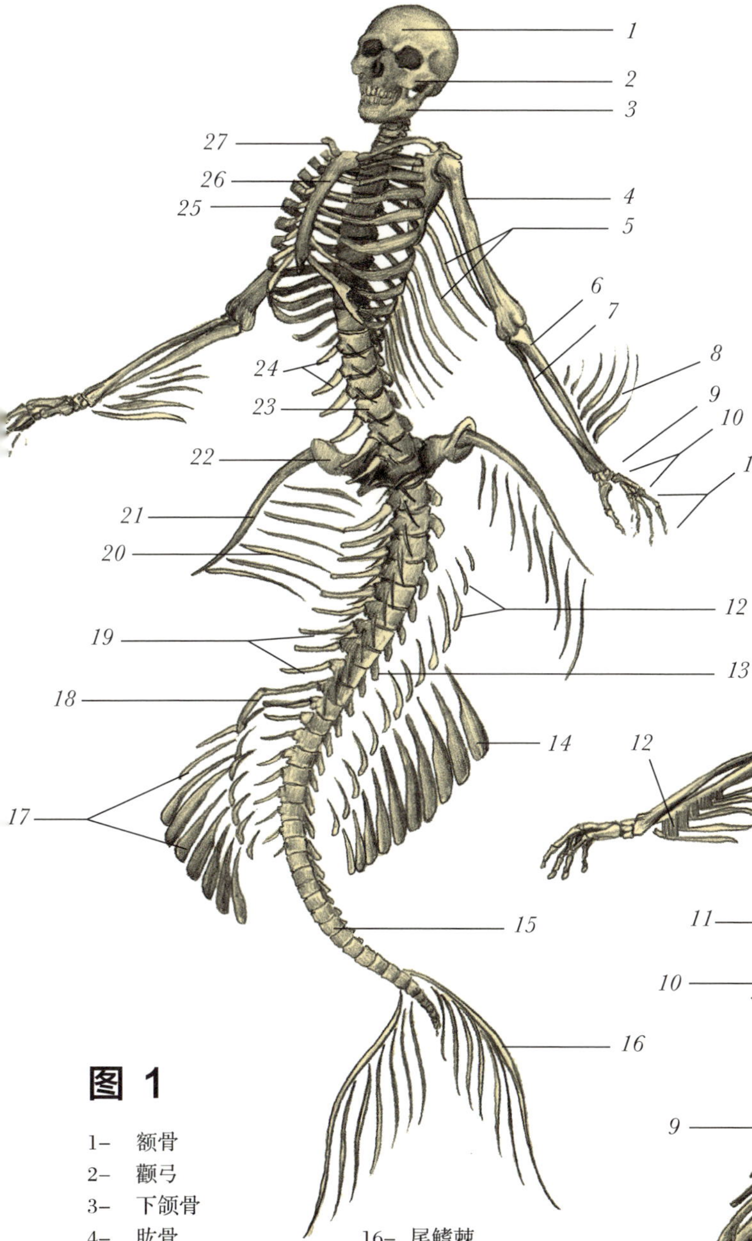

图 1

1- 额骨
2- 颧弓
3- 下颌骨
4- 肱骨
5- 背鳍棘
6- 尺骨
7- 桡骨
8- 尺侧棘
9- 腕骨
10- 掌骨
11- 指骨
12- 支鳍骨
13- 神经棘
14- 软鳍条
15- 椎骨
16- 尾鳍棘
17- 臀鳍棘
18- 支鳍骨
19- 血管棘
20- 腹鳍棘
21- 股骨
22- 盆骨
23- 腰椎
24- 腹肋
25- 肋骨
26- 胸骨
27- 锁骨

图 2

1- 外肋间肌
2- 尺侧收肌
3- 软条背降肌
4- 尾柄伸肌
5- 尾内收肌
6- 尾伸肌
7- 尾鳍棘
8- 尾内收肌
9- 鳍降肌
10- 腹鳍伸肌
11- 栉状肌（腹鳍内收肌）
12- 尺侧伸肌

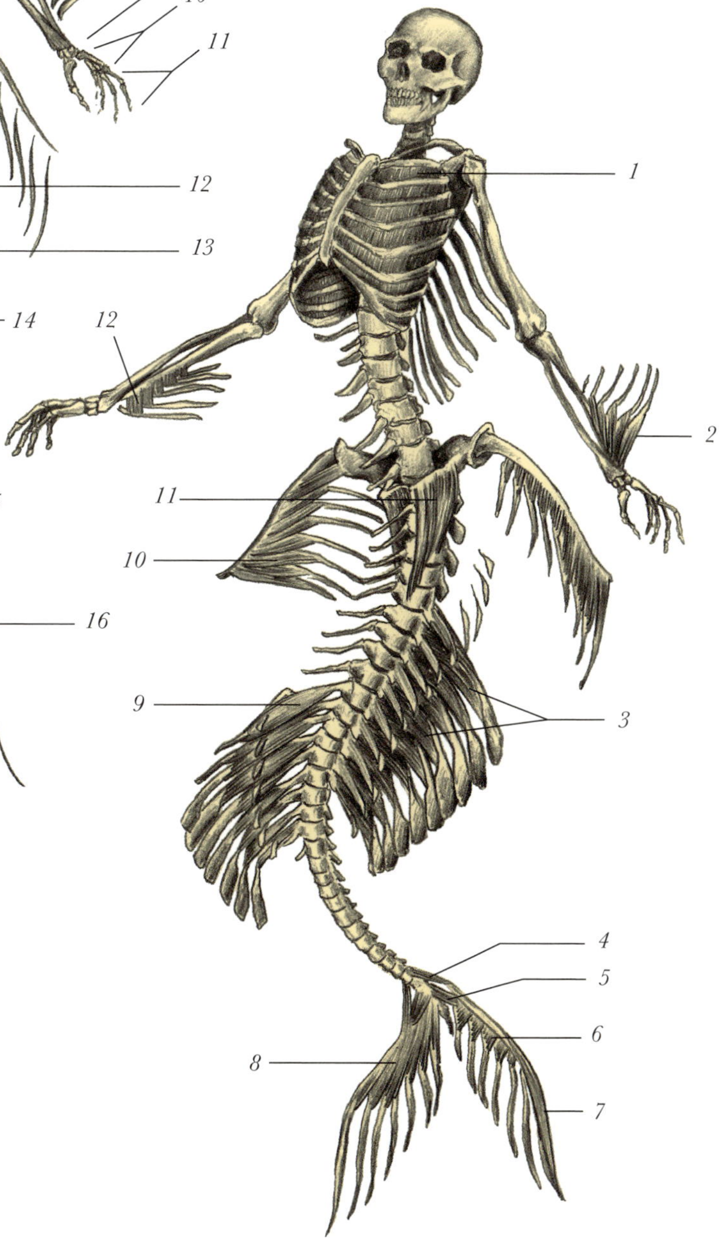

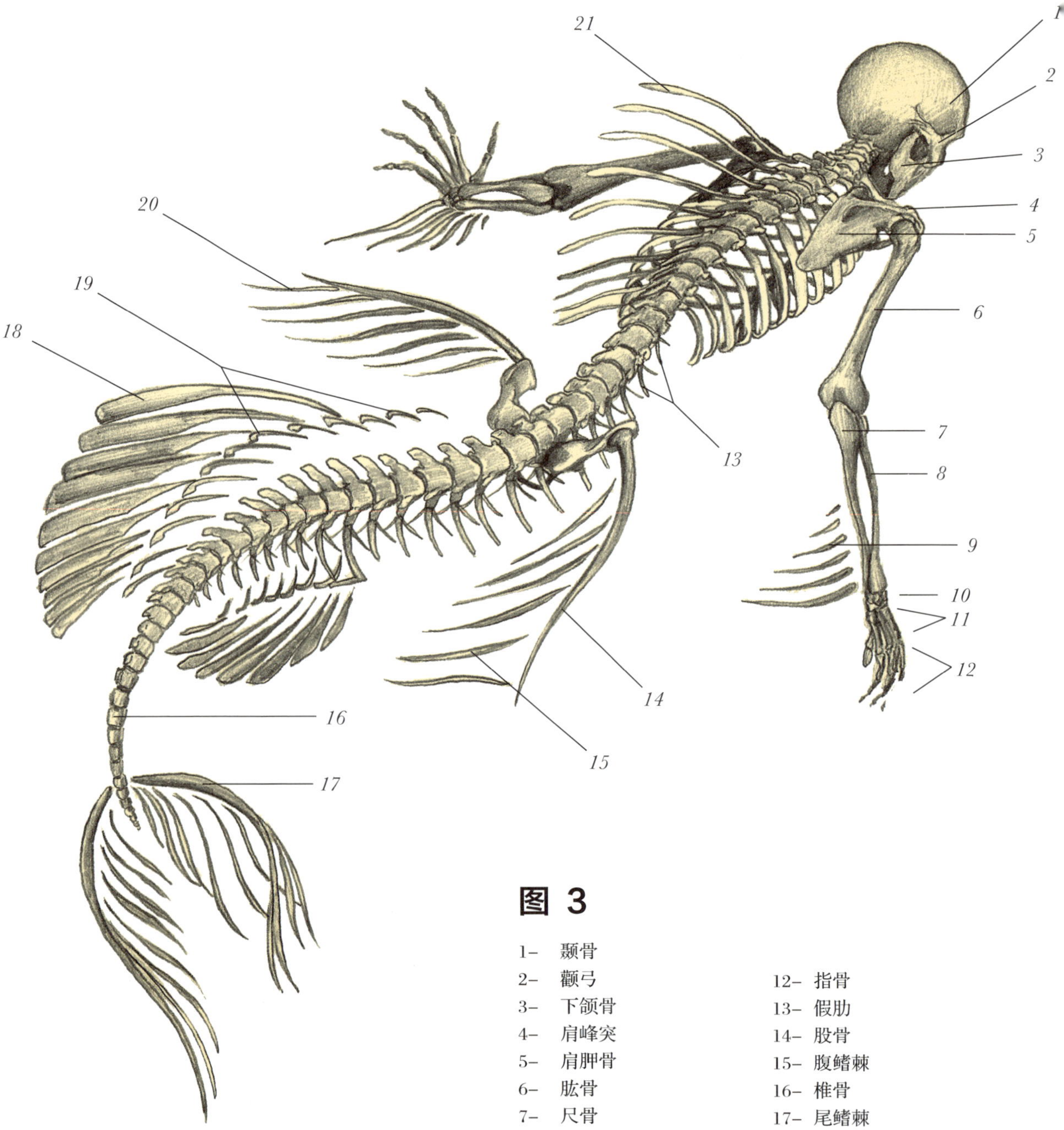

图 3

1– 颞骨
2– 颧弓
3– 下颌骨
4– 肩峰突
5– 肩胛骨
6– 肱骨
7– 尺骨
8– 桡骨
9– 尺侧棘
10– 腕骨
11– 掌骨
12– 指骨
13– 假肋
14– 股骨
15– 腹鳍棘
16– 椎骨
17– 尾鳍棘
18– 软鳍背棘
19– 支鳍骨
20– 腹鳍棘
21– 背鳍棘

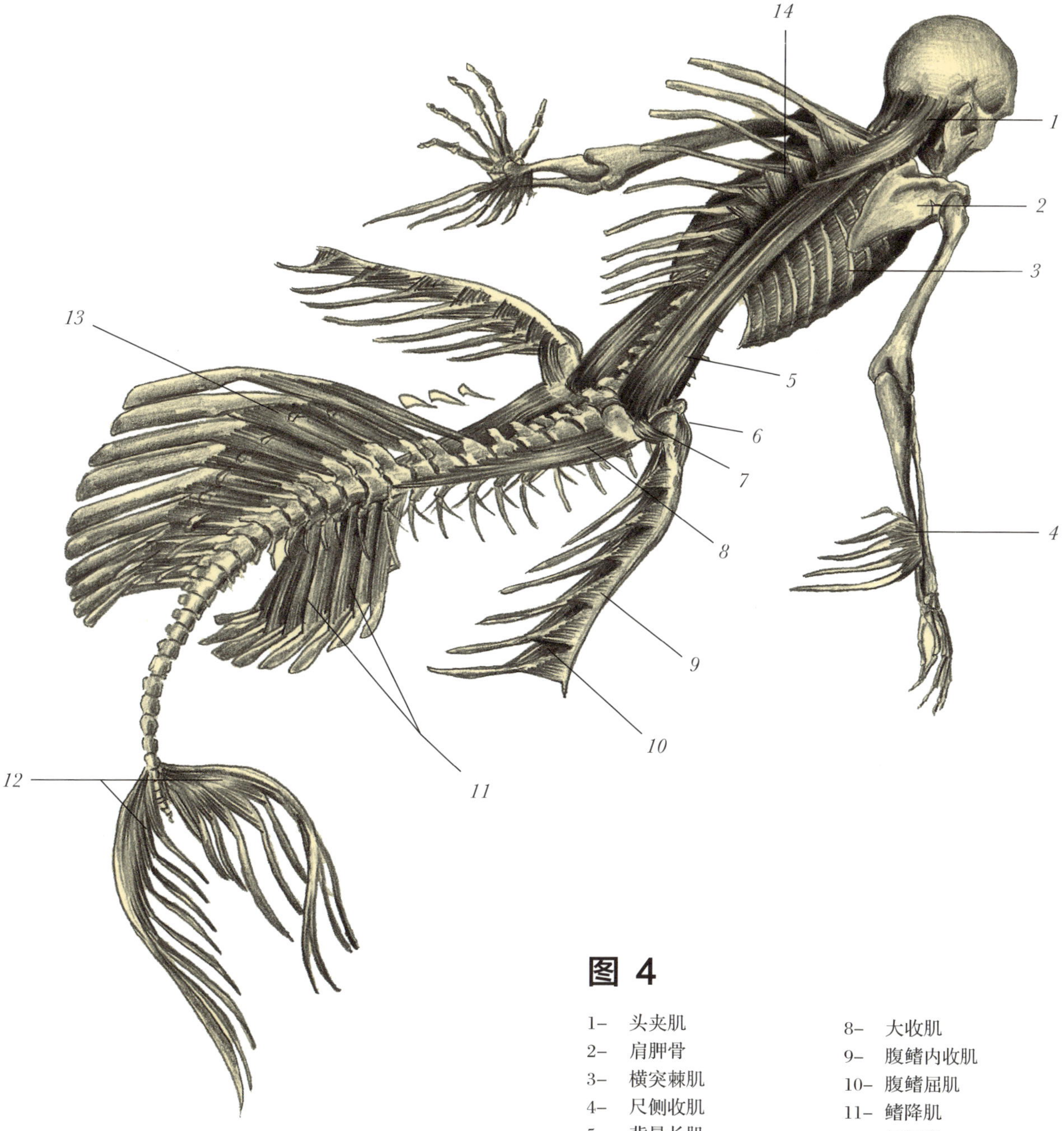

图 4

1- 头夹肌
2- 肩胛骨
3- 横突棘肌
4- 尺侧收肌
5- 背最长肌
6- 臀中肌
7- 栉状肌
8- 大收肌
9- 腹鳍内收肌
10- 腹鳍屈肌
11- 鳍降肌
12- 尾屈肌
13- 软条背降肌
14- 背鳍屈肌

图 5

1– 冈下肌
2– 三角肌
3– 小圆肌
4– 大圆肌
5– 肱三头肌
6– 桡侧腕伸肌
7– 尺侧腕伸肌
8– 肘肌
9– 桡侧腕屈肌
10– 腹斜伸肌
11– 尺侧腕屈肌
12– 指浅屈肌
13– 肌节
14– 腹鳍
15– 红肌
16– 背棘(硬鳍条)
17– 背鳍
18– 背阔肌
19– 斜方肌
20– 胸锁乳突肌

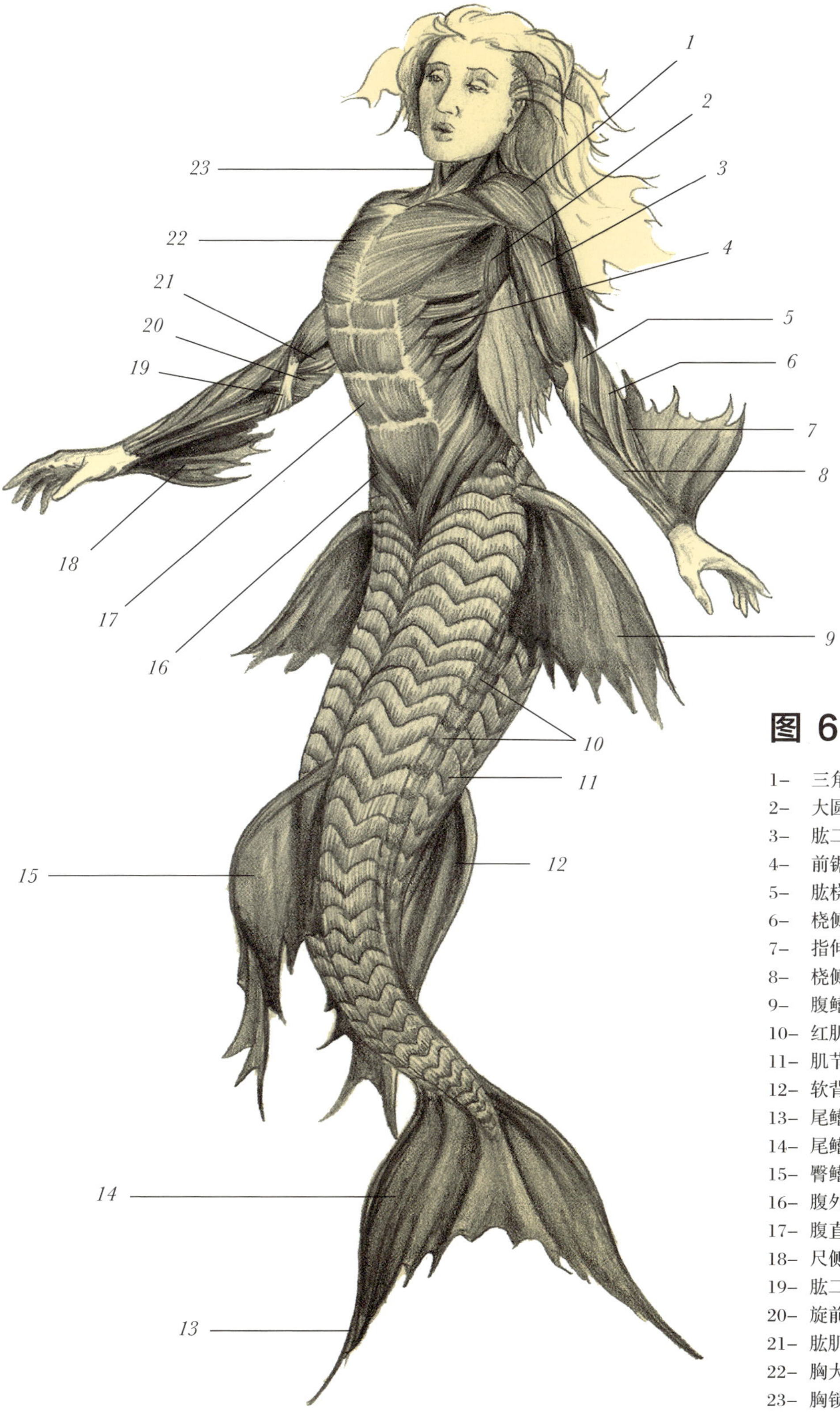

图 6

1– 三角肌
2– 大圆肌
3– 肱二头肌
4– 前锯肌
5– 肱桡肌
6– 桡侧腕伸肌
7– 指伸肌
8– 桡侧腕屈肌
9– 腹鳍
10– 红肌
11– 肌节
12– 软背鳍
13– 尾鳍棘
14– 尾鳍
15– 臀鳍
16– 腹外斜肌
17– 腹直肌
18– 尺侧鳍
19– 肱二头肌腱膜
20– 旋前圆肌
21– 肱肌
22– 胸大肌
23– 胸锁乳突肌

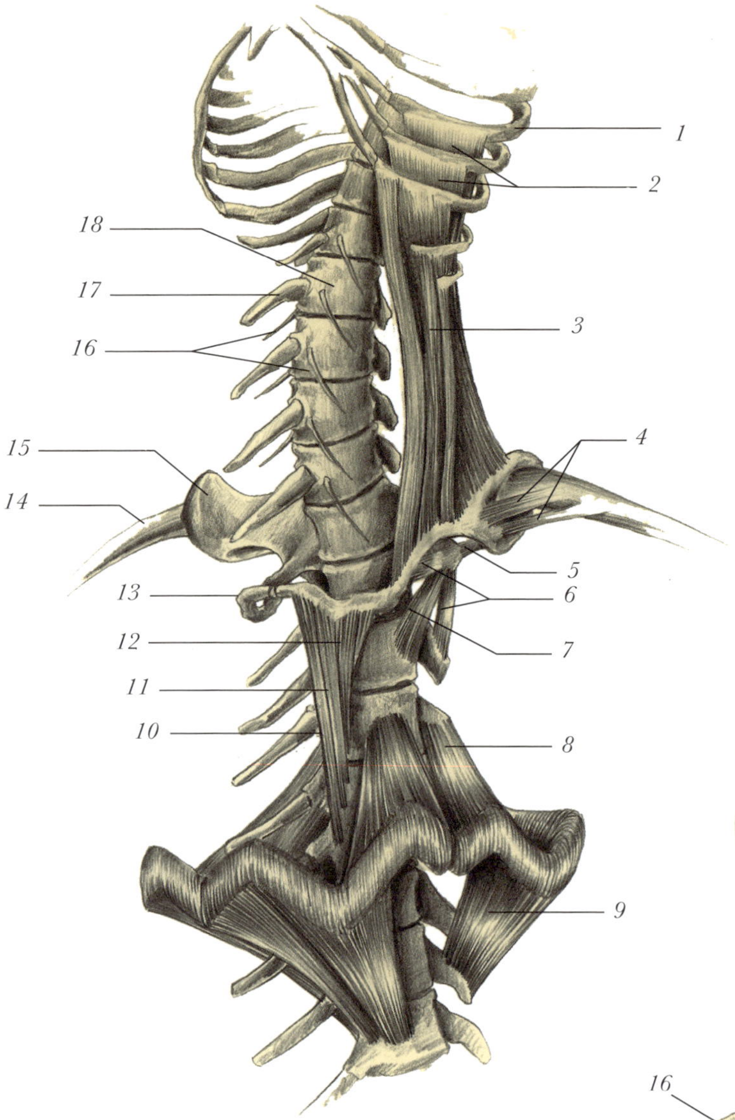

图 7

1– 肋骨
2– 内肋间肌
3– 腰方肌
4– 髋骨韧带
5– 坐股韧带
6– 股棘突韧带
7– 股椎骨韧带
8– 降肌肌节
9– 立肌肌节
10– 股薄肌
11– 大收肌
12– 长收肌
13– 坐骨结节
14– 股骨[①]
15– 盆骨
16– 假肋（针骨）
17– 腹肋
18– 椎骨

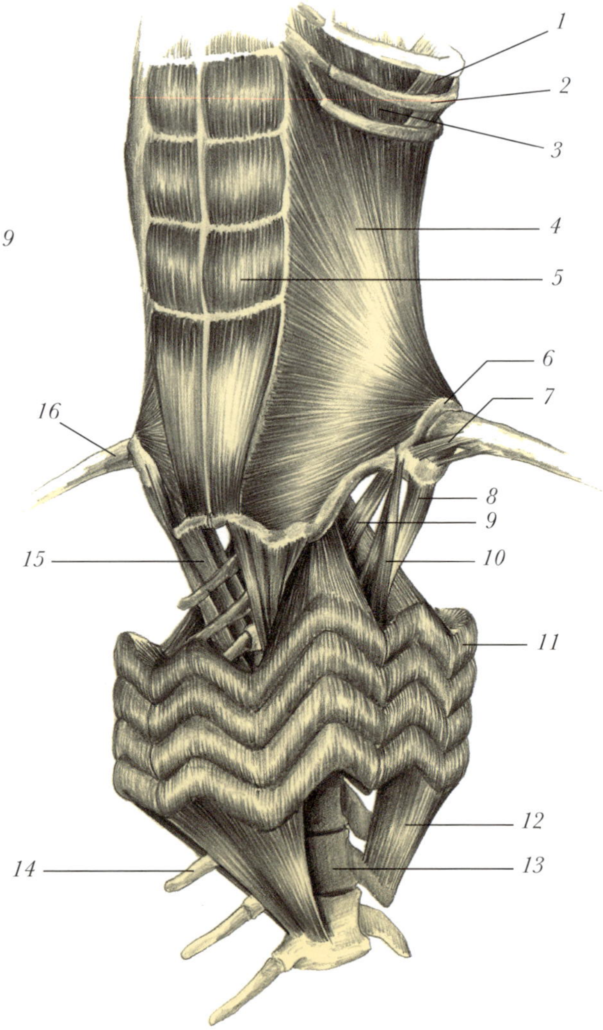

图 8

1– 外肋间肌
2– 肋骨
3– 内肋间肌
4– 腹内斜肌
5– 腹直肌
6– 骨盆
7– 髋骨韧带
8– 小收肌
9– 椎棘二头肌
10– 缝匠肌
11– 肌节
12– 竖立肌肌节
13– 椎骨
14– 腹肋
15– 股薄肌（内收肌）
16– 股骨[②]

①② 原版作“肱骨”，有误。

图 9

1– 颈动脉
2– 锁骨下静脉
3– 主动脉
4– 肱静脉
5– 肠系膜静脉/动脉
6– 肾静脉/动脉
7– 肾脏
8– 肱动脉
9– 内颈静脉
10– 外颈静脉

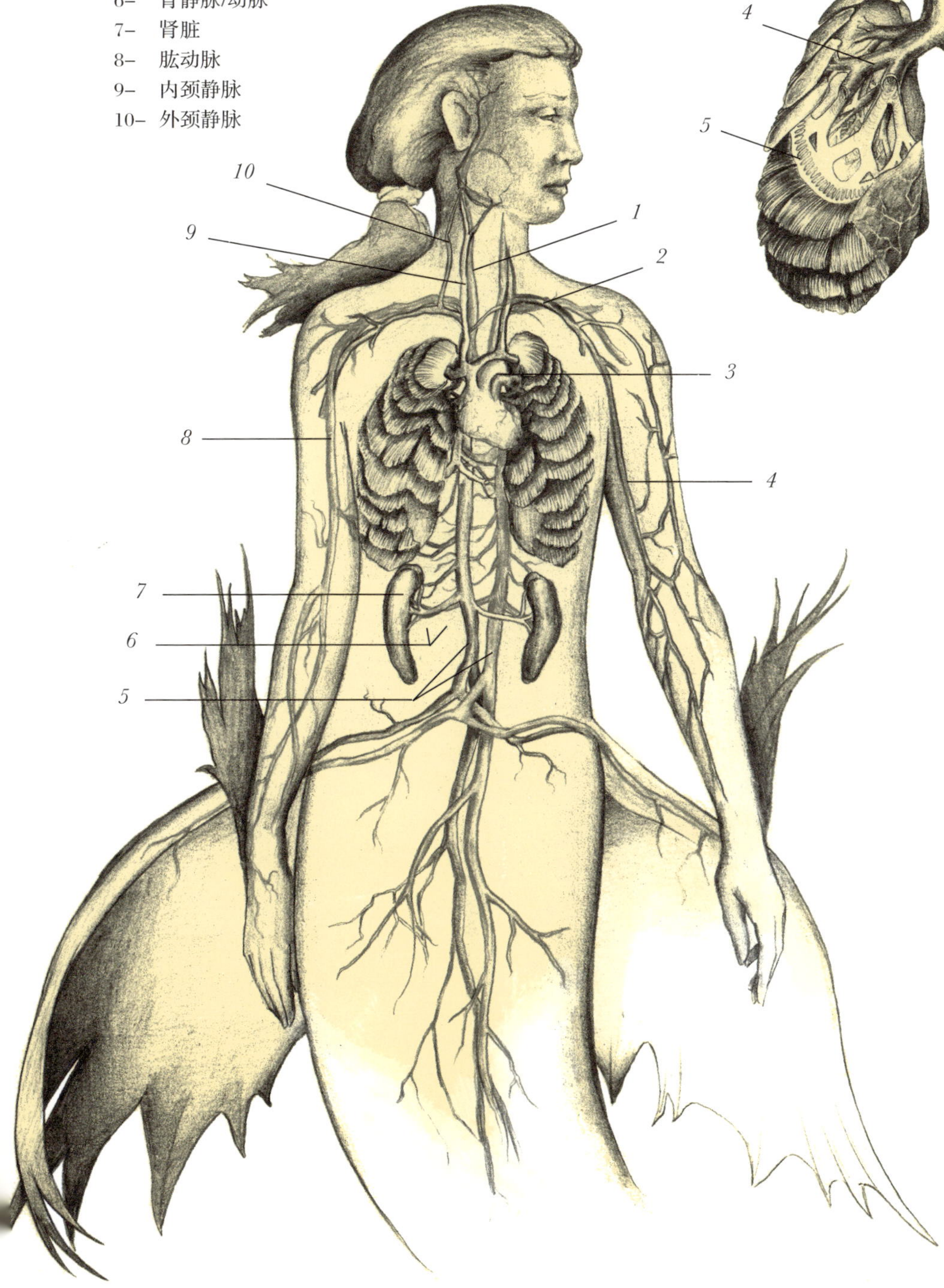

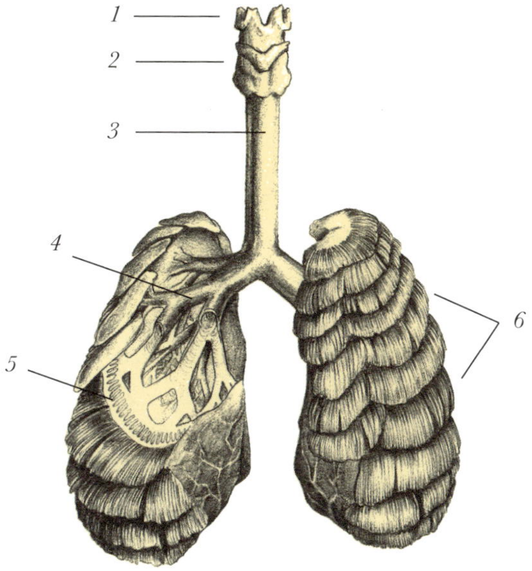

图 10

1– 舌骨
2– 咽喉
3– 气管
4– 支气管
5– 鳃耙
6– 鳃

图 11

图 12

布莱克医生提到了各种各样的萨提洛斯羊人，还提到曾在芬兰发现一具羊人尸骸。但是，没有证据显示布莱克研究过任何一种羊人尸骸。他曾经在1906年9月的日记中提到过羊人:“我学识不高，对这种动物的某些生理情况不甚明了，只能推测。我想它一定声音动听犹如天籁，步态轻盈好似舞者，顽皮淘气赛过孩童。”

羊人萨提洛斯

界	动物界	科	福纳斯[①]科
门	脊椎动物门	属	萨提洛斯[②]属
纲	哺乳纲	种	山羊萨提洛斯种
目	偶蹄目		

① 即 Faunus，古罗马神话中的荒野和畜牧之神，掌管动物，等同于希腊神话中的牧神潘，为人身羊足、头上长有羊角的魁梧男性。——译者注

② 即 Satyrus，古希腊神话中半人半羊的精灵，被认为是牧神潘和酒神狄俄倪索斯的复合体，作为他们的随从出现，后来成为贪婪、淫荡、嗜酒的象征。——译者注

就像普通牛羊之间有着不少共同点一样，萨提洛斯羊人与弥诺陶洛斯牛头人也有很多相似之处。两者最大的区别就是前者长着人头，而后者长着牛头，且前者智慧超群。我看过很多关于这种动物的描述，数不清的文学作品和戏剧故事中都有它的身影。我研究的羊人（如本章节图）长着一对与人相同的耳朵，不过人们普遍认为，还有长着羊耳朵的另外一种羊人存在。当然，还有很多其他种类的羊人。我在芬兰边境附近发现过一具极像羊的羊人尸骸，但是很遗憾，尸骸的保存情况很糟糕，不具备用于研究或细致临摹的条件。之后，我再也没能找到羊人的骸骨。

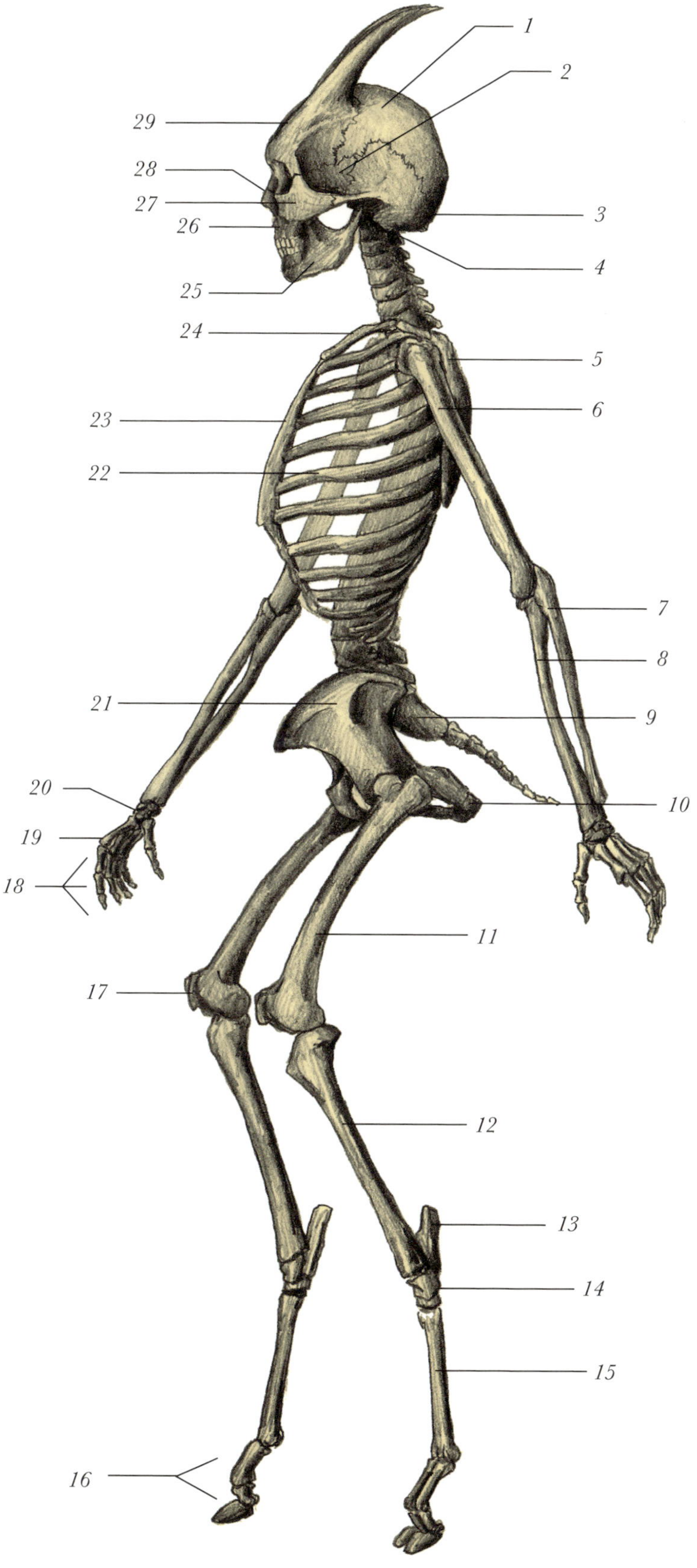

图 1

1- 顶骨
2- 颞骨
3- 枕骨
4- 寰椎
5- 肩胛骨
6- 肱骨
7- 尺骨
8- 桡骨
9- 骶骨
10- 坐骨结节
11- 股骨
12- 胫骨
13- 跟骨
14- 跗骨
15- 跖骨
16- 趾骨
17- 膝盖骨
18- 指骨
19- 掌骨
20- 腕骨
21- 盆骨
22- 肋骨
23- 胸骨
24- 锁骨
25- 下颌骨
26- 上颌骨
27- 颧弓
28- 鼻骨
29- 额骨

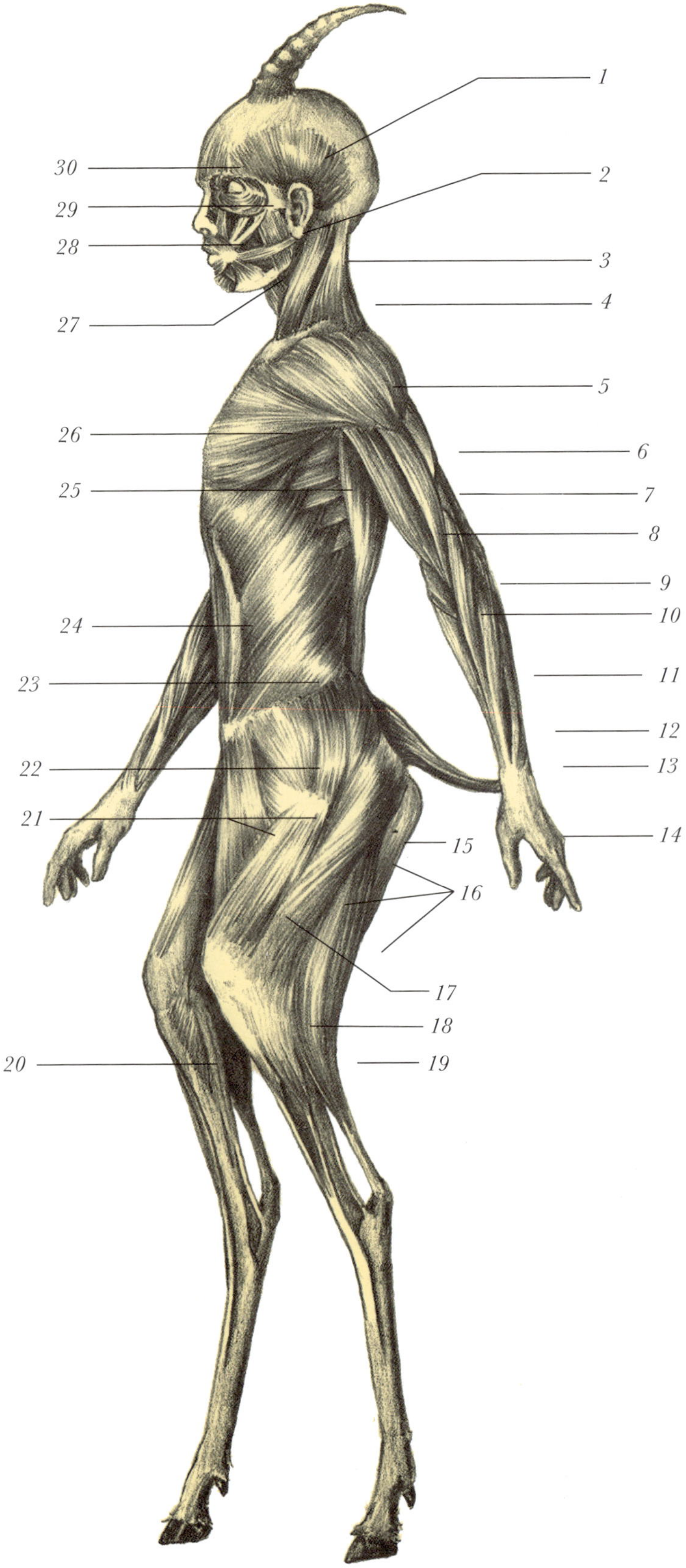

图 2

1– 颞肌
2– 咬肌
3– 胸锁乳突肌
4– 斜方肌
5– 三角肌
6– 肱三头肌
7– 肱肌
8– 肱二头肌
9– 肱桡肌
10– 旋前圆肌
11– 桡侧腕长伸肌
12– 桡侧腕短伸肌
13– 拇长收肌
14– 掌肌
15– 半腱肌
16– 股二头肌
17– 股四头肌
18– 腓骨长肌
19– 腓肠肌
20– 腘肌
21– 阔筋膜张肌
22– 臀中肌
23– 腹外斜肌
24– 腹直肌
25– 锯肌
26– 胸肌
27– 口三角肌
28– 口轮匝肌
29– 眼轮匝肌
30– 前额肌

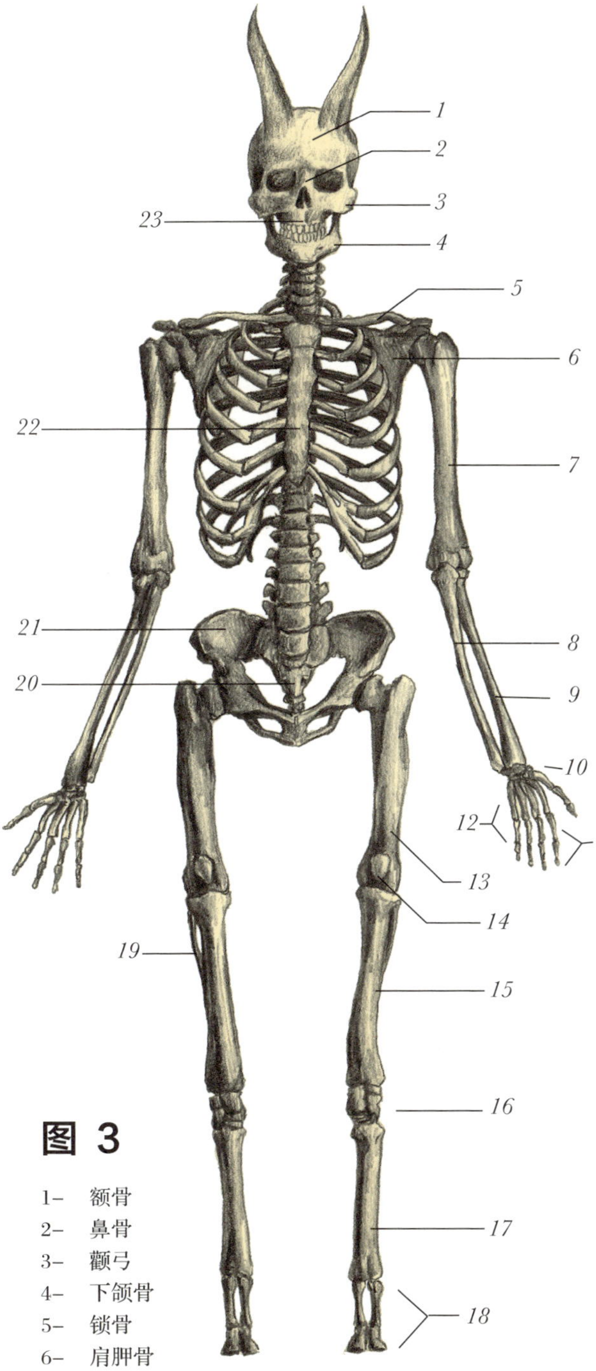

图 3

1– 额骨
2– 鼻骨
3– 颧弓
4– 下颌骨
5– 锁骨
6– 肩胛骨
7– 肱骨
8– 尺骨
9– 桡骨
10– 腕骨
11– 指骨
12– 掌骨
13– 股骨
14– 膝盖骨
15– 胫骨
16– 跗骨
17– 跖骨
18– 趾骨
19– 腓骨
20– 骶骨
21– 盆骨
22– 胸骨
23– 上颌骨

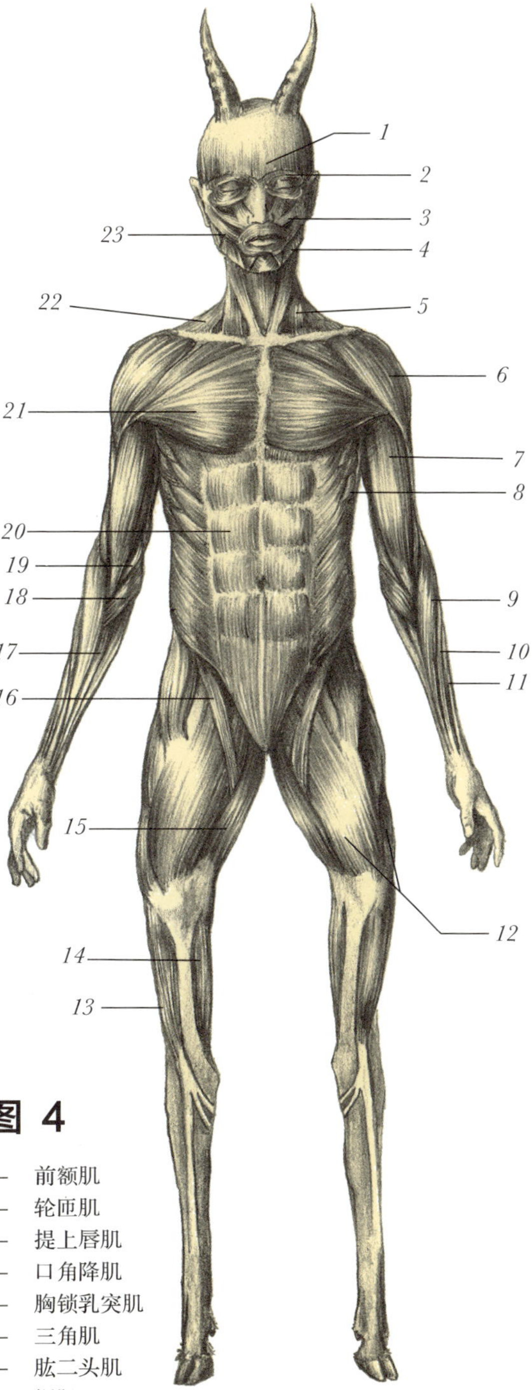

图 4

1– 前额肌
2– 轮匝肌
3– 提上唇肌
4– 口角降肌
5– 胸锁乳突肌
6– 三角肌
7– 肱二头肌
8– 锯肌
9– 肱桡肌
10– 桡侧腕长伸肌
11– 桡侧腕短伸肌
12– 股四头肌
13– 趾长伸肌
14– 趾长屈肌
15– 股薄肌
16– 缝匠肌
17– 桡侧腕屈肌
18– 旋前圆肌
19– 肱肌
20– 腹直肌
21– 胸大肌
22– 斜方肌
23– 颧肌

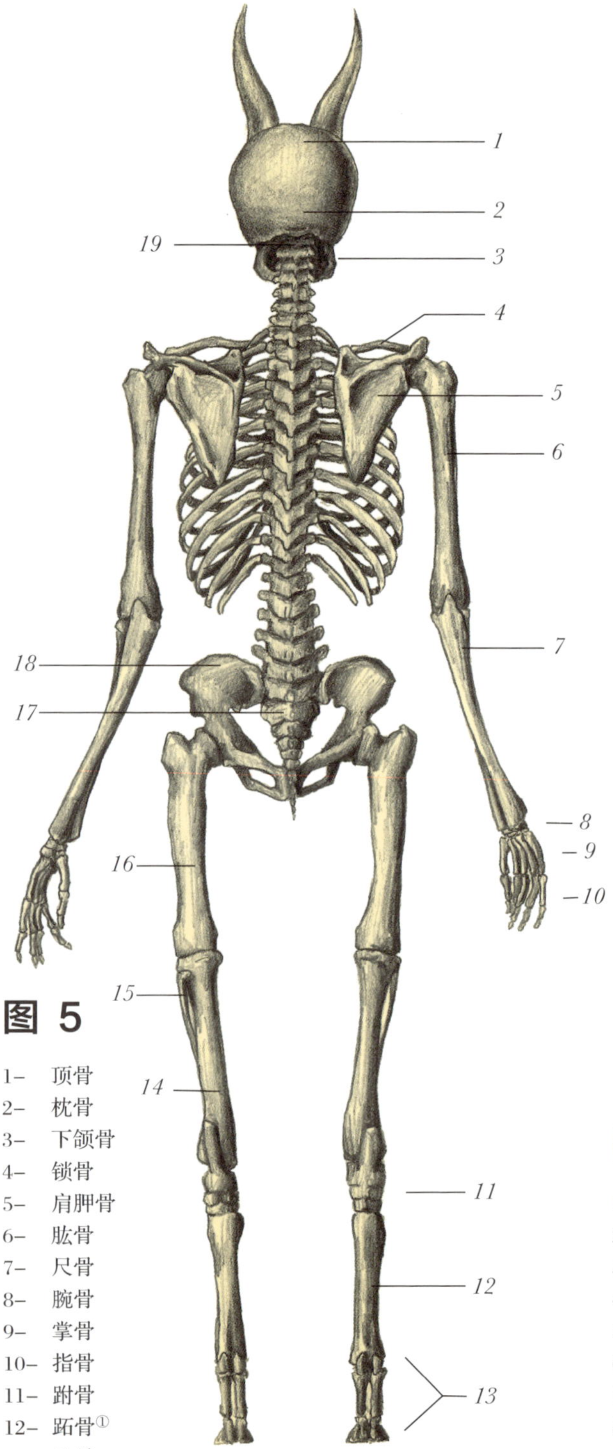

图 5

1– 顶骨
2– 枕骨
3– 下颌骨
4– 锁骨
5– 肩胛骨
6– 肱骨
7– 尺骨
8– 腕骨
9– 掌骨
10– 指骨
11– 跗骨
12– 跖骨[①]
13– 趾骨
14– 胫骨
15– 腓骨
16– 股骨
17– 骶骨
18– 盆骨
19– 第1节颈椎（寰椎）

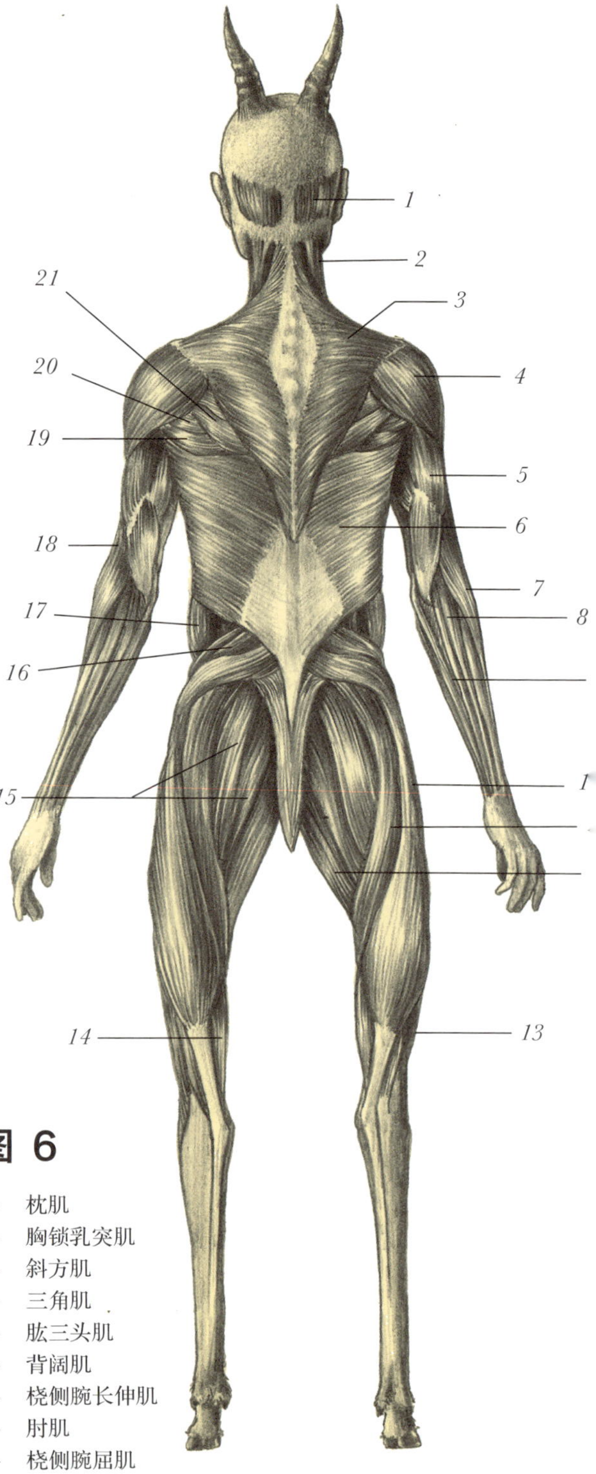

图 6

1– 枕肌
2– 胸锁乳突肌
3– 斜方肌
4– 三角肌
5– 肱三头肌
6– 背阔肌
7– 桡侧腕长伸肌
8– 肘肌
9– 桡侧腕屈肌
10– 股二头肌
11– 半腱肌
12– 股薄肌
13– 胫前肌
14– 趾长屈肌
15– 半膜肌
16– 臀中肌
17– 腹外斜肌
18– 肱桡肌
19– 大圆肌
20– 小圆肌
21– 冈下肌

① 原版图自注 12 错位，无注 19，据图注改正。—— 译者注

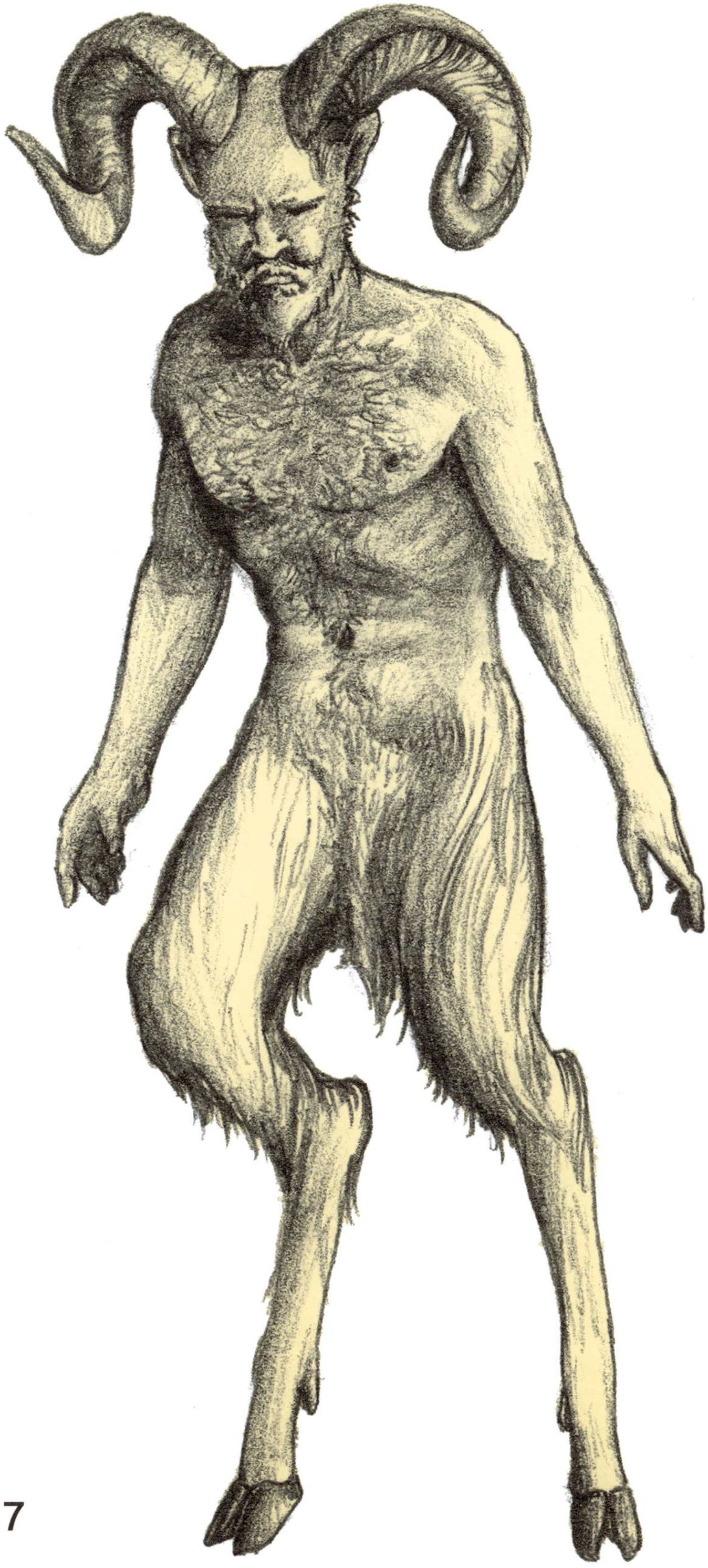

图 7

布莱克笔下的弥诺陶洛斯牛头人是一个非常悲剧的物种。它结合了两个物种的生理劣势，却没能承袭任何优势。空有人类的躯壳却没有人类的智慧，有什么用呢？长了一颗牛的脑袋却没有牛的体格和力量，又有什么用呢？

此外，这种动物还有其他缺点。弥诺陶洛斯牛头人没有利爪，因此无法发动有效的袭击或进行稳妥的防御。它既不能在天上飞，又不能去水里游。这样一种动物的存在实在是让人很难相信。

——斯宾塞·布莱克

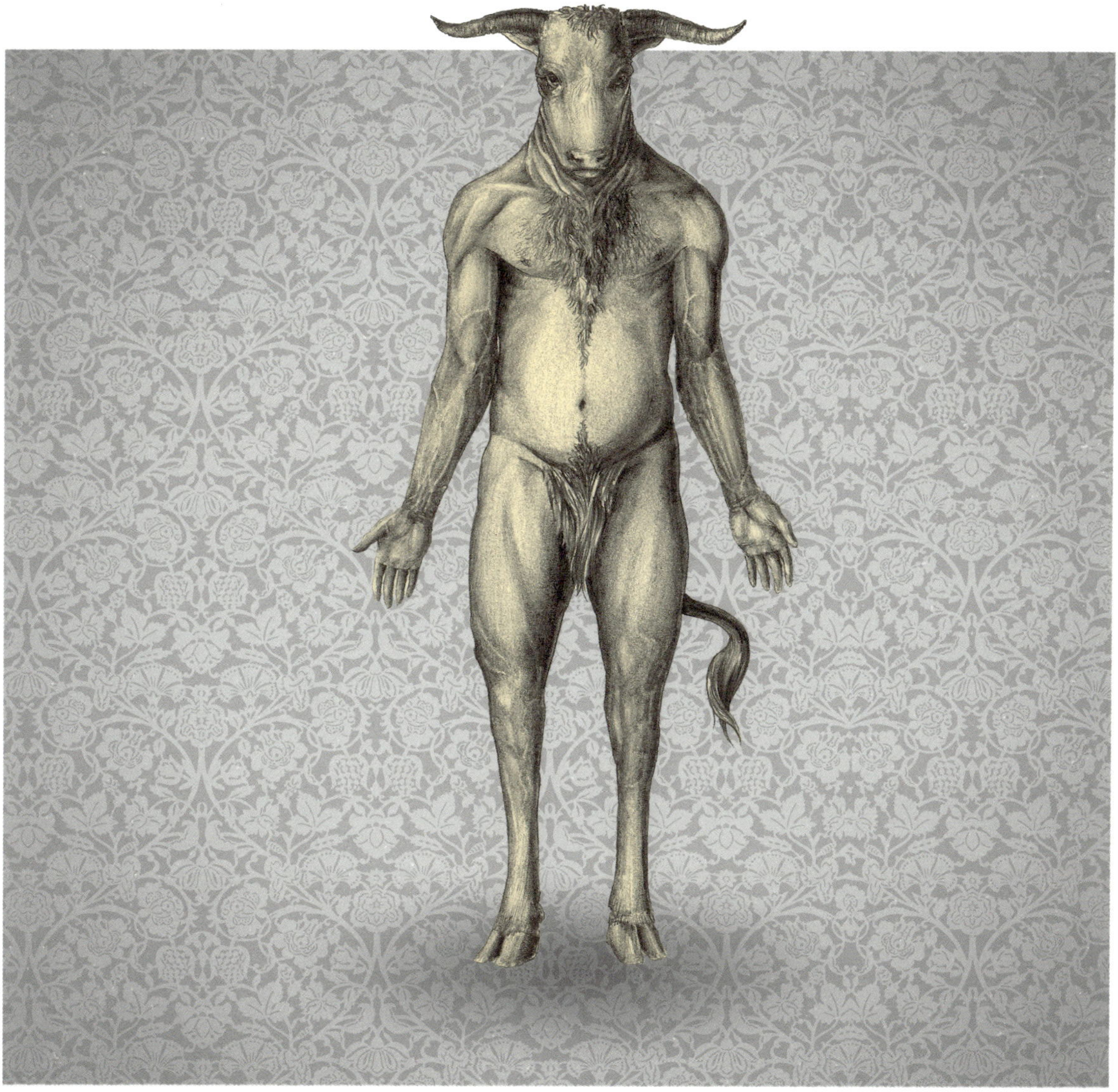

阿斯忒里翁-弥诺陶洛斯牛头人

界	动物界	科	弥诺斯科
门	脊椎动物门	属	弥诺陶洛斯属
纲	哺乳纲	种	阿斯忒里翁-弥诺陶洛斯牛头人种
目	阿斯忒里俄斯[1]目		

① 古希腊神话中，阿斯忒里俄斯是克里特之王，腓尼基公主欧罗巴带着弥诺斯等三个孩子嫁给了他。由于阿斯忒里俄斯没有孩子，死后引发了王位争夺。弥诺斯乞求海神波塞冬给他一头公牛作为有能力获得王位的证明，并答应之后以这头公牛回祭。波塞冬给了公牛后，弥诺斯却因为牛太好看舍不得献祭，用了别的牛代替。波塞冬恼羞成怒，对弥诺斯的妻子帕西菲施了咒语，令她与那头公牛结合，生下了牛头人身的弥诺陶洛斯，意思是“弥诺斯的牛”，又叫阿斯忒里翁，意思是星辰。—— 译者注

这份图谱展示了支持弥诺陶洛斯牛头人发挥头部各功能（包括打架）的特有肌肉系统。我得到的尸骸应该就是“牛头人”，可惜它极不完整，至今我仍无法判断“牛头人”是否有其他变种。因为历史血统问题，“牛头人”应该是独一无二的。其祖先的外形是十分重要的考量方面，因为根据传说，有些上古时代的“牛头人”可能生有四条腿和两条胳膊。不过，我尚未证实此消息的真实性。

和我曾经发掘的或从私人藏家手中购得的动物尸骸一样，这具“牛头人”尸骸的保存状态也不理想，因此我无法全面检查它的躯体。尸骸上的软组织腐烂得很严重，我无法根据残留部分做出任何判断。

我猜测，古老的“牛头人”应该没有其他牛科动物的反刍胃。对于直立行走的动物来说，由于有两条胳膊可以采集处理食物，反刍功能并非必要。“牛头人”应该是杂食动物，从体型大小和身体构造来看，它并不是一个优秀的猎手，因此可能会经常遭遇食物危机。而且，它很可能没有进化到有足够的能力来填饱肚子和抵御天敌进犯：它的脑容量很小，又是两足动物，既无法像高智商动物那样制定策略、使用武器保护自己，也无法在关键时刻逃离其他动物的攻击。

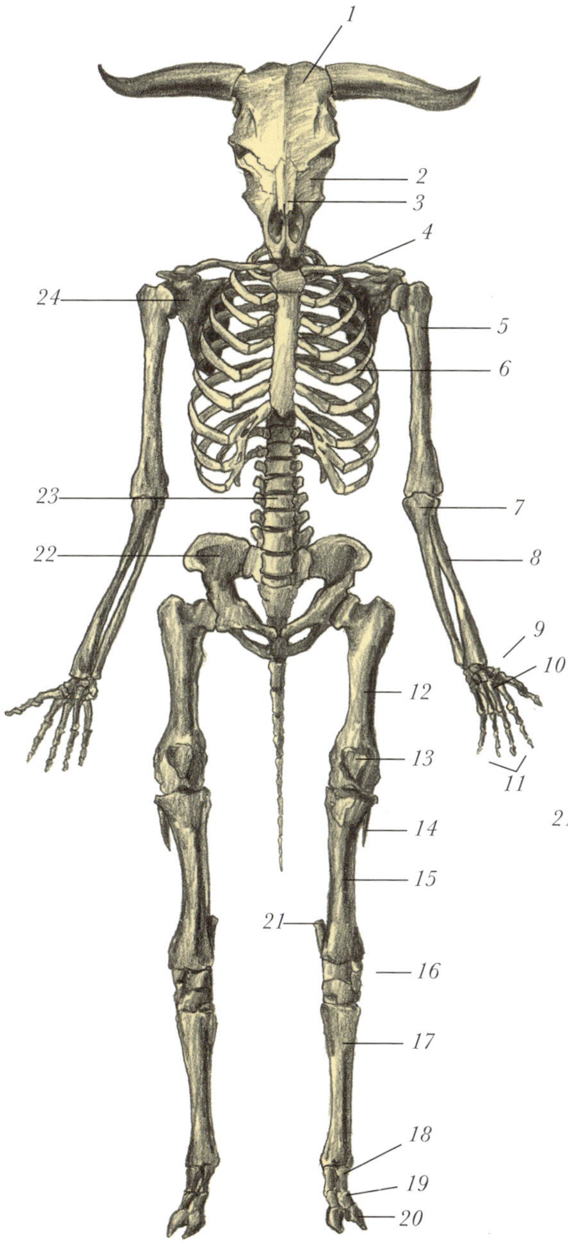

图 1

1- 额骨
2- 颧弓
3- 鼻骨
4- 锁骨
5- 肱骨
6- 肋骨
7- 尺骨
8- 桡骨
9- 腕骨
10- 掌骨
11- 指骨
12- 股骨
13- 膝盖骨
14- 腓骨
15- 胫骨
16- 跗骨
17- 第3和第4跖骨
18- 第1趾骨
19- 第2趾骨
20- 第3趾骨
21- 跟骨突
22- 盆骨
23- 椎骨
24- 肩胛骨

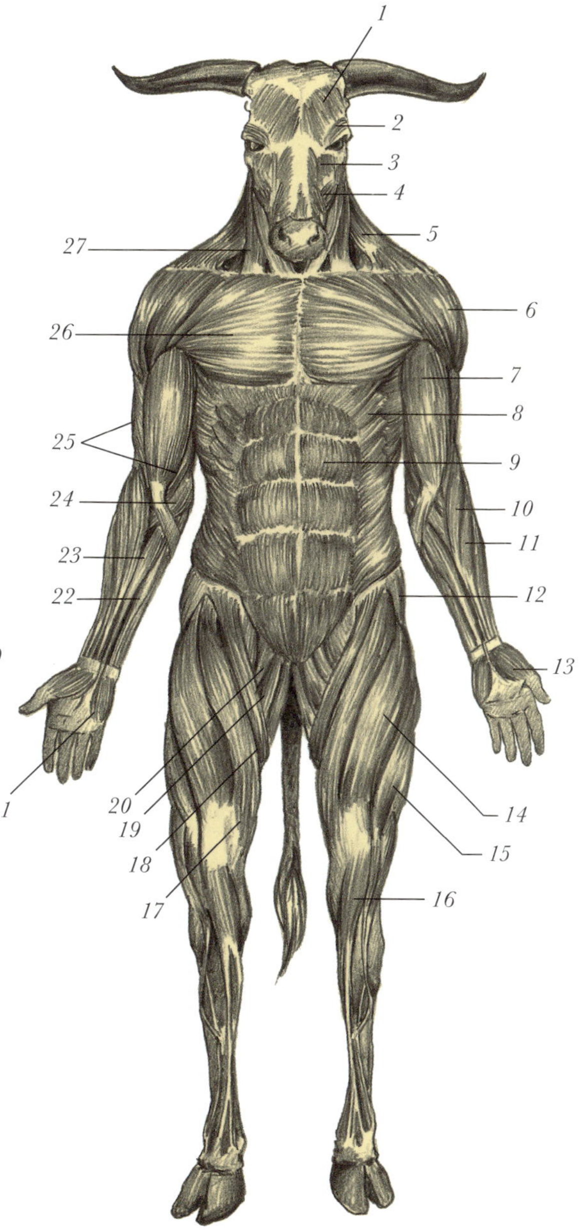

图 2

1- 前额肌
2- 眼轮匝肌
3- 颧大肌
4- 提上唇肌
5- 斜方肌
6- 三角肌
7- 肱二头肌
8- 锯肌
9- 腹直肌
10- 肱桡肌
11- 桡侧腕伸肌
12- 臀中肌
13- 掌肌
14- 股直肌
15- 股外侧肌
16- 胫骨肌
17- 股内侧肌
18- 缝匠肌
19- 长收肌
20- 耻骨肌
21- 小鱼际肌
22- 掌长肌
23- 桡侧腕屈肌
24- 旋前圆肌
25- 肱肌
26- 胸大肌
27- 胸锁乳突肌

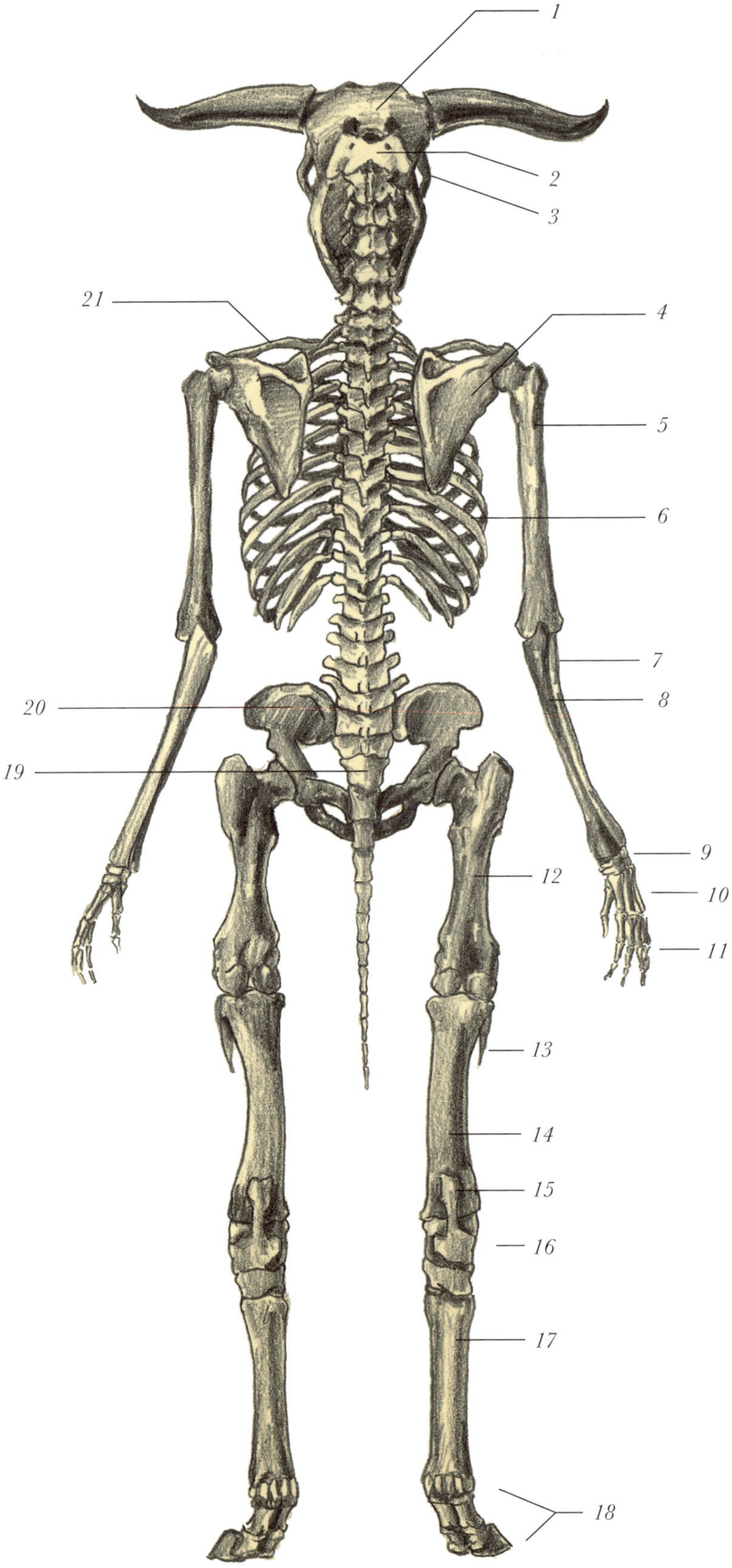

图 3

1– 顶骨
2– 第1节颈椎
3– 颧骨
4– 肩胛骨
5– 肱骨
6– 肋骨
7– 桡骨
8– 尺骨
9– 腕骨
10– 掌骨
11– 指骨
12– 股骨
13– 腓骨
14– 胫骨
15– 跟骨突
16– 跗骨
17– 第3和第4跖骨
18– 趾骨
19– 骶骨
20– 盆骨
21– 锁骨

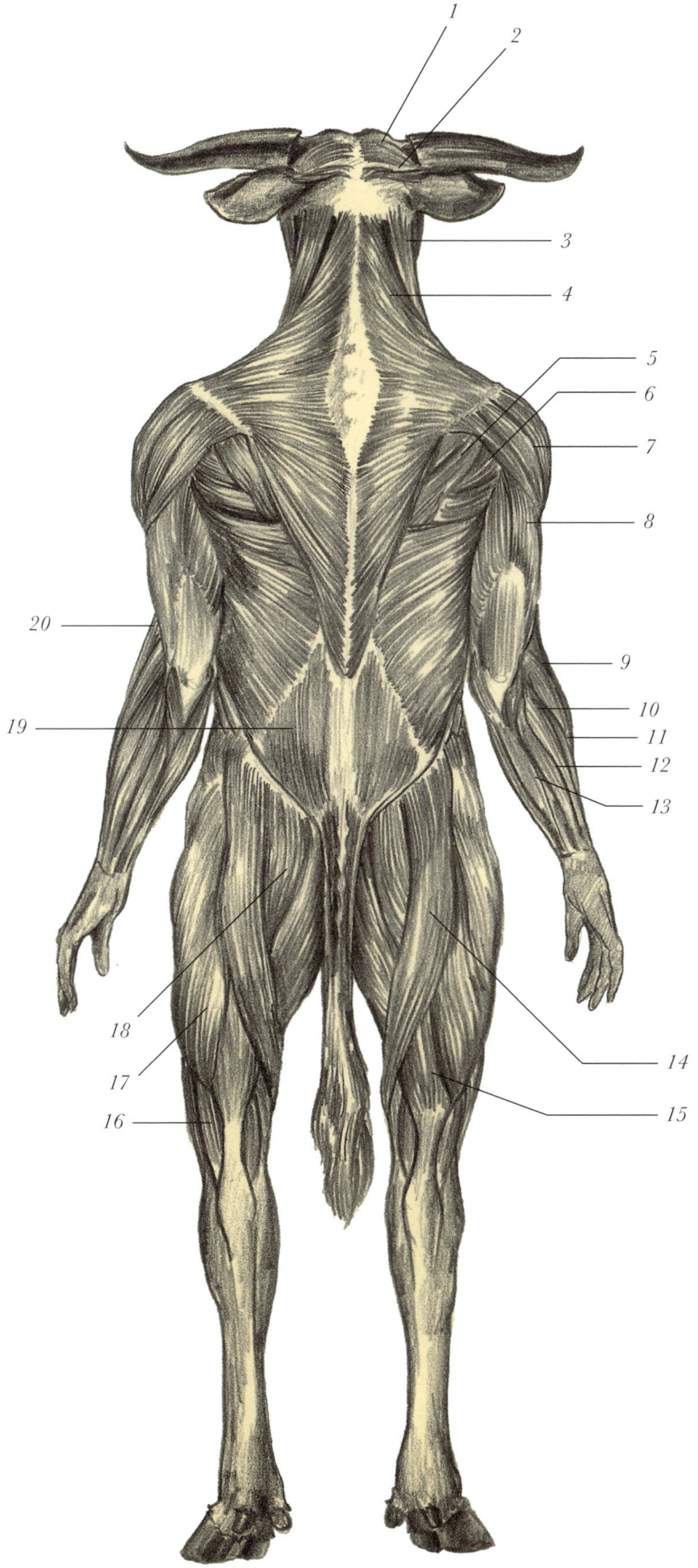

图 4

1- 头上斜肌
2- 耳廓内收肌
3- 胸锁乳突肌
4- 斜方肌
5- 冈下肌
6- 小圆肌
7- 三角肌
8- 肱三头肌
9- 桡侧腕长伸肌
10- 指总伸肌
11- 桡侧腕短伸肌
12- 尺侧腕伸肌
13- 尺侧腕屈肌
14- 半腱肌
15- 腓肠肌
16- 胫前肌
17- 股二头肌
18- 半膜肌
19- 骶棘肌
20- 肱桡肌

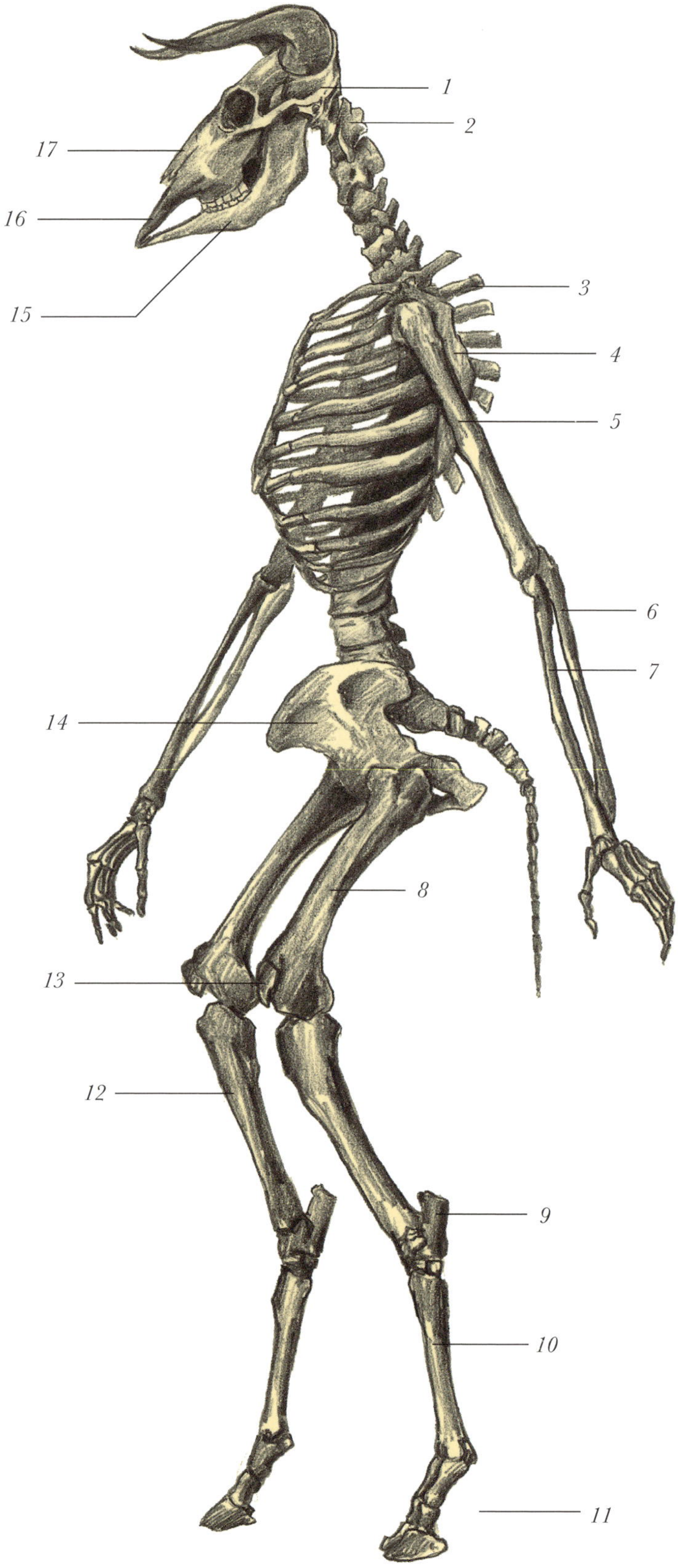

图 5

1– 颞骨
2– 第1节颈椎
3– 第1节胸椎
4– 肩胛骨
5– 肱骨
6– 尺骨
7– 桡骨
8– 股骨
9– 跟骨突
10– 第3和第4跖骨
11– 趾骨
12– 胫骨
13– 膝盖骨
14– 盆骨
15– 切齿（下颌骨）
16– 切齿骨
17– 鼻骨

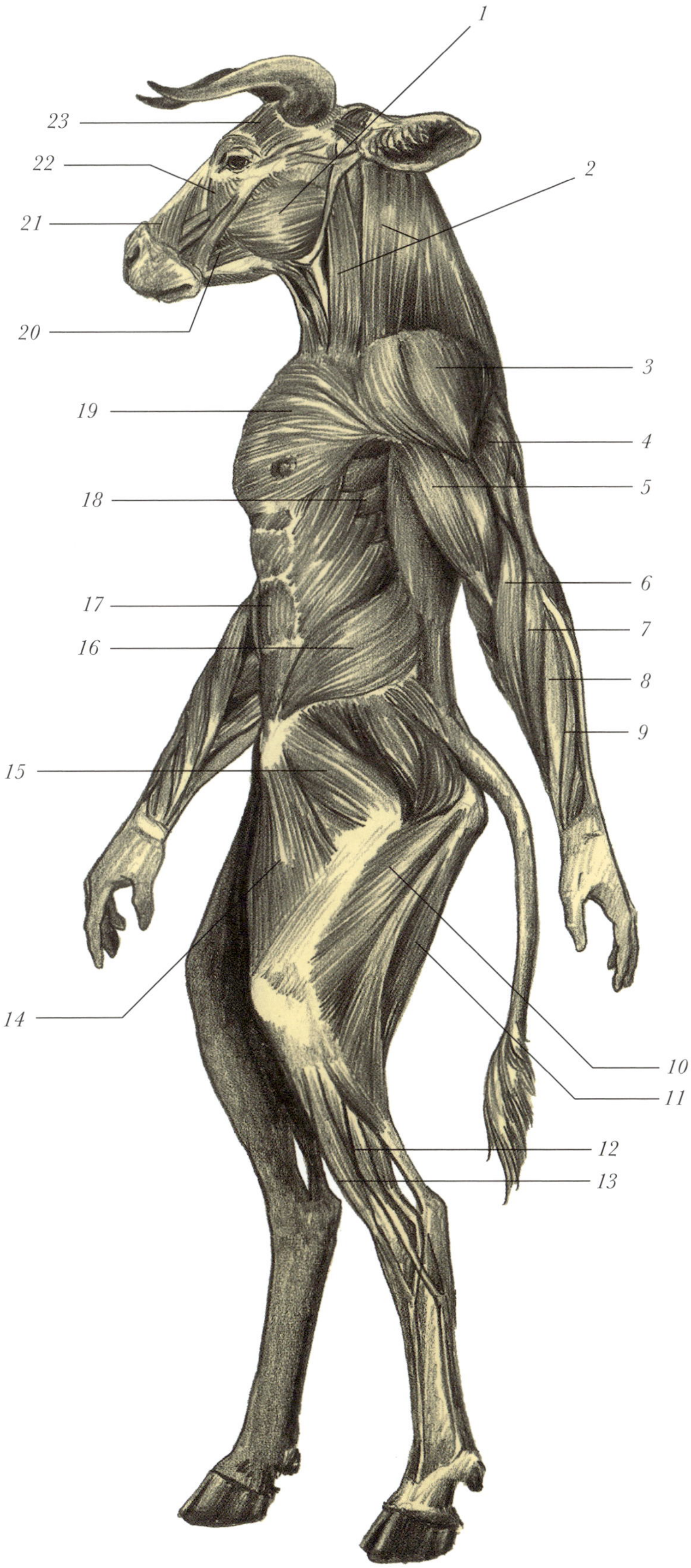

图 6

1– 咬肌
2– 肱头肌
3– 三角肌
4– 肱三头肌
5– 肱二头肌
6– 肱桡肌
7– 桡侧腕长伸肌
8– 桡侧腕短伸肌
9– 拇长收肌
10– 臀股二头肌
11– 半腱肌
12– 腓骨长肌
13– 第三腓骨肌
14– 阔筋膜张肌
15– 臀中肌
16– 腹外斜肌
17– 腹直肌
18– 锯肌
19– 胸大肌
20– 颊肌
21– 提鼻唇肌
22– 颧小肌
23– 前额肌

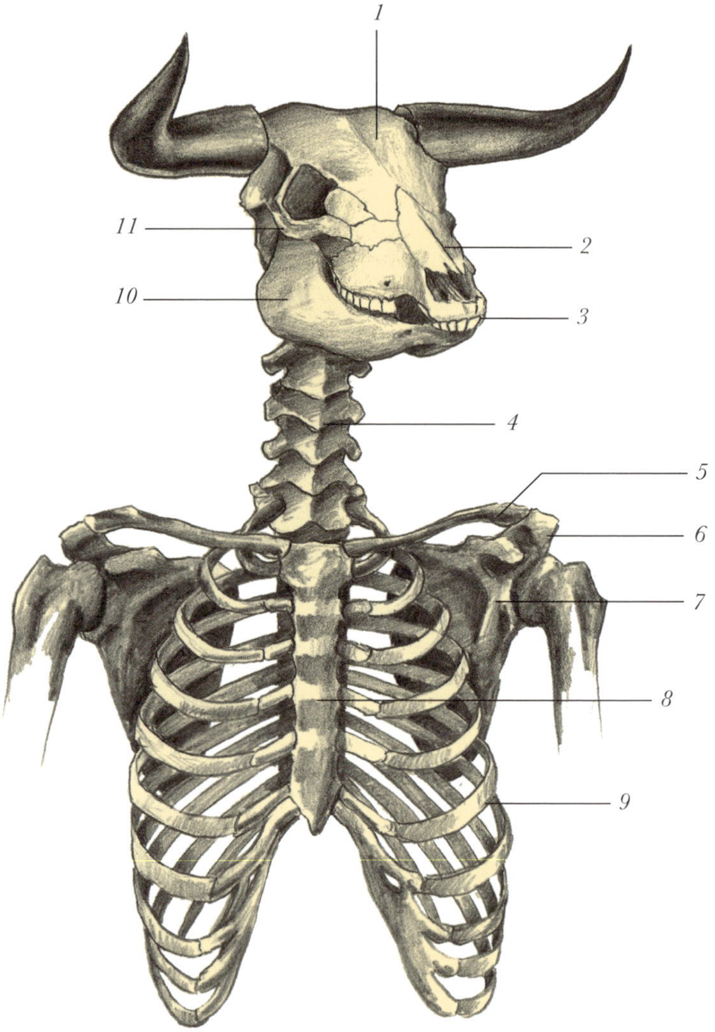

图 7

1– 额骨
2– 鼻骨
3– 切齿骨
4– 椎骨
5– 锁骨
6– 肩峰
7– 肩胛骨
8– 胸骨
9– 肋骨
10– 下颌骨
11– 颧弓

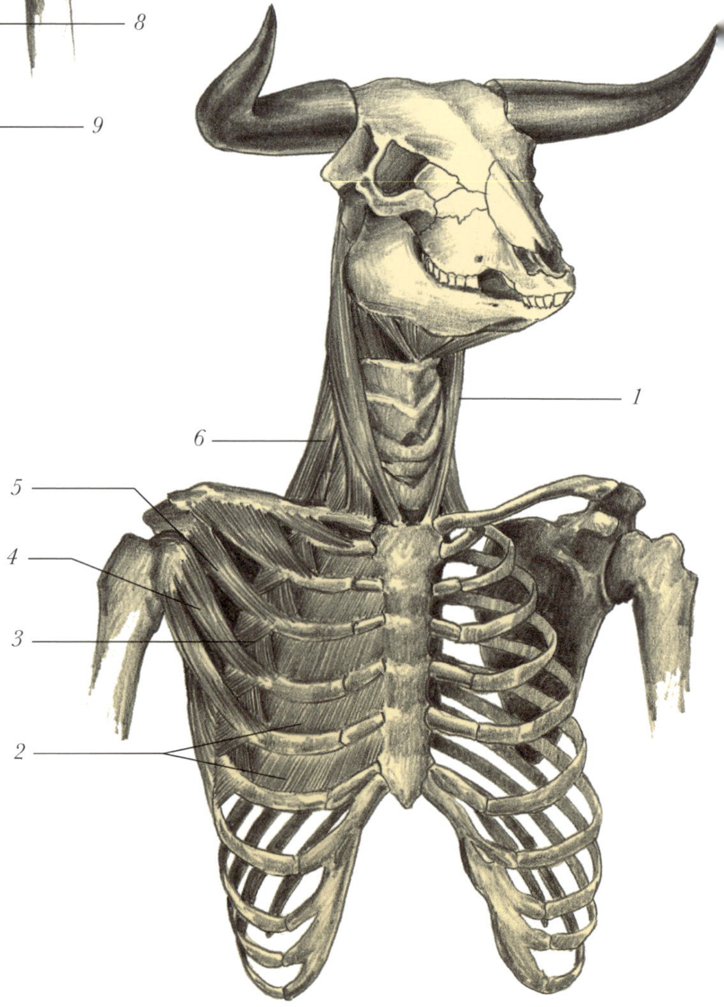

图 8

1– 胸锁乳突肌
2– 内肋间肌
3– 外肋间肌
4– 胸大肌
5– 胸小肌
6– 斜方肌

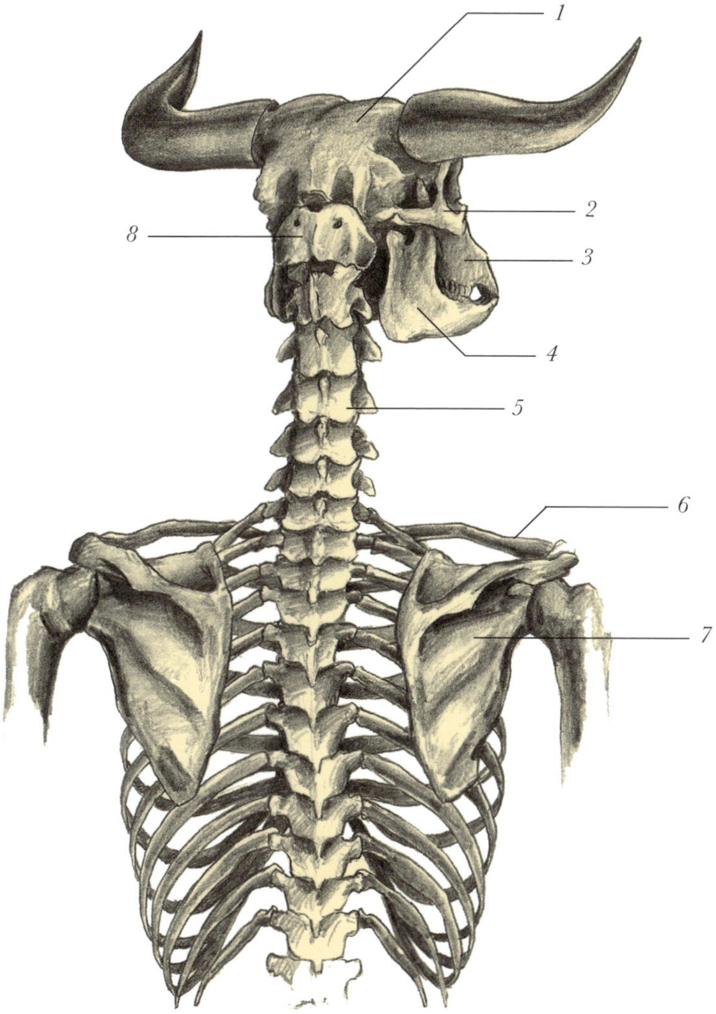

图 9

1– 顶骨
2– 颧弓
3– 上颌骨
4– 下颌骨
5– 椎骨
6– 锁骨
7– 肩胛骨
8– 第1节颈椎

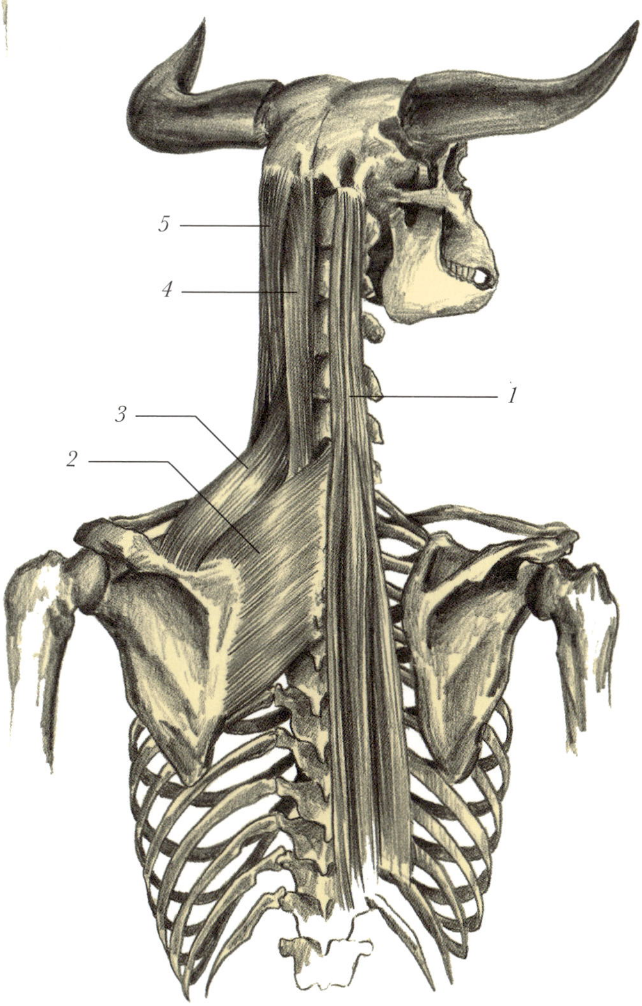

图 10

1– 背最长肌
2– 小菱形肌
3– 肩胛提肌
4– 头上斜肌
5– 胸锁乳突肌

关于伽内什象头人的起源，有很多有意思的传说。有一个故事是这样的：雪山神女用尘埃创造了一个男孩，想让他在自己沐浴时充当守卫。碰巧雪山神女的丈夫湿婆神来找她，看到有陌生男孩站在妻子的寝宫外，便痛下杀手，砍掉了他的脑袋。而知道他其实是雪山神女之子后，湿婆神给他安上了大象的头，并派他统领军队。

伽内什是两种差距极大的生物的组合：人类和大象。尽管伽内什的起源只是个神话，它并非用尘埃做成，但真相总是湮没在了历史中。

—— 斯宾塞 · 布莱克

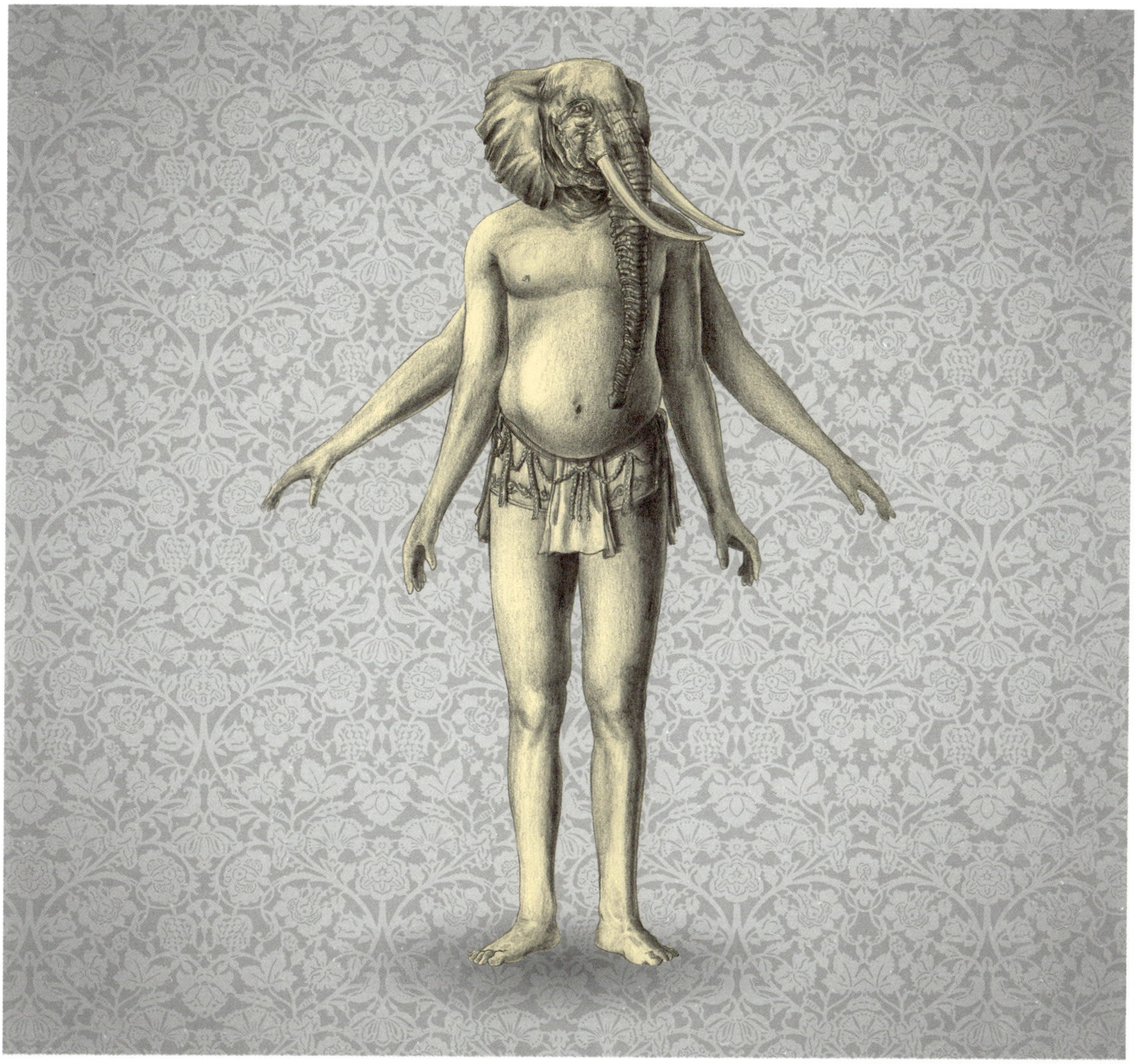

伽内什象头人

界	动物界	科	人象科
门	脊椎动物门	属	伽内什[①]属
纲	哺乳纲	种	伽内什象头人种
目	长鼻目		

① 印度神话中的智慧神，湿婆神与雪山神女帕凡提的儿子，特征是断去一边象牙的象头人，长着四只手臂。—— 译者注

通过对伽内什象头人的研究，我解决了一个心中盘桓已久的疑问，那就是：此物种头颅巨大，与躯干不成比例，那么，如此纤细脆弱的骨骼系统，是如何支撑如此沉重的身体的呢？原来，伽内什的骨架外附着着一层发达的肌肉纤维，它独立于韧带和肌腱之外，可以有效避免肌肉使用过度或用力不当，就像用来保护骨折的胳膊的夹板，这层肌肉纤维的作用相当于骨骼的外骨架，它运作起来与骨外结构并没有什么不同。通过这层纤维，我们便可以了解为何很多动物都能承受超负荷的压力和扭力。可惜的是，我目前尚不清楚现在是否还有具备这种生理结构的动物存在。

在东方，我的这具标本属于极贵重的宝物。尽管我只找到了骸骨的一部分，但这部分保存得相当完好，外面曾包裹着几百码已经腐烂的布料。而且，我未来还可能发现该种动物的更多尸骸。机缘巧合，我找到了一座埋藏伽内什的坟，我相信还有其他这样的坟存在。

伽内什头颅中的大脑既不能算是人脑，也不能称为象脑。其大脑的大小和位置，尤其是大脑皮层，都需要更加广泛的调查研究。我的结论是，这种动物智商偏高，但不知为什么，它们没能繁衍至今。

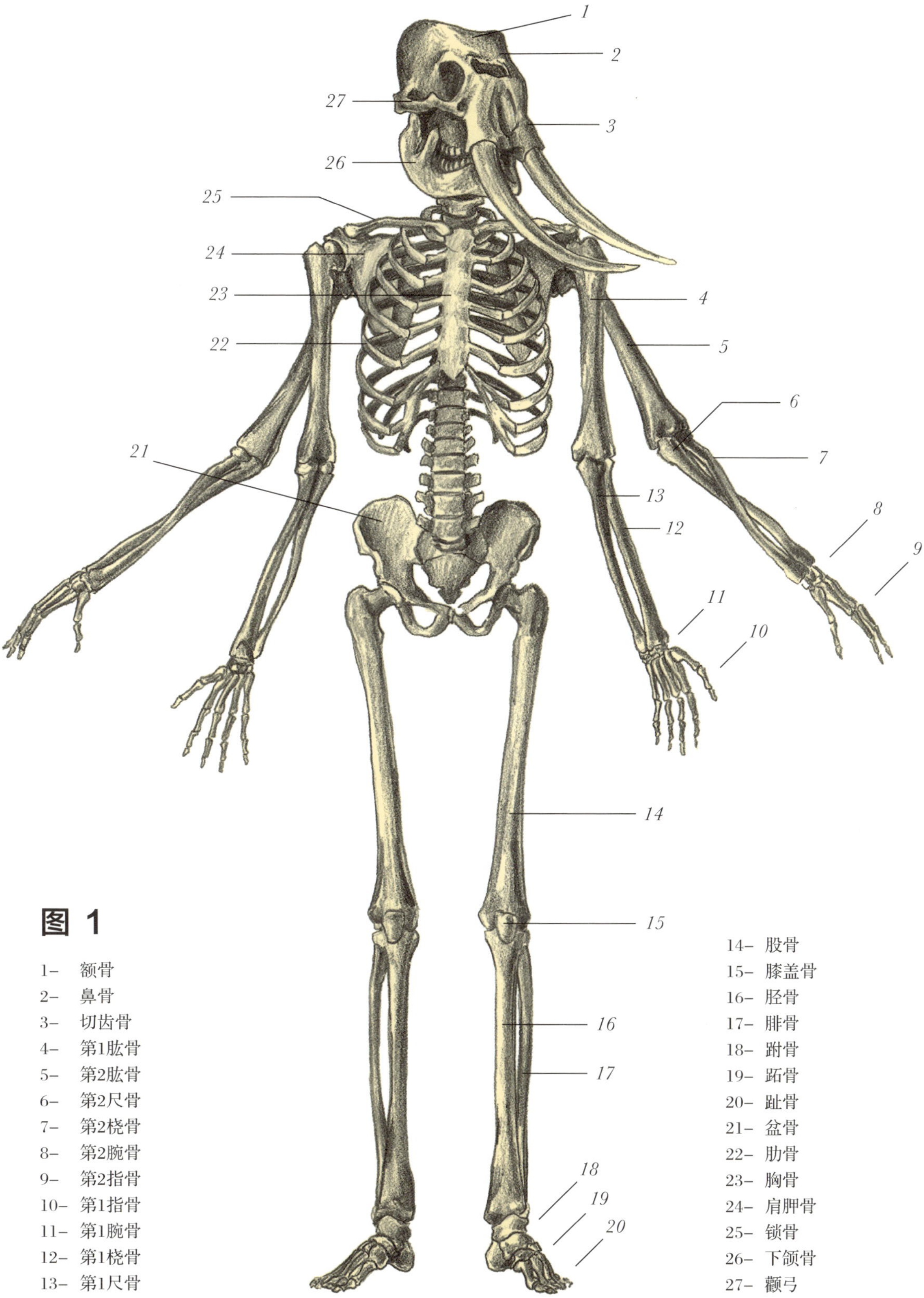

图 1

1– 额骨
2– 鼻骨
3– 切齿骨
4– 第1肱骨
5– 第2肱骨
6– 第2尺骨
7– 第2桡骨
8– 第2腕骨
9– 第2指骨
10– 第1指骨
11– 第1腕骨
12– 第1桡骨
13– 第1尺骨
14– 股骨
15– 膝盖骨
16– 胫骨
17– 腓骨
18– 跗骨
19– 跖骨
20– 趾骨
21– 盆骨
22– 肋骨
23– 胸骨
24– 肩胛骨
25– 锁骨
26– 下颌骨
27– 颧弓

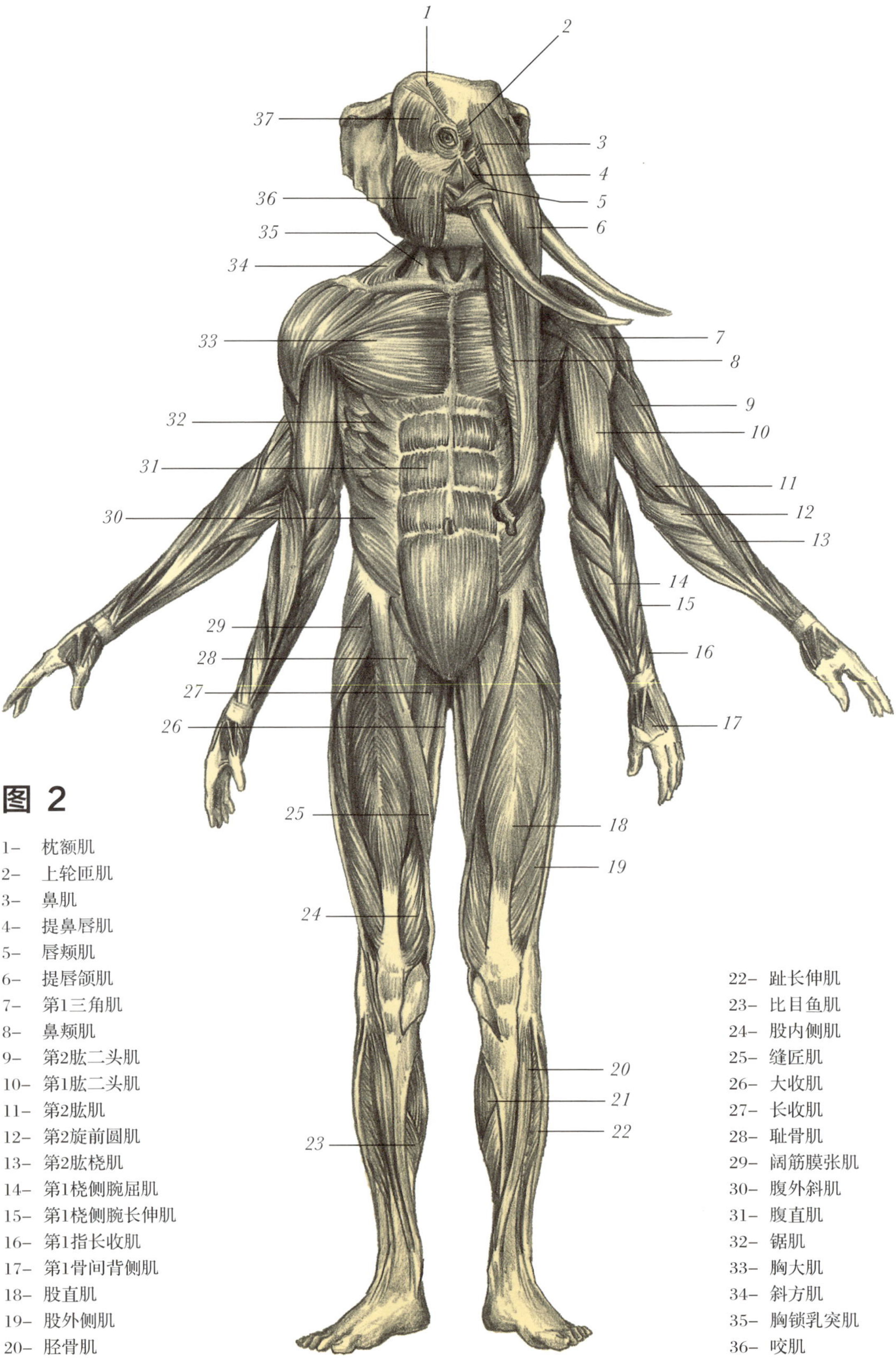

图 2

1– 枕额肌
2– 上轮匝肌
3– 鼻肌
4– 提鼻唇肌
5– 唇颊肌
6– 提唇颌肌
7– 第1三角肌
8– 鼻颊肌
9– 第2肱二头肌
10– 第1肱二头肌
11– 第2肱肌
12– 第2旋前圆肌
13– 第2肱桡肌
14– 第1桡侧腕屈肌
15– 第1桡侧腕长伸肌
16– 第1指长收肌
17– 第1骨间背侧肌
18– 股直肌
19– 股外侧肌
20– 胫骨肌
21– 腓肠肌（内侧头）
22– 趾长伸肌
23– 比目鱼肌
24– 股内侧肌
25– 缝匠肌
26– 大收肌
27– 长收肌
28– 耻骨肌
29– 阔筋膜张肌
30– 腹外斜肌
31– 腹直肌
32– 锯肌
33– 胸大肌
34– 斜方肌
35– 胸锁乳突肌
36– 咬肌
37– 颞肌

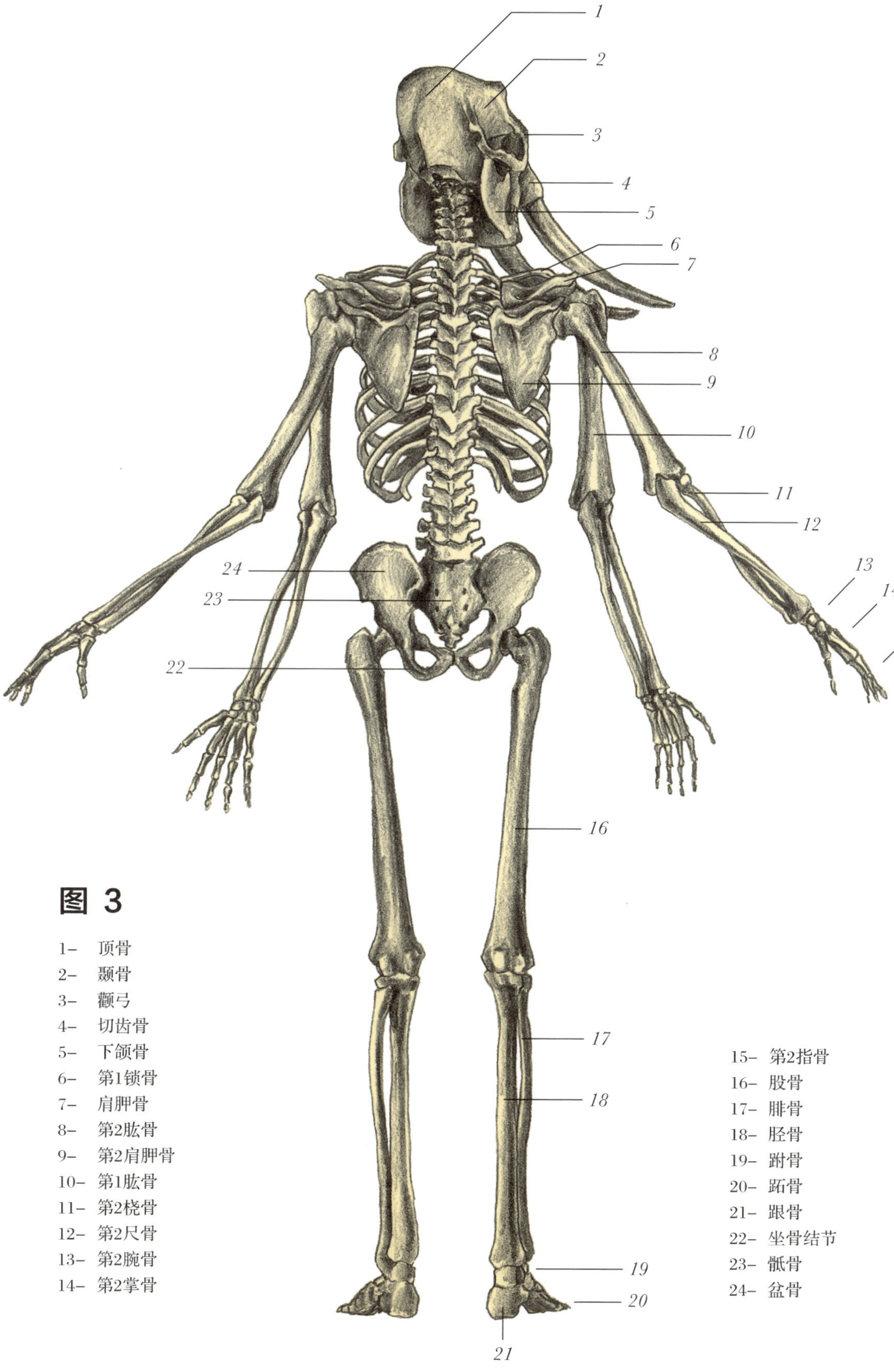

图 3

1– 顶骨
2– 颞骨
3– 颧弓
4– 切齿骨
5– 下颌骨
6– 第1锁骨
7– 肩胛骨
8– 第2肱骨
9– 第2肩胛骨
10– 第1肱骨
11– 第2桡骨
12– 第2尺骨
13– 第2腕骨
14– 第2掌骨
15– 第2指骨
16– 股骨
17– 腓骨
18– 胫骨
19– 跗骨
20– 跖骨
21– 跟骨
22– 坐骨结节
23– 骶骨
24– 盆骨

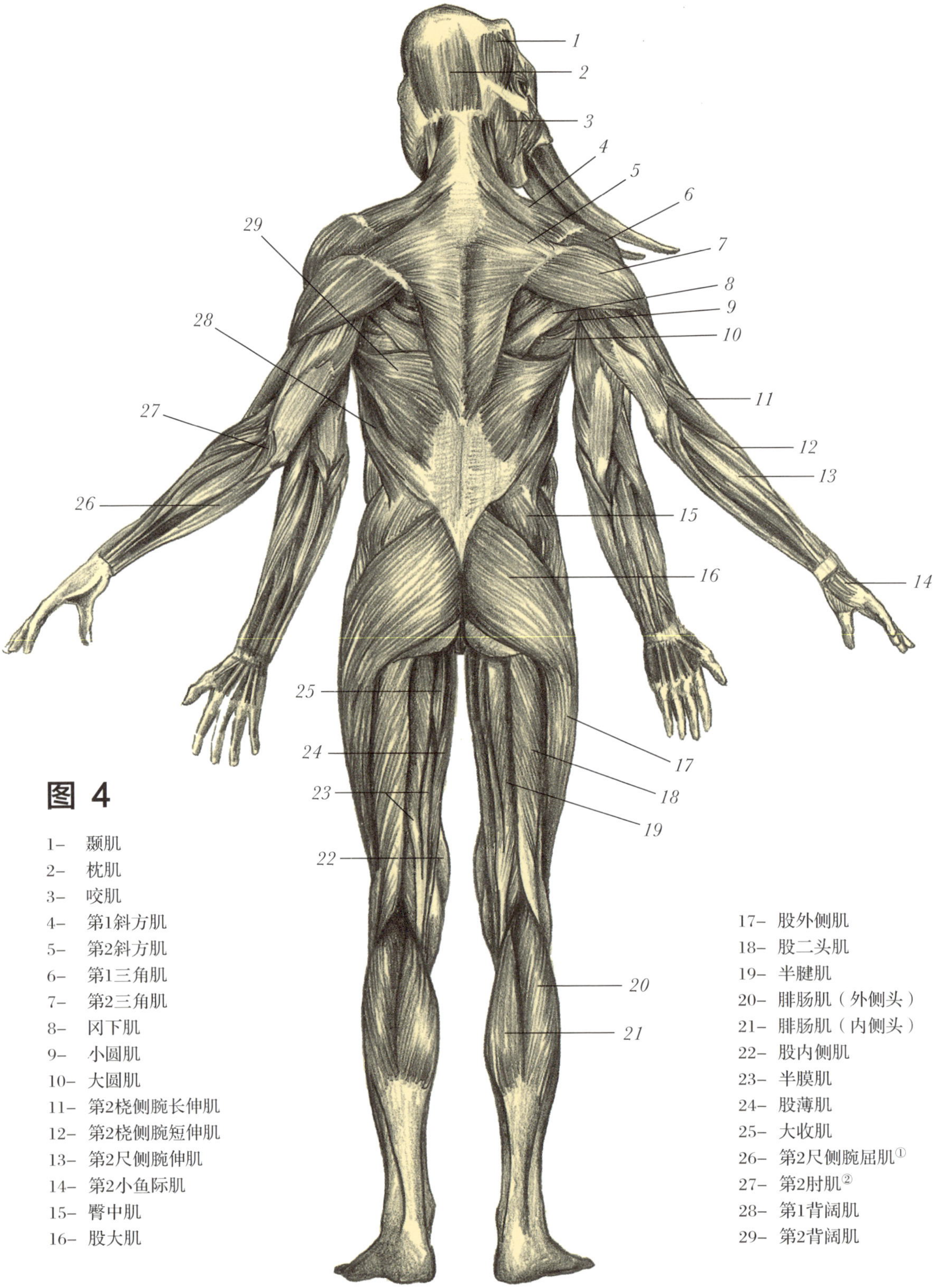

图 4

1– 颞肌
2– 枕肌
3– 咬肌
4– 第1斜方肌
5– 第2斜方肌
6– 第1三角肌
7– 第2三角肌
8– 冈下肌
9– 小圆肌
10– 大圆肌
11– 第2桡侧腕长伸肌
12– 第2桡侧腕短伸肌
13– 第2尺侧腕伸肌
14– 第2小鱼际肌
15– 臀中肌
16– 股大肌
17– 股外侧肌
18– 股二头肌
19– 半腱肌
20– 腓肠肌（外侧头）
21– 腓肠肌（内侧头）
22– 股内侧肌
23– 半膜肌
24– 股薄肌
25– 大收肌
26– 第2尺侧腕屈肌①
27– 第2肘肌②
28– 第1背阔肌
29– 第2背阔肌

①② 原版无“第2”，据图例补。——译者注

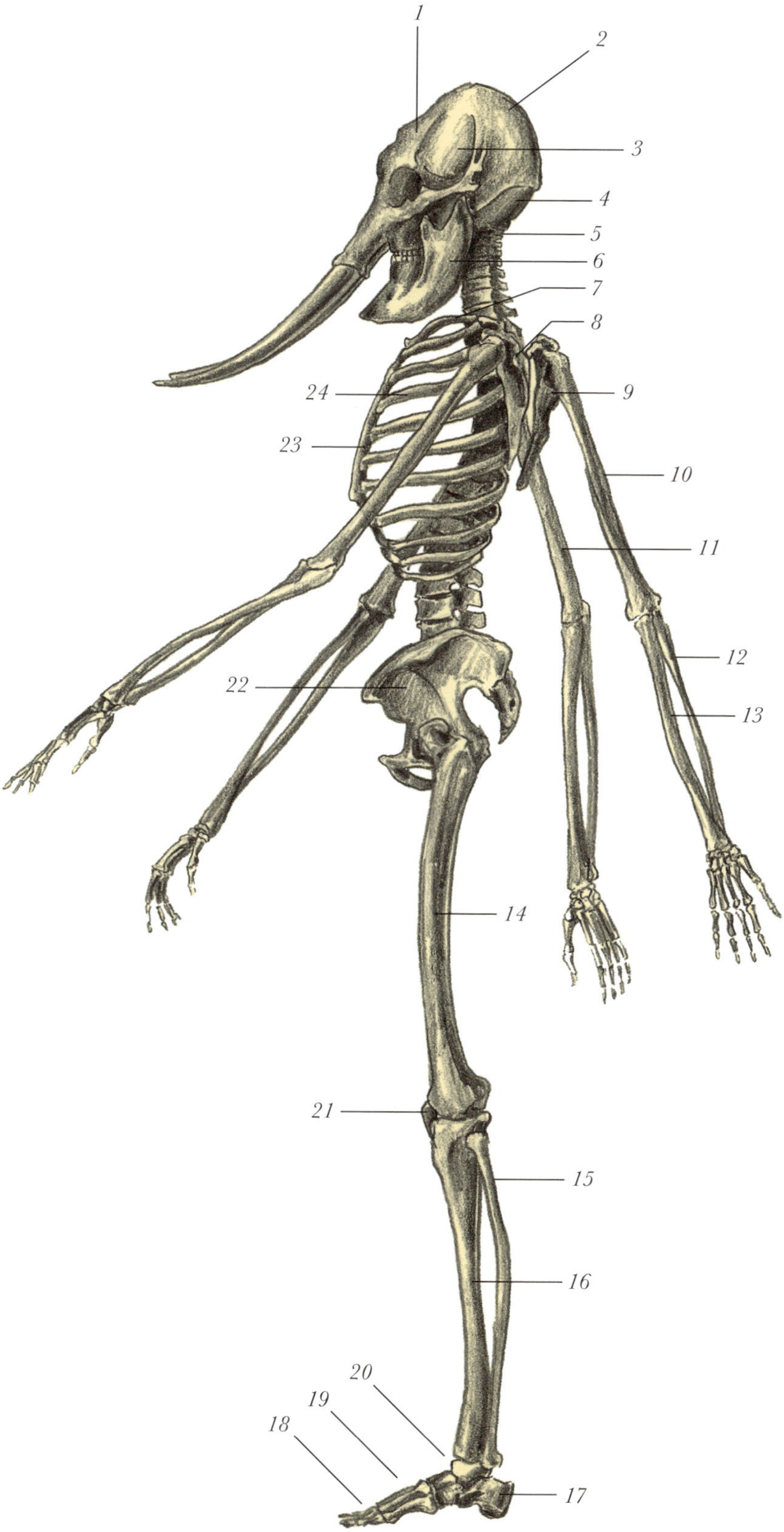

图 5

1– 额骨
2– 顶骨
3– 颞骨
4– 枕骨
5– 枢锥
6– 下颌骨
7– 第1锁骨
8– 第1肩胛骨
9– 第2肩胛骨
10– 第2肱骨
11– 第1肱骨
12– 第2桡骨
13– 第2尺骨
14– 股骨
15– 腓骨
16– 胫骨
17– 跟骨
18– 趾骨
19– 跖骨
20– 跗骨[①]
21– 膝盖骨
22– 盆骨
23– 胸骨
24– 肋骨

① 原版作腕骨（carpal bones），有误，据图注改。—— 译者注

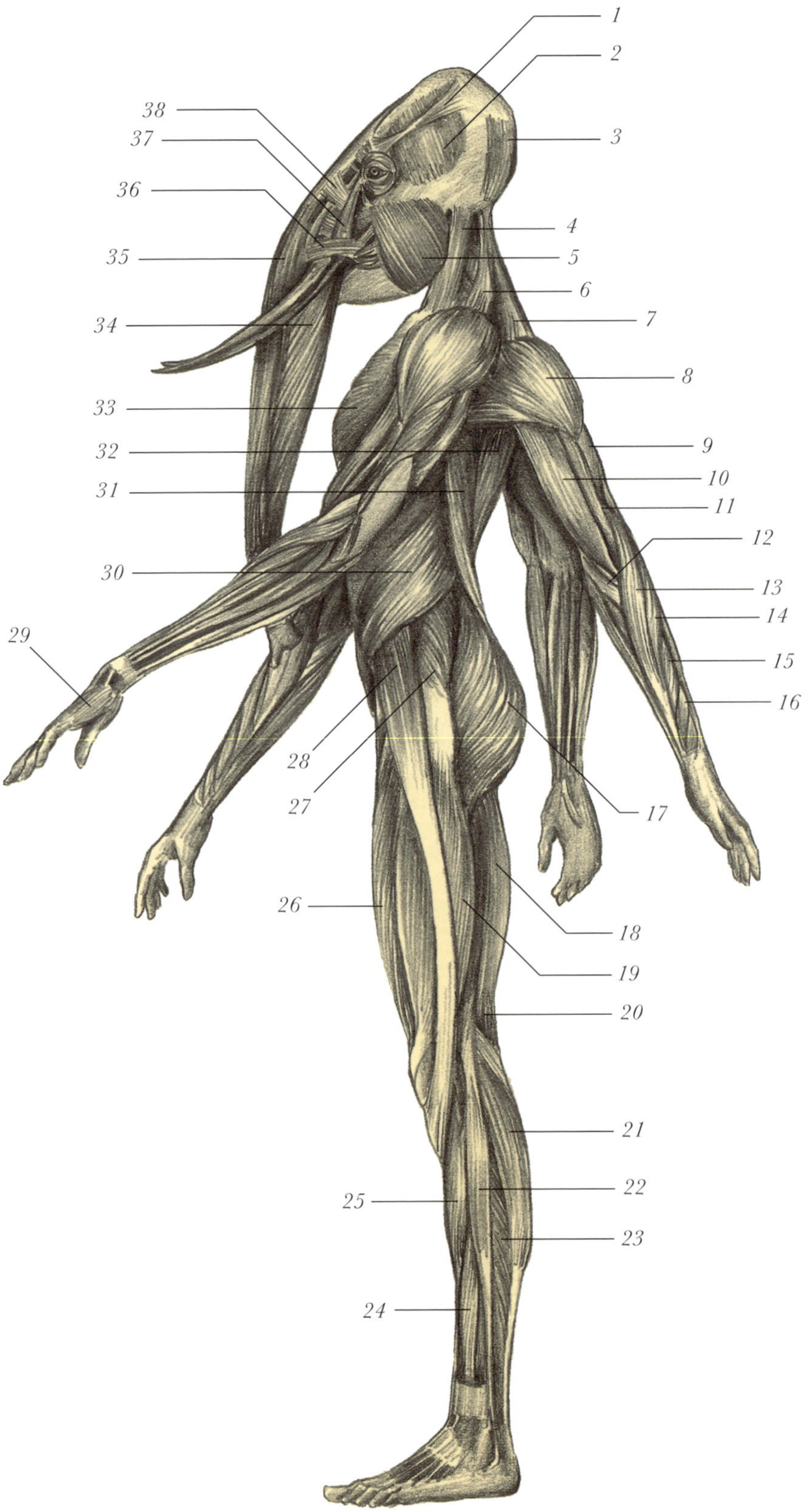

图 6

1– 枕额肌
2– 颞肌
3– 枕肌
4– 胸锁乳突肌
5– 咬肌
6– 第1斜方肌
7– 第2斜方肌
8– 第2三角肌
9– 第2肱三头肌
10– 第2肱二头肌
11– 第2肱肌
12– 第2旋前圆肌
13– 第2肱桡肌
14– 第2桡侧腕长伸肌
15– 第2桡侧腕短伸肌
16– 第2指长收肌①
17– 股大肌
18– 股二头肌
19– 股外侧肌
20– 半膜肌
21– 腓肠肌
22– 腓骨长肌
23– 比目鱼肌
24– 趾长伸肌
25– 胫骨肌
26– 股直肌
27– 臀中肌
28– 阔筋膜
29– 小鱼际肌
30– 腹外斜肌
31– 第1背阔肌
32– 第2背阔肌
33– 胸大肌
34– 鼻颊肌
35– 提唇颌肌
36– 唇颊肌
37– 提鼻唇肌
38– 鼻肌

① 原版无“第2”，据图例补。—— 译者注

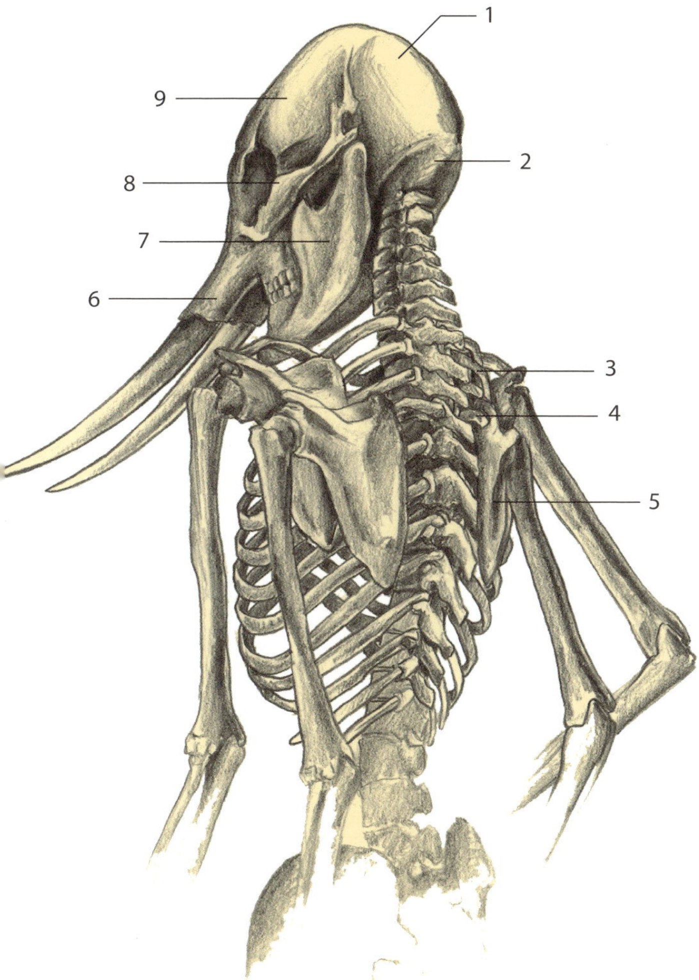

图 7

1– 顶骨
2– 枕骨
3– 肋骨
4– 第2锁骨
5– 第2肩胛骨
6– 切齿骨
7– 下颌骨
8– 颧弓
9– 颞骨

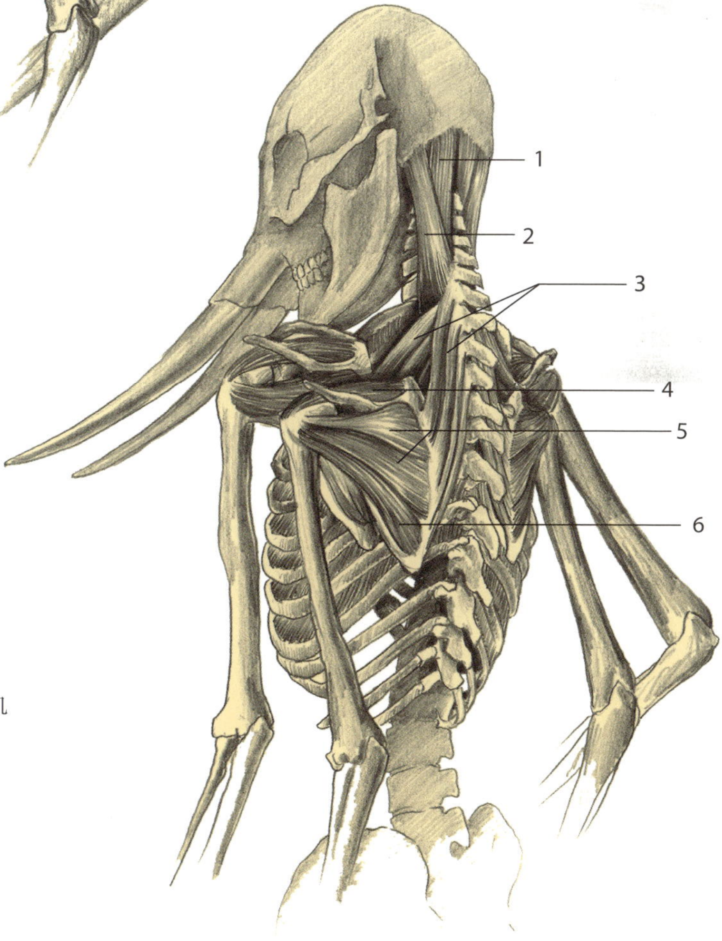

图 8

1– 头斜肌
2– 头夹肌
3– 小菱形肌
4– 冈上肌
5– 冈下肌
6– 大圆肌

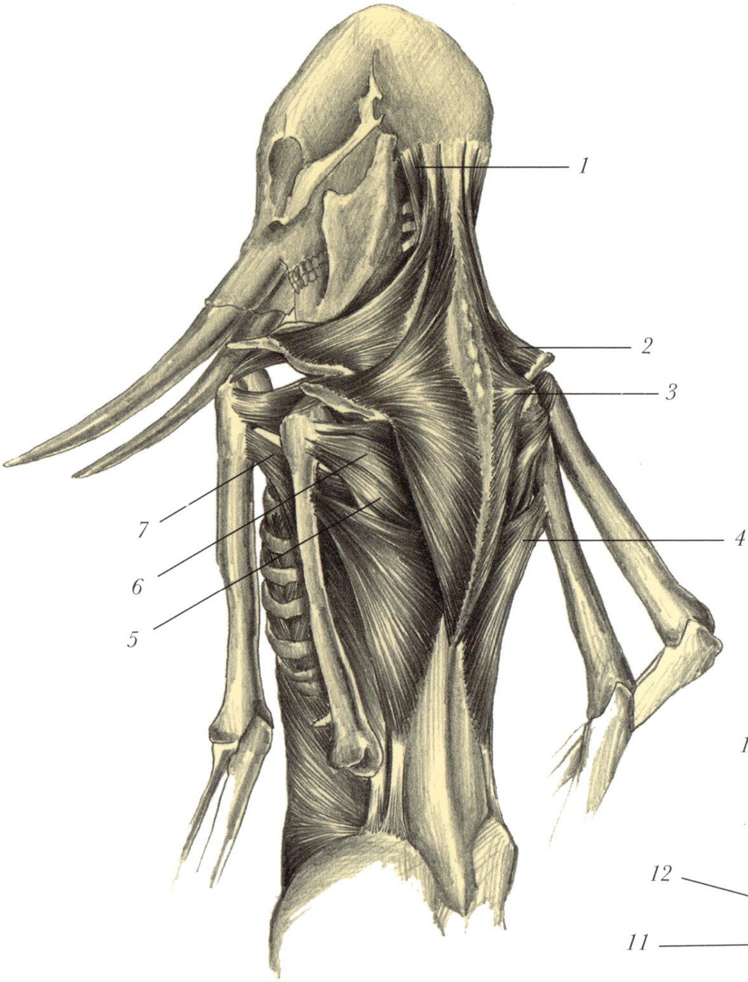

图 9

1– 胸锁乳突肌
2– 第1斜方肌
3– 第2斜方肌
4– 第2背阔肌
5– 第2大圆肌
6– 冈下肌
7– 第1背阔肌

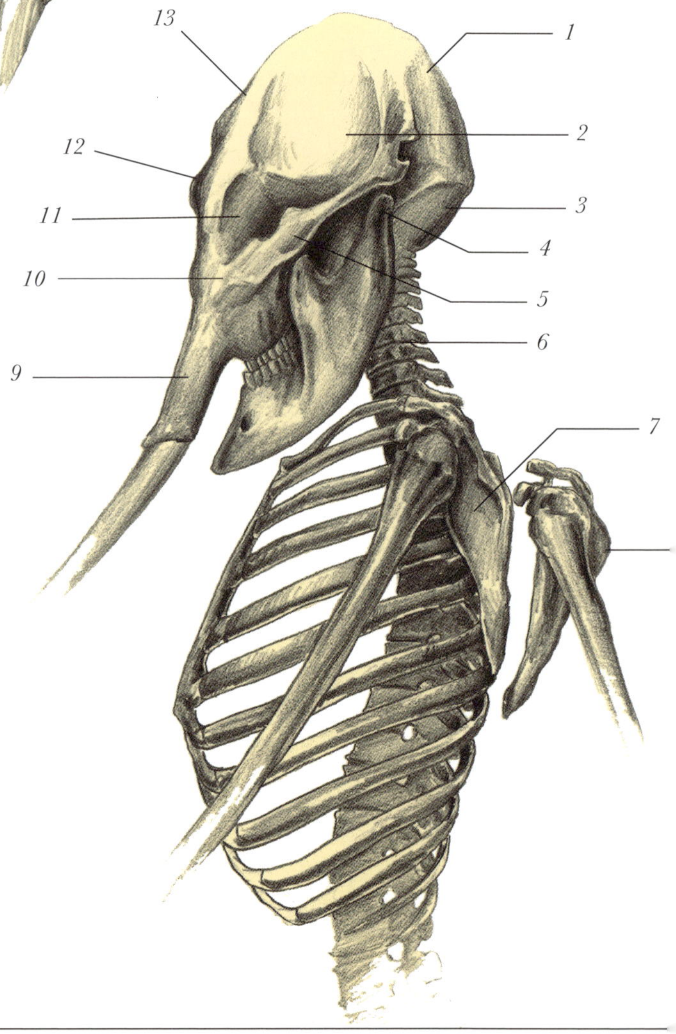

图 10

1– 顶骨
2– 颞骨
3– 枕骨
4– 髁状突
5– 颧弓
6– 椎骨
7– 第1肩胛骨
8– 第2肩胛骨
9– 切齿骨
10– 泪骨
11– 眼眶
12– 鼻骨
13– 额骨

图 11

1– 颞肌
2– 咬肌
3– 中斜角肌
4– 前斜角肌
5– 第2胸大肌
6– 冈下肌
7– 肱二头肌
8– 第1背阔肌
9– 第2背阔肌
10– 腰方肌
11– 腹内斜肌
12– 内肋间肌
13– 肱三头肌
14– 第2胸大肌
15– 鼻颊肌
16– 第1胸大肌
17– 唇颊肌
18– 提唇颌肌
19– 前额肌

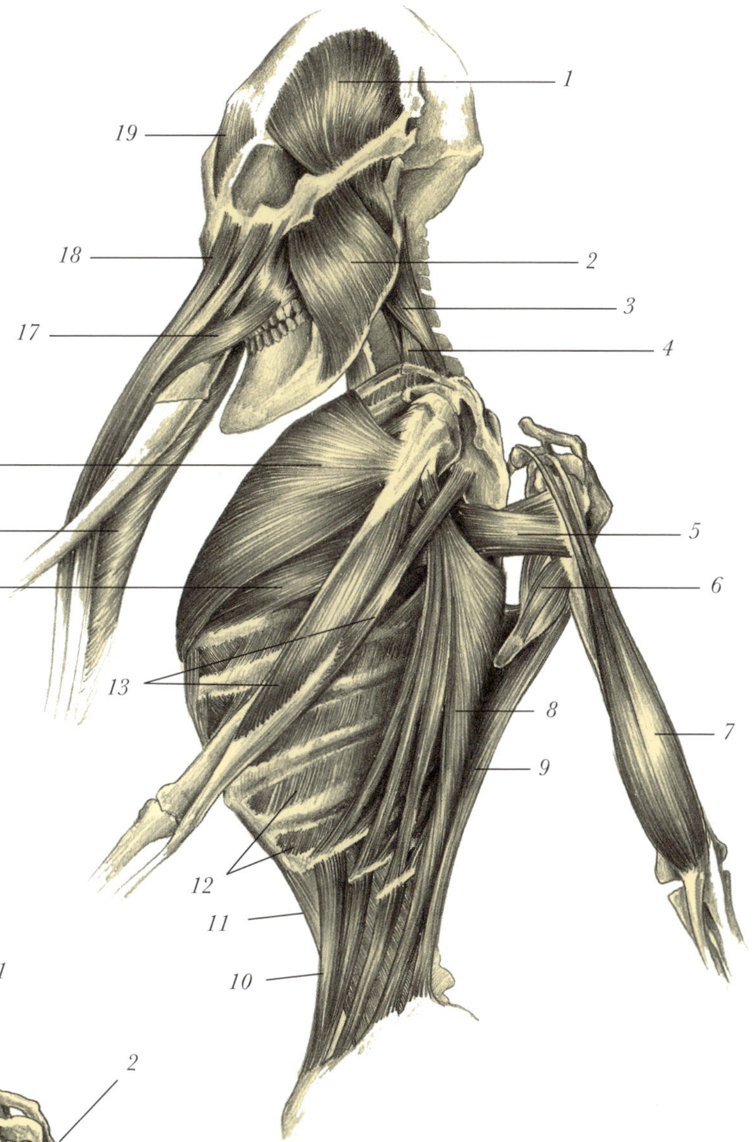

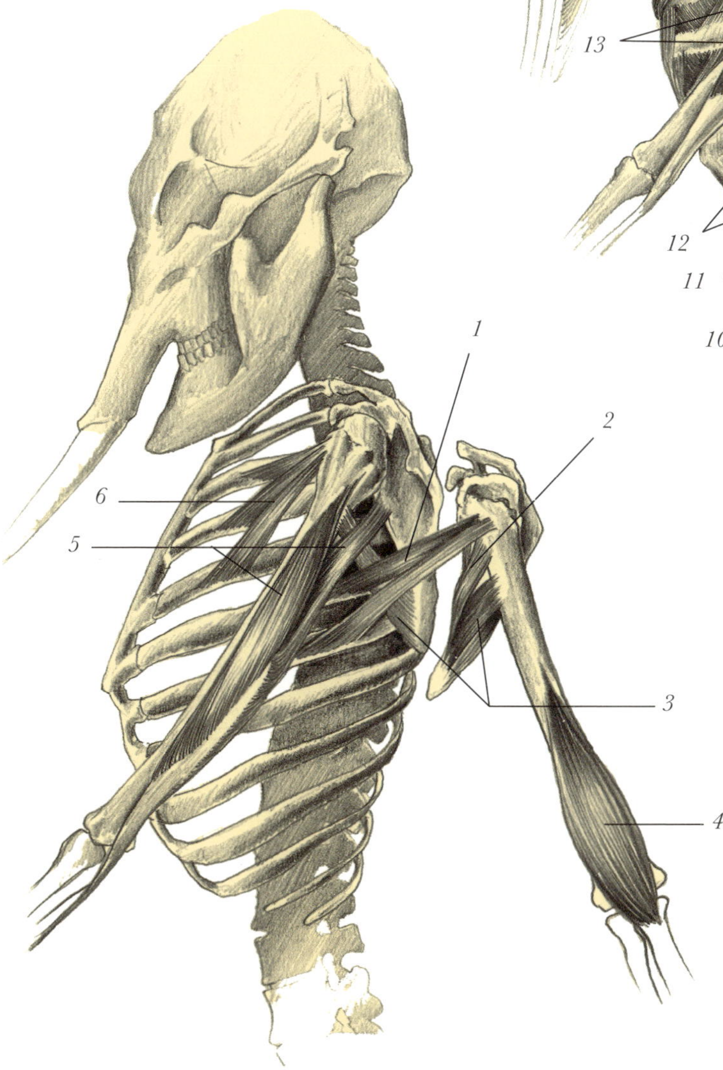

图 12

1– 胸大肌
2– 冈下肌
3– 大圆肌
4– 肱肌
5– 肱三头肌
6– 胸小肌

今天的动物界中，没有哪种动物拥有多颗头颅，但一个身体上长着两三颗头颅的畸形动物也并非罕见，它们一般被称为“多头动物”。这种畸形通常是天生的，多颗头颅连在一起。遗憾的是，这类畸形动物往往活不长。

在接下来的两章中，布莱克医生会为大家介绍两种长着三颗头的动物——奇美拉和地狱犬。他坚持认为，这两种动物并非遗传因子突变的产物，而是发育完善的独特物种。

喷火奇美拉

界	动物界	科	喷火科
门	脊椎动物门	属	奇美拉[①]属
纲	厄喀德那人蛇纲	种	喷火奇美拉种
目	卫守目		

① 即 Chimæra，古希腊神话中会喷火的怪物，前半身是狮子，中间长着能喷火的羊头，尾巴是毒蛇，与本书描述不同。后泛指不同生物部位混合的幻想生物。—— 译者注

靠近这种野兽要格外小心！造物主为何给了它这副尊容呢？单单看到外形就会令人心生厌恶和不解。但不管怎样，我还是要向大家揭开这种动物的神秘面纱，解开一道道难解的谜题。

我没能在这种动物活着的时候亲自进行研究。我无法理解，它只有一个身体，是怎么同时处理三个大脑、三种意志发出的相悖指令的。这是我最大的兴趣所在，也是我在好奇心驱使下不断研究的根本动力。

令我困惑不解的是，这种怪物尾巴的结构与蛇相似，却没有蛇尾的功能，既不能在地上爬行，也不能盘卷。所以我推测，这条尾巴只能起平衡作用。

从肌肉组织的重量、体积和拉伸力的对比来看，相比另外两颗头颅，狮子头所占的比重较大。我的结论是：中央椎骨连结（即胸椎骨）可以承受足够的扭力，以适应该动物的行动，但实际效果可能并不好。

饮食习性也是我好奇的一点。它的三颗头源于不同的动物，而那三种动物有着不同的饮食习性，但它们共用一个消化道，并且有着相似的基础功能需求。按照我的想象，一定有某种合理安排来解决这个问题，也许在狮头休息的同时，羊头可以吃草。

尽管没有相关证据，但我认为奇美拉很可能进化出了更现代、更实用也更适应生存环境的变种，因为我深信，在当时的环境中，以这样的生理条件是不可能生存太长时间的。

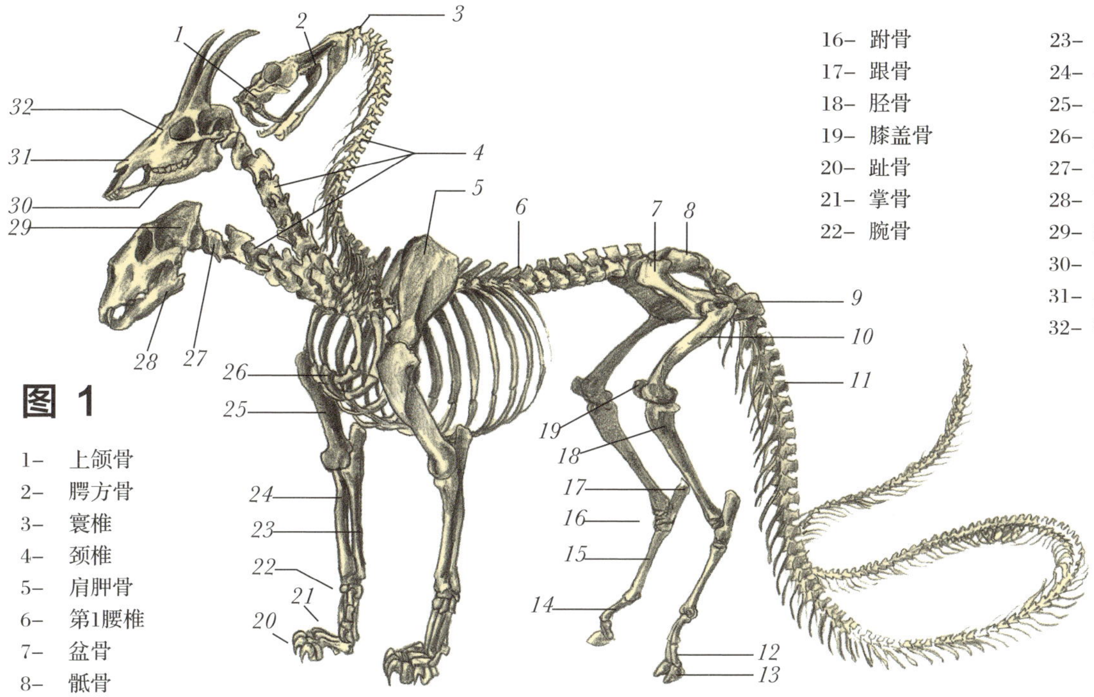

图 1

1– 上颌骨
2– 腭方骨
3– 寰椎
4– 颈椎
5– 肩胛骨
6– 第1腰椎
7– 盆骨
8– 骶骨
9– 坐骨
10– 股骨
11– 尾椎骨
12– 第2趾骨
13– 第3趾骨
14– 第1趾骨
15– 跖骨
16– 跗骨
17– 跟骨
18– 胫骨
19– 膝盖骨
20– 趾骨
21– 掌骨
22– 腕骨
23– 尺骨
24– 桡骨
25– 肱骨
26– 胸骨
27– 寰椎
28– 下颌骨
29– 颞骨
30– 下颌骨
31– 鼻骨
32– 额骨

图 2

1– 外侧内收肌
2– 下颌降肌
3– 髂肋肌
4– 颈部肌肉群
5– 翼肌
6– 锁骨乳突肌
7– 斜方肌
8– 背阔肌
9– 腹斜肌
10– 腹内斜肌
11– 阔筋膜张肌
12– 臀中肌
13– 股大肌
14– 棘肌
15– 背最长肌
16– 髂肋肌
17– 股二头肌
18– 尾部肌肉群
19– 腓骨长肌
20– 趾长伸肌
21– 桡侧腕伸肌
22– 肱桡肌
23– 锁骨乳突肌
24– 肱三头肌
25– 胸下颌肌
26– 提鼻唇肌
27– 咬肌
28– 颞肌
29– 提鼻唇肌
30– 颧肌

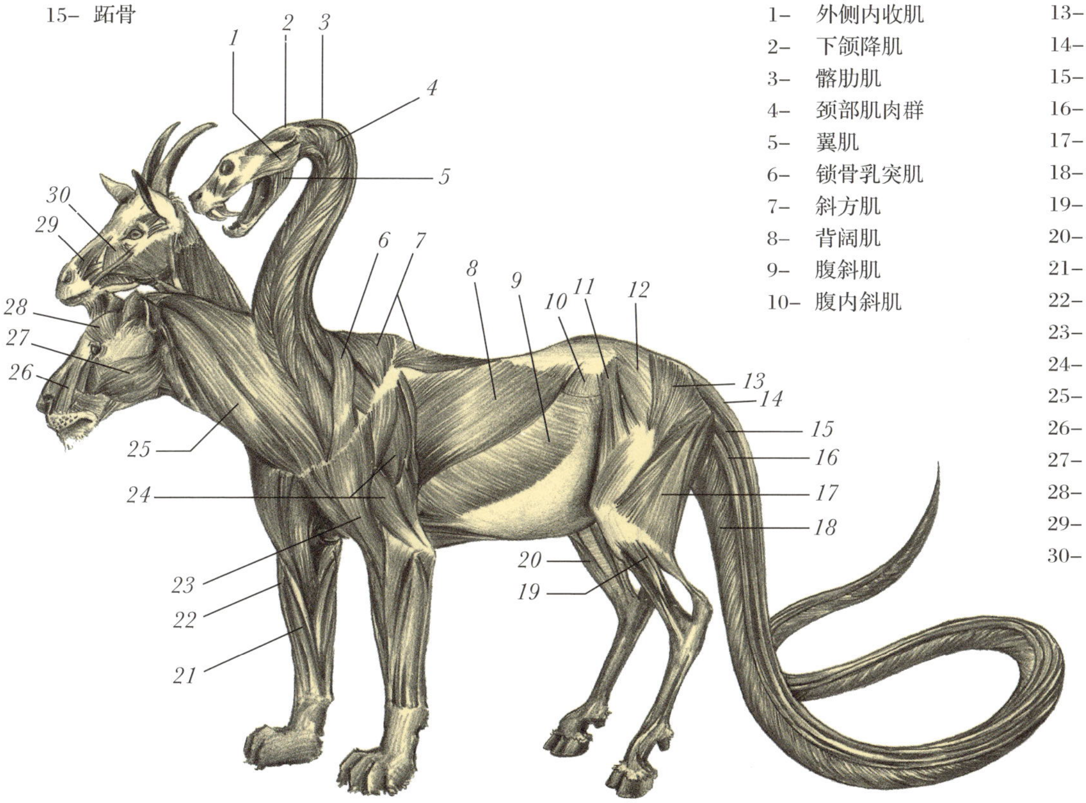

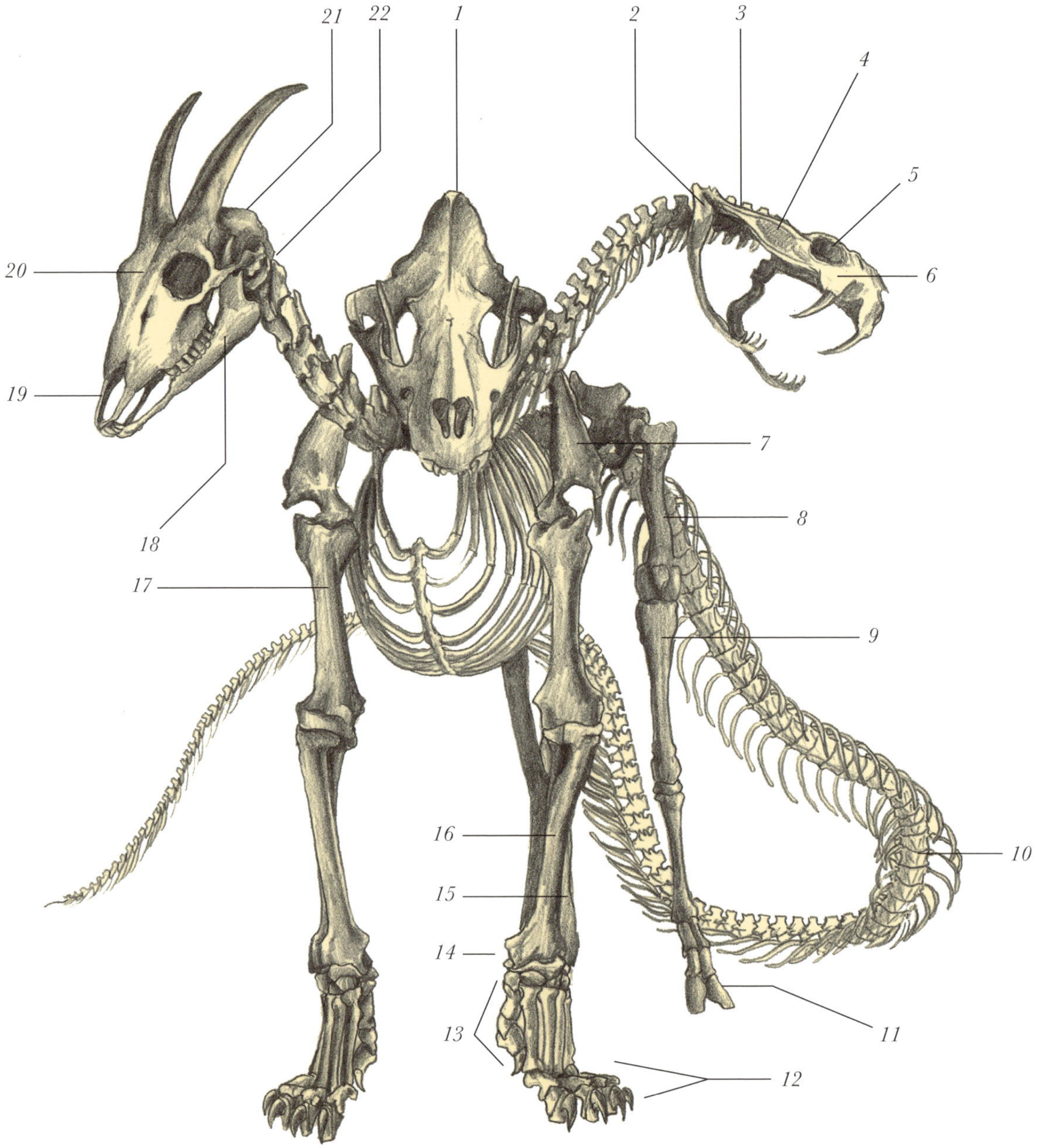

图 3

1– 枕骨
2– 下颌骨
3– 翼状肌
4– 亘腭骨
5– 额前骨
6– 上颌骨
7– 肩胛骨
8– 股骨
9– 胫骨
10– 尾椎骨
11– 远节趾骨
12– 趾骨
13– 掌骨
14– 腕骨
15– 尺骨
16– 桡骨
17– 肱骨
18– 下颌骨
19– 切齿骨
20– 额骨
21– 枕骨
22– 寰椎

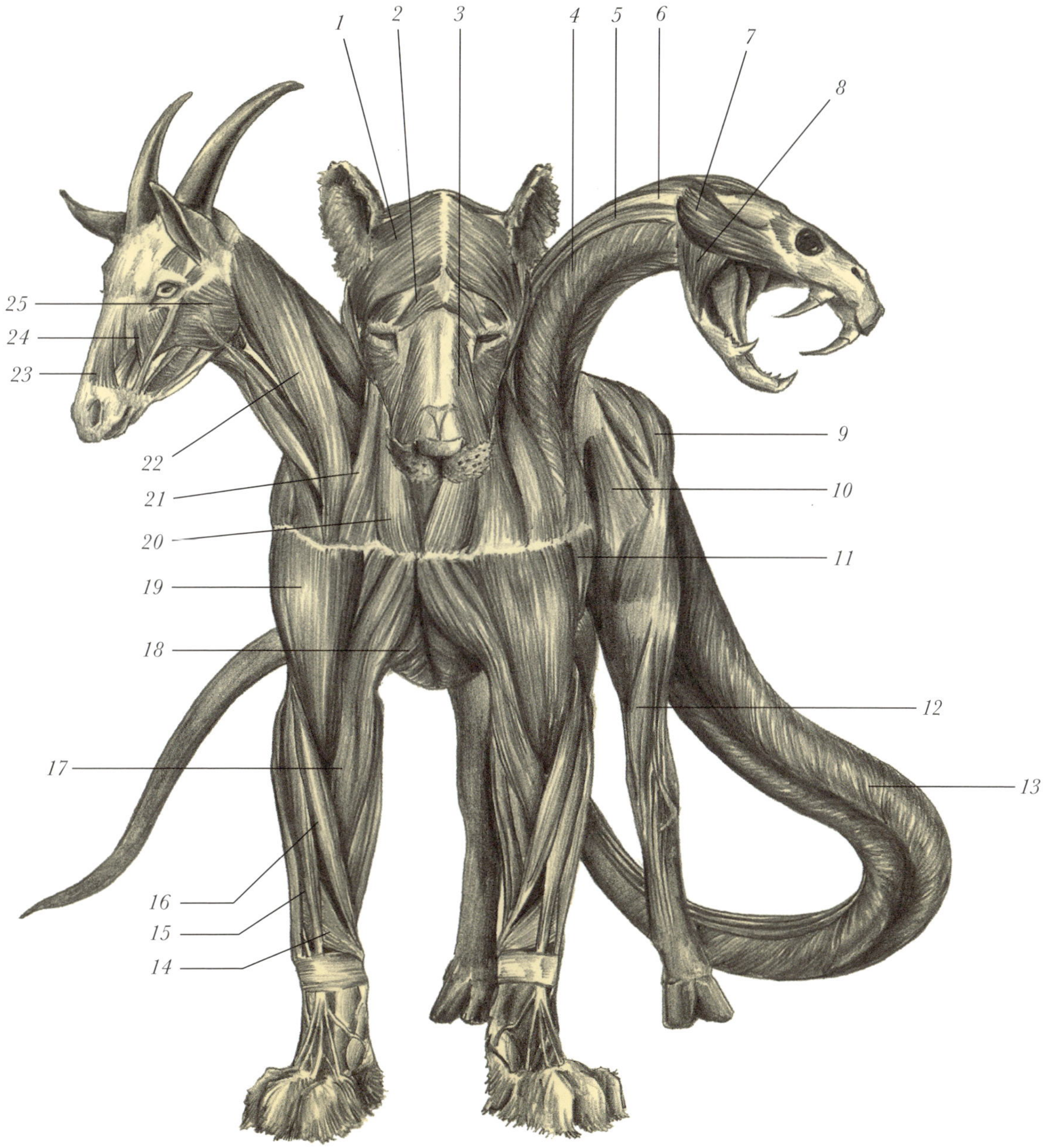

图 4

1– 颞肌
2– 皱眉肌
3– 提鼻唇肌
4– 颈部肌肉群
5– 髂肋肌
6– 背最长肌
7– 外侧内收肌
8– 翼肌
9– 股二头肌
10– 阔筋膜张肌
11– 三角肌
12– 趾长伸肌
13– 尾部肌肉群
14– 趾长收肌
15– 趾总伸肌
16– 肱桡肌
17– 旋前圆肌
18– 胸大肌
19– 锁骨乳突肌
20– 胸下颌肌
21– 锁骨乳突肌
22– 肱头肌
23– 提鼻唇肌
24– 颧肌
25– 咬肌

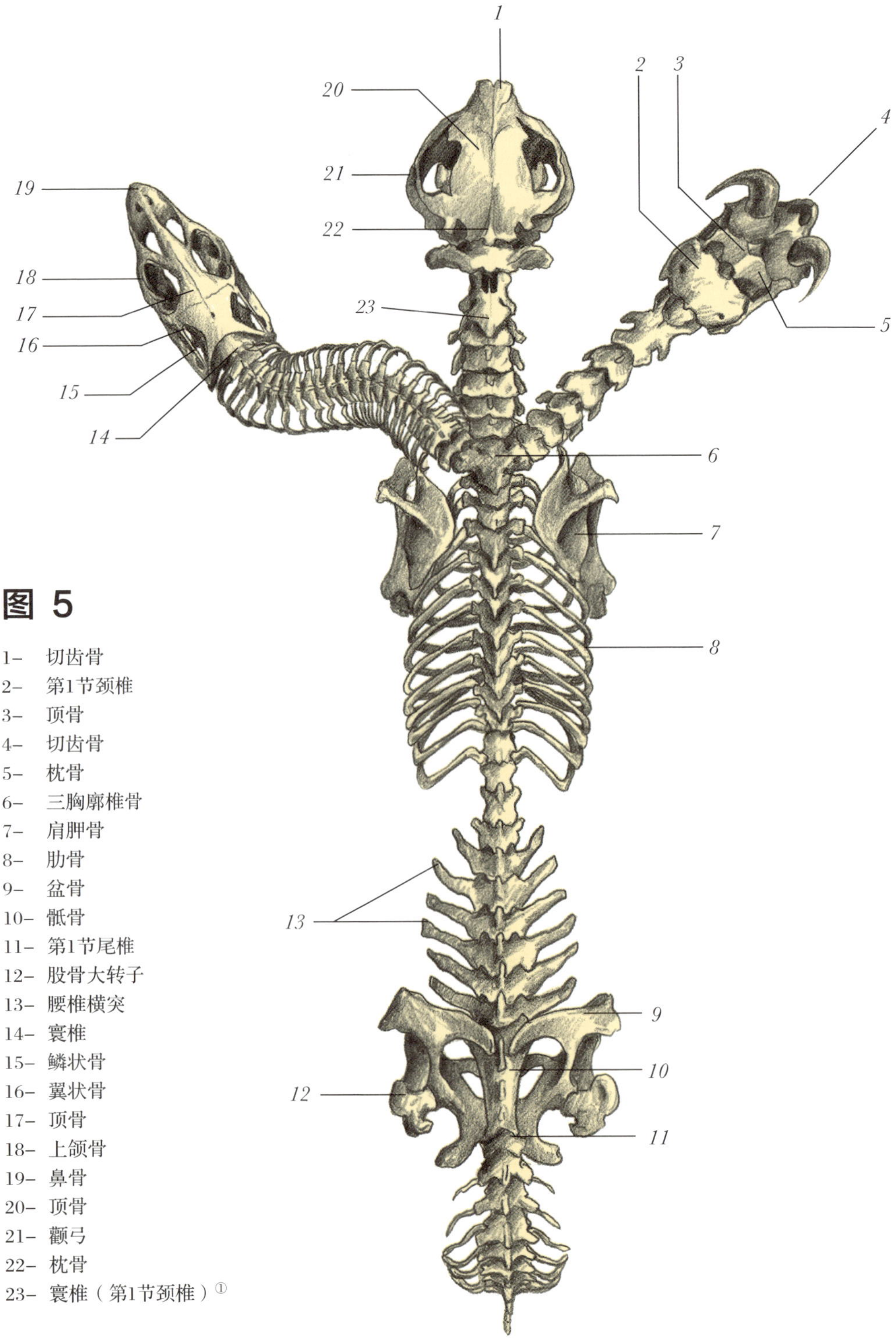

图 5

1– 切齿骨
2– 第1节颈椎
3– 顶骨
4– 切齿骨
5– 枕骨
6– 三胸廓椎骨
7– 肩胛骨
8– 肋骨
9– 盆骨
10– 骶骨
11– 第1节尾椎
12– 股骨大转子
13– 腰椎横突
14– 寰椎
15– 鳞状骨
16– 翼状骨
17– 顶骨
18– 上颌骨
19– 鼻骨
20– 顶骨
21– 颧弓
22– 枕骨
23– 寰椎（第1节颈椎）①

① 原版无 23，有误，按图例改正。——译者注

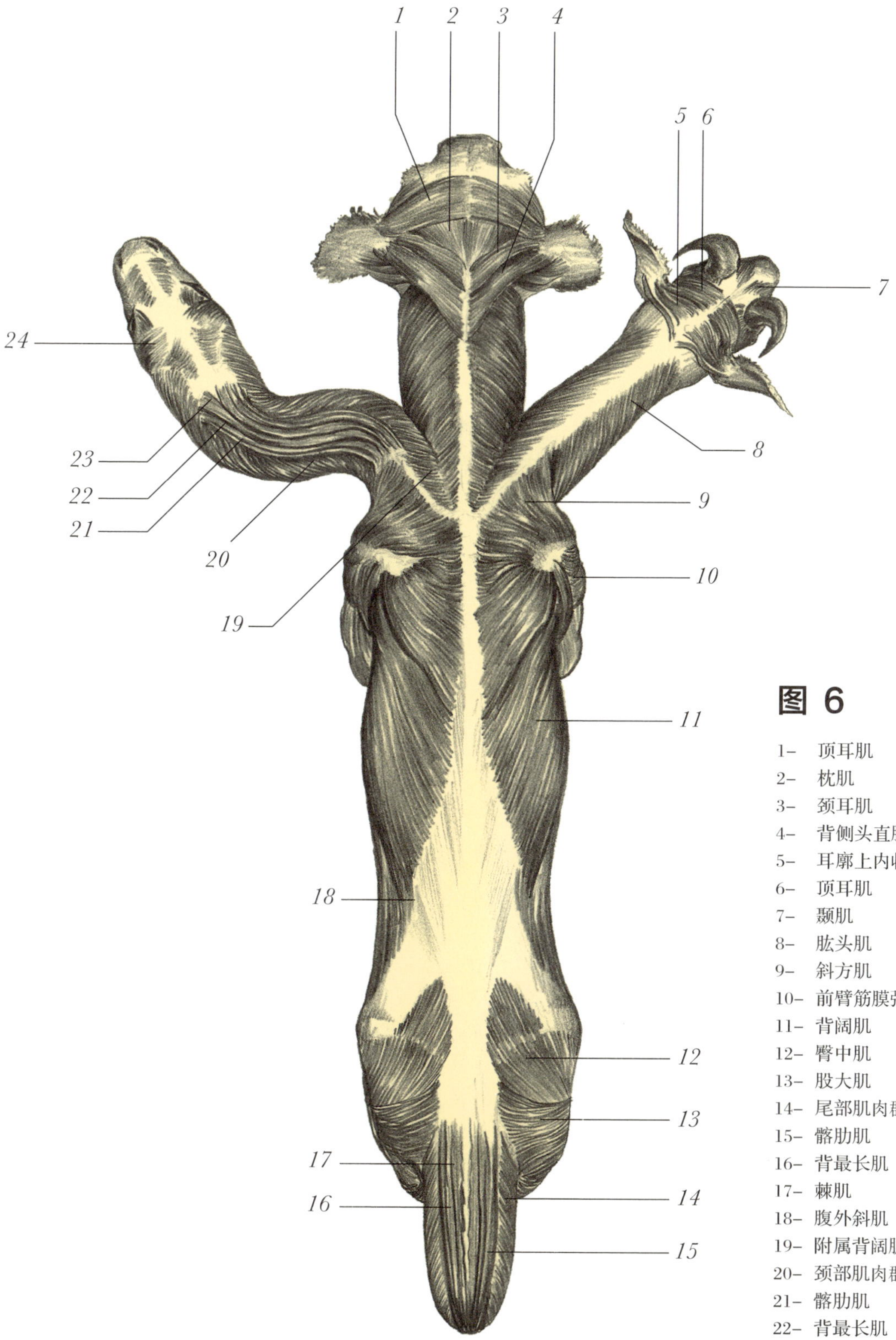

图 6

1– 顶耳肌
2– 枕肌
3– 颈耳肌
4– 背侧头直肌
5– 耳廓上内收肌
6– 顶耳肌
7– 颞肌
8– 肱头肌
9– 斜方肌
10– 前臂筋膜张肌
11– 背阔肌
12– 臀中肌
13– 股大肌
14– 尾部肌肉群
15– 髂肋肌
16– 背最长肌
17– 棘肌
18– 腹外斜肌
19– 附属背阔肌
20– 颈部肌肉群
21– 髂肋肌
22– 背最长肌
23– 棘肌
24– 颞肌

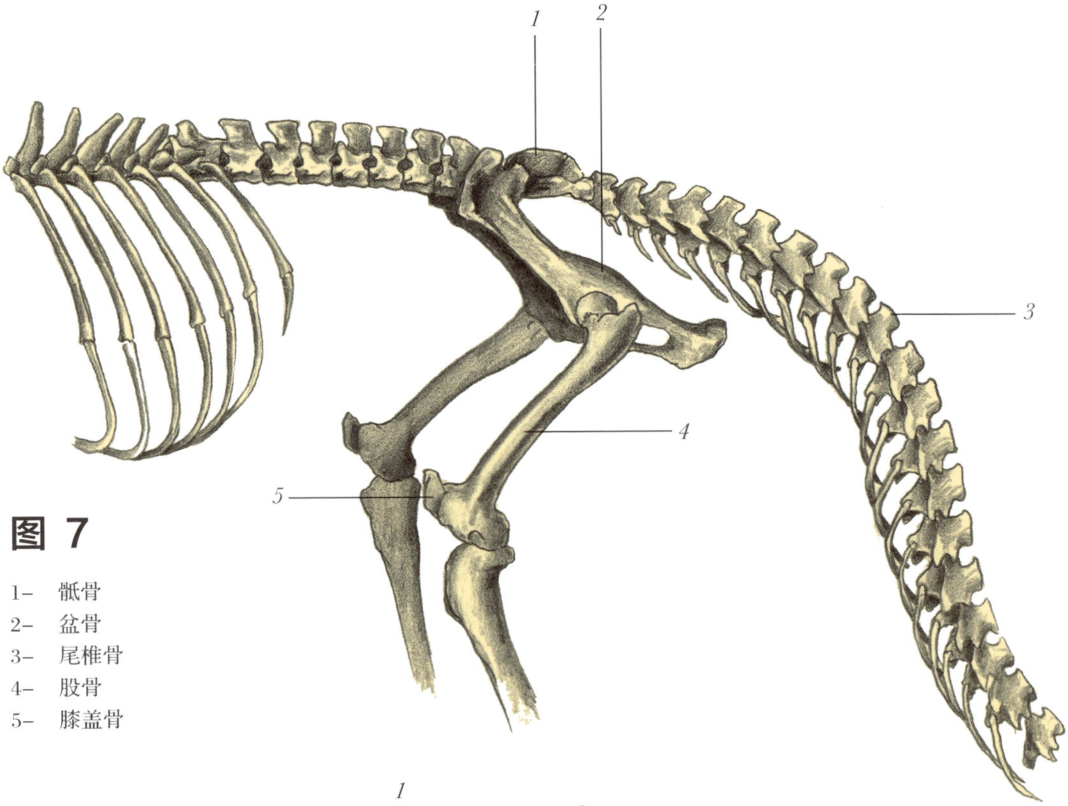

图 7

1– 骶骨
2– 盆骨
3– 尾椎骨
4– 股骨
5– 膝盖骨

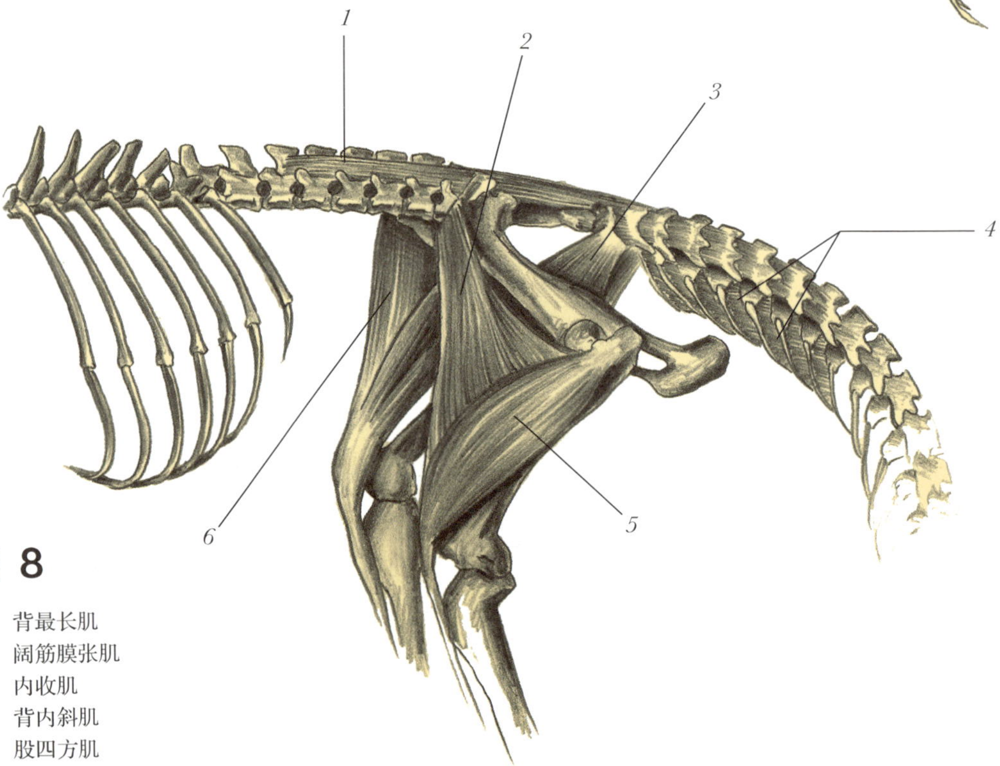

图 8

1– 背最长肌
2– 阔筋膜张肌
3– 内收肌
4– 背内斜肌
5– 股四方肌
6– 缝匠肌

图 9 和 图10

1– 第7节颈椎
2-- 三胸廓椎骨
3– 肋骨
4– 胸骨
5– 腹横肌
6– 半棘肌
7– 背最长肌
8– 内肋间肌
9– 椎骨肋长肌
10– 颈腹锯肌

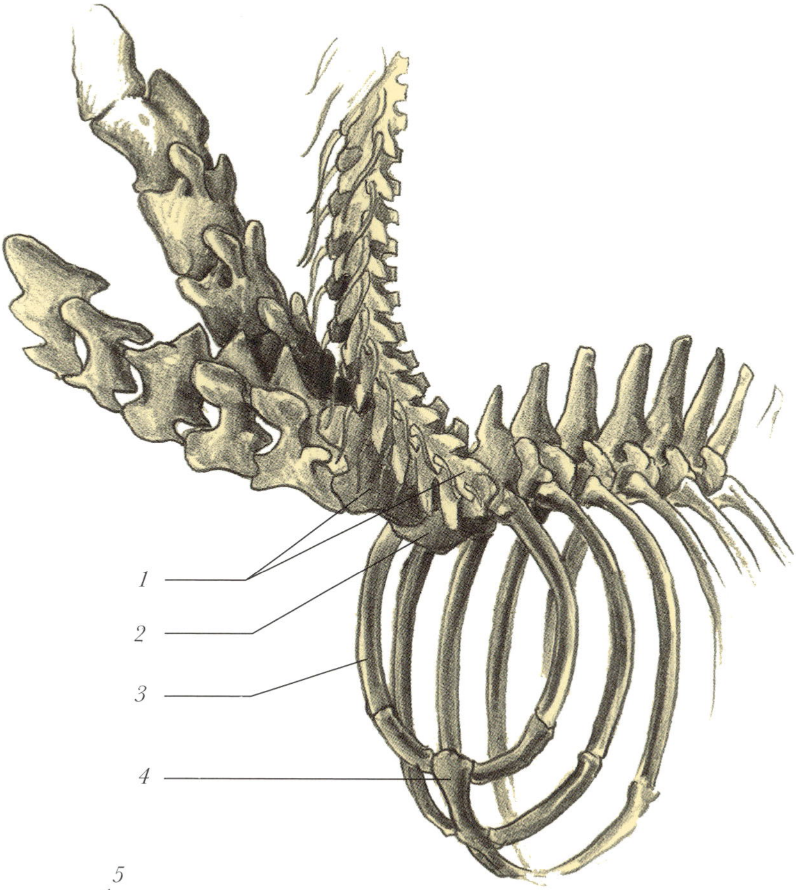

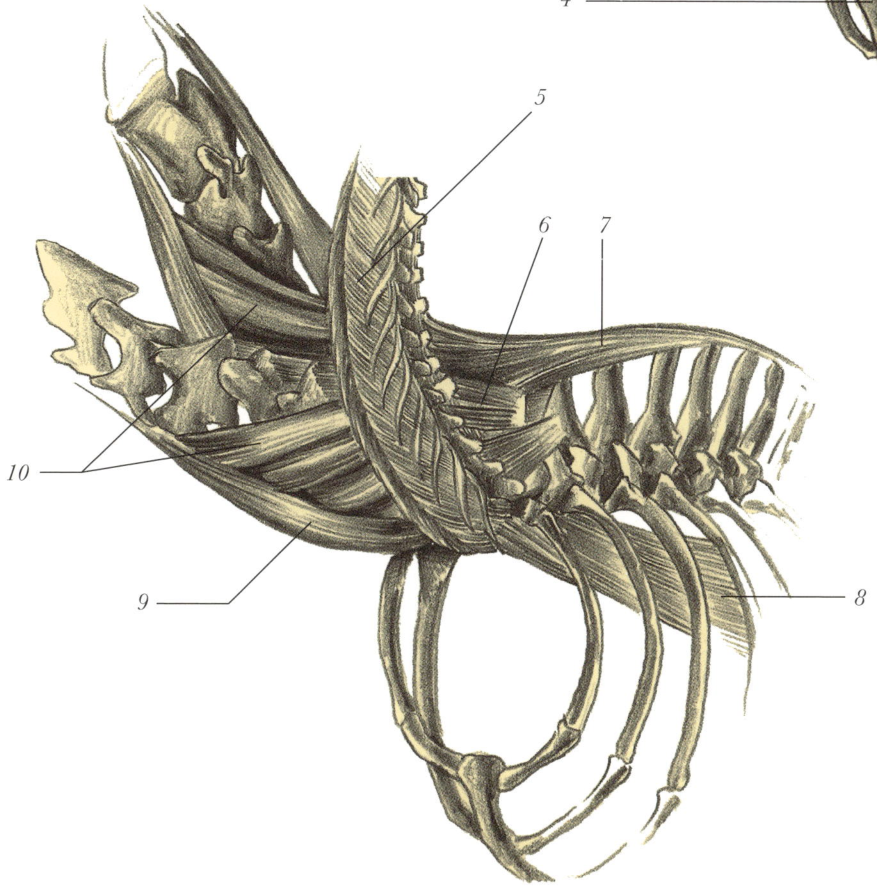

和奇美拉一样，这种叫作地狱犬的动物也有三颗头，但二者的相似之处也仅限于此，因为后者的三颗头是同一种动物的。布莱克曾在好几个实验中用到过狗，大家一定还记得他创造的“达尔文的小猎犬”，但我们不清楚布莱克在多头动物的实验上究竟走了多远。

哈迪斯地狱犬

界	动物界	科	犬科
门	脊椎动物门	属	犬属
纲	厄喀德那人蛇纲	种	哈迪斯[1]地狱犬种
目	卫守目		

① 即 Hades，古希腊神话中的冥神，宙斯的哥哥。—— 译者注

很久以前，人们就将这种地狱魔犬视为独特的造物，它在民众心目中的地位和奇美拉、伽内什很像。这次我格外走运，一下子就发现了八只怪兽，它们显然是同归于尽的。其中有的长着两颗或三颗脑袋，有一个甚至长了六颗狗头。为研究起见，特将有着三头和蛇尾的标本奉上。

地狱犬和奇美拉的骨骼、血脉或者大脑中必定有什么特别因素，才会导致它们长出多颗头颅。它们并非意外原因造成的畸形，这种独特的生理结构是大自然造物主经过缜密思考特意创造的。除了显而易见的相似性之外，我没有其他证据能证明二者有很近的血缘关系。换句话说，我和鱼都只有一颗头，但这并不能证明我和鱼同根同源。

地狱犬应该是温血动物，而且与其他哺乳动物有很多相同特性，比如都有两个心室、两个心房、正常大小的器官、乳腺组织，等等。因此我们可以很自然地得出一个结论：地狱犬与奇美拉一样，身后的蛇尾只起平衡作用，而且由于不是冷血动物，体内没有温度调节系统。我们在棱皮龟等其他爬行动物身上也能发现此类适应性进化特征。也许它们有着相同的血脉起源，因为血缘形成的关系网本就非常庞杂，甚至仍在许多不为人知的地区继续传承和延续着。

图 1

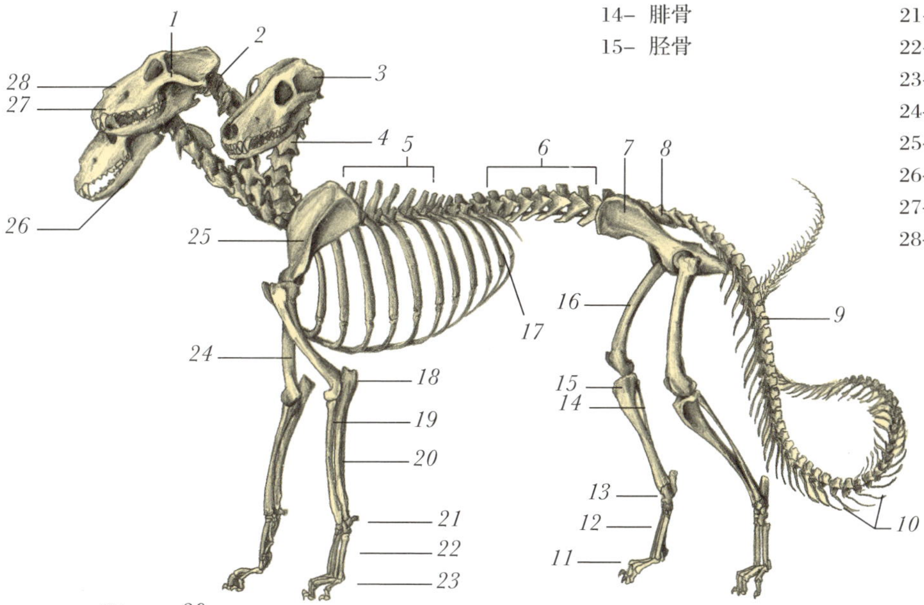

1– 颧弓
2– 枕骨骨突
3– 颞骨
4– 椎骨
5– 第1—6节胸椎
6– 腰椎
7– 盆骨
8– 骶骨
9– 尾椎骨
10– 肋骨
11– 趾骨
12– 跖骨
13– 跗骨
14– 腓骨
15– 胫骨
16– 股骨
17– 肋骨
18– 尺骨突
19– 桡骨
20– 尺骨
21– 腕骨
22– 掌骨
23– 趾骨
24– 肱骨
25– 肩胛骨
26– 下颌骨
27– 切齿骨
28– 鼻骨

图 2

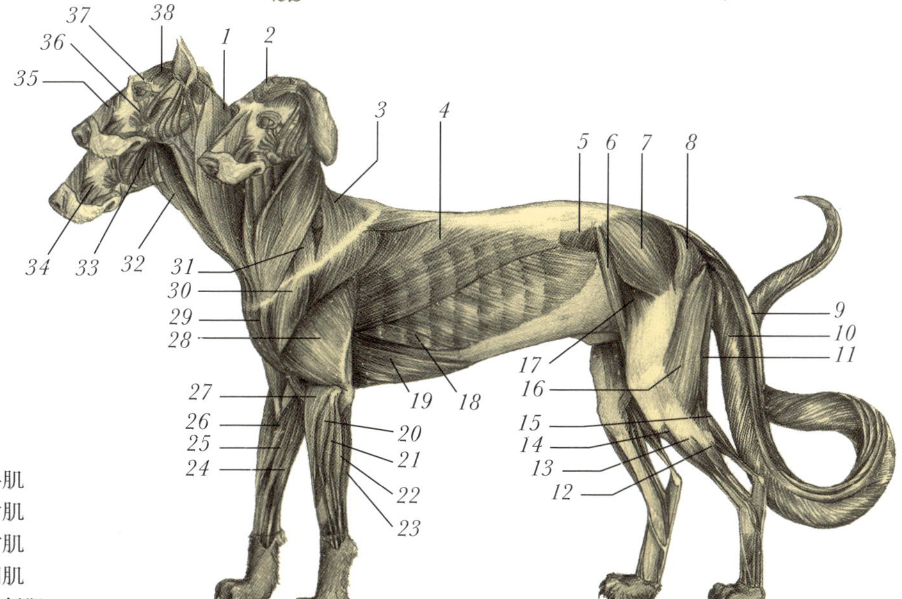

1– 肱头肌
2– 额盾肌
3– 斜方肌
4– 背阔肌
5– 腹内斜肌
6– 缝匠肌
7– 臀中肌
8– 臀浅肌
9– 背最长肌
10– 尾部肌肉群
11– 半腱肌
12– 拇长屈肌
13– 腓骨长肌
14– 趾长伸肌
15– 小腿三头肌
16– 股二头肌
17– 阔筋膜张肌
18– 外内间肌
19– 胸深肌
20– 趾总伸肌
21– 趾侧伸肌
22– 尺侧腕伸肌
23– 尺侧腕屈肌
24– 尺侧腕屈肌
25– 桡侧腕屈肌
26– 旋前圆肌
27– 肱桡肌
28– 肱三头肌
29– 锁骨腱膈膜
30– 三角肌
31– 肩胛横肌
32– 胸舌骨肌
33– 颧皮肌
34– 犬齿肌
35– 提鼻唇肌
36– 颧肌
37– 眼轮匝肌
38– 颞肌

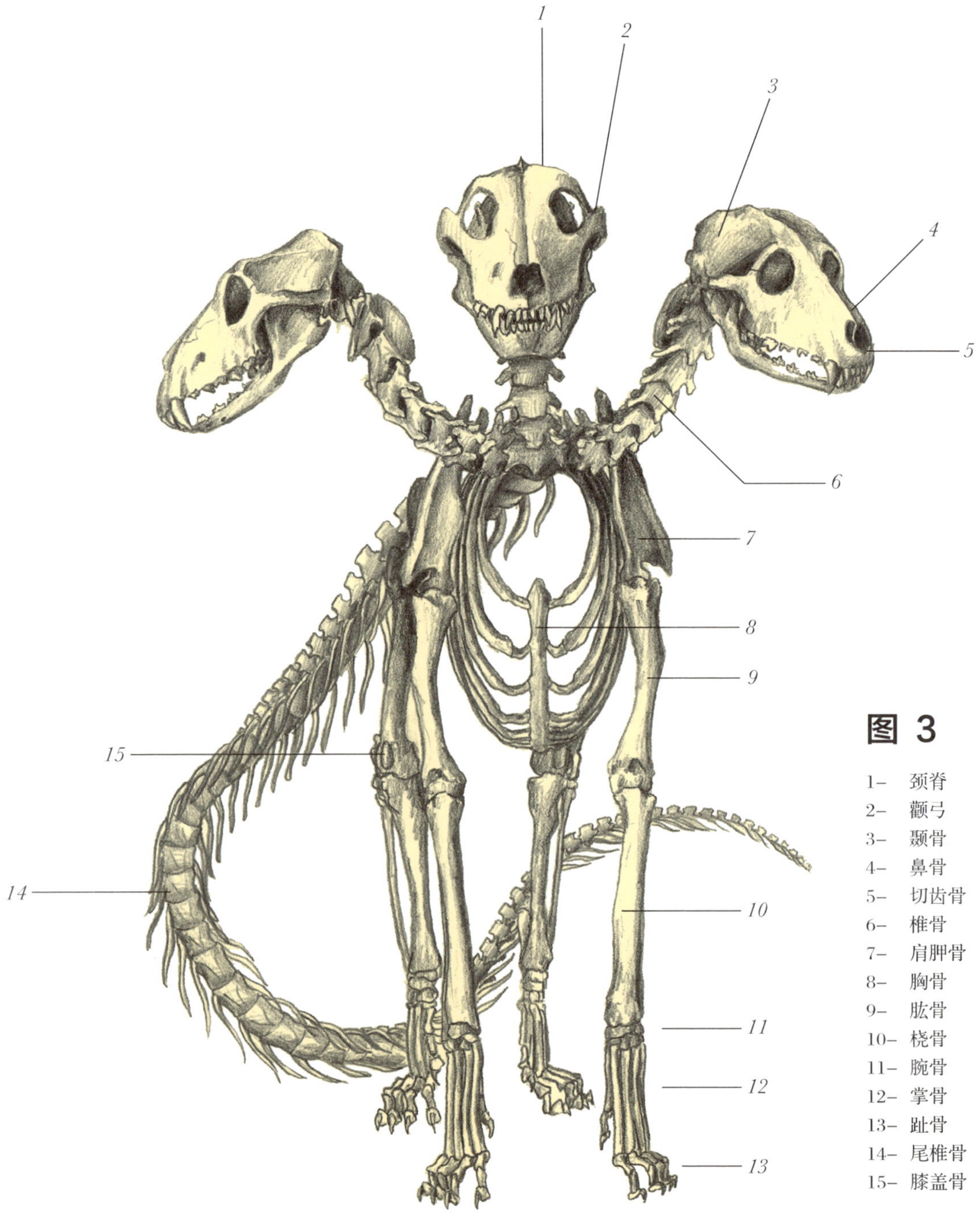

图 3

1- 颈脊
2- 颧弓
3- 颞骨
4- 鼻骨
5- 切齿骨
6- 椎骨
7- 肩胛骨
8- 胸骨
9- 肱骨
10- 桡骨
11- 腕骨
12- 掌骨
13- 趾骨
14- 尾椎骨
15- 膝盖骨

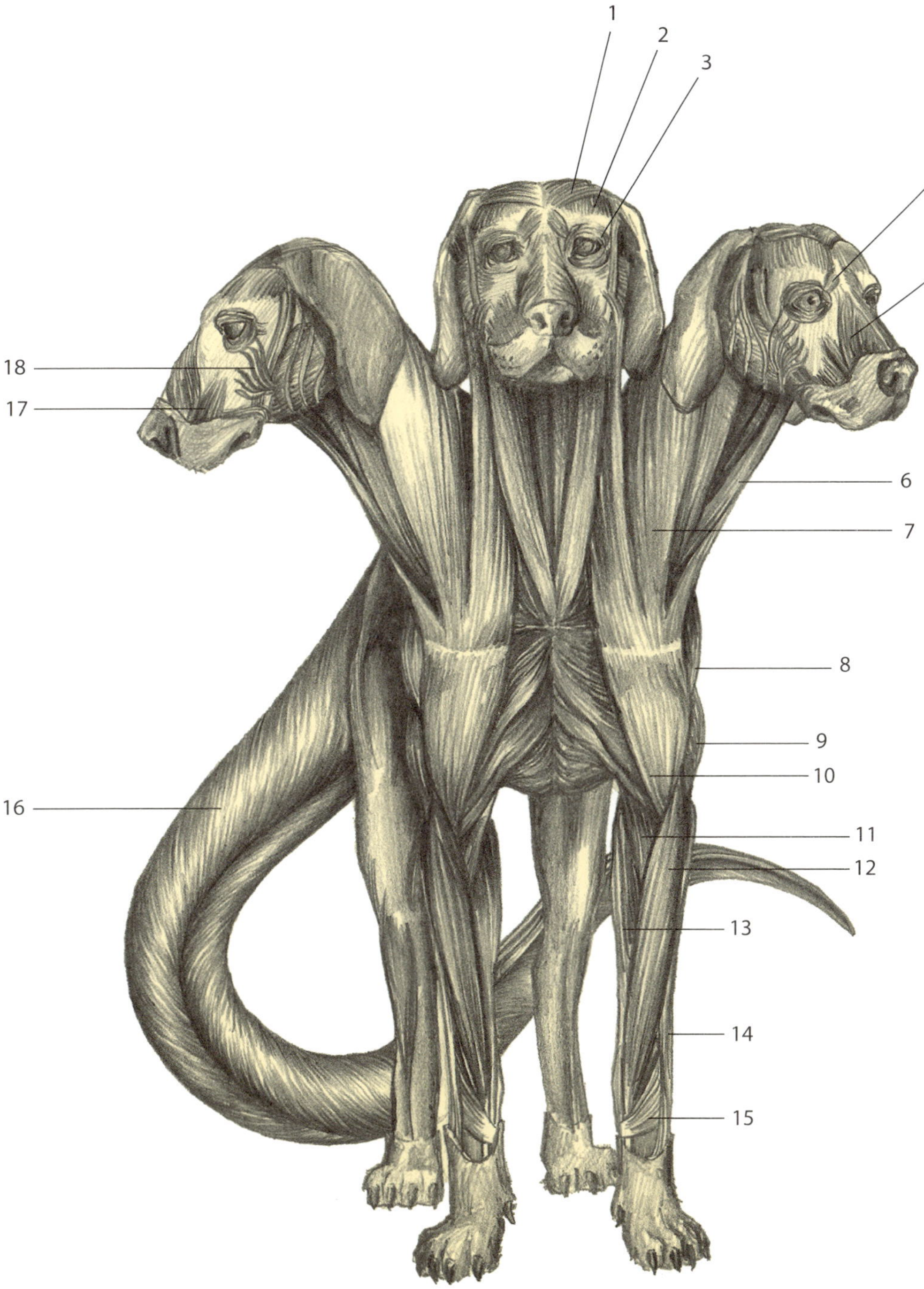

图 4

1– 额盾肌
2– 颞肌
3– 眼轮匝肌
4– 提内眼角肌
5– 提鼻唇肌
6– 胸骨颚肌
7– 肱头肌
8– 三角肌
9– 肱三头肌
10– 锁骨乳突肌
11– 肱肌
12– 桡侧腕伸肌
13– 旋前圆肌
14– 趾总伸肌
15– 第1趾内收肌
16– 尾部肌肉群
17– 犬齿肌
18– 颧肌

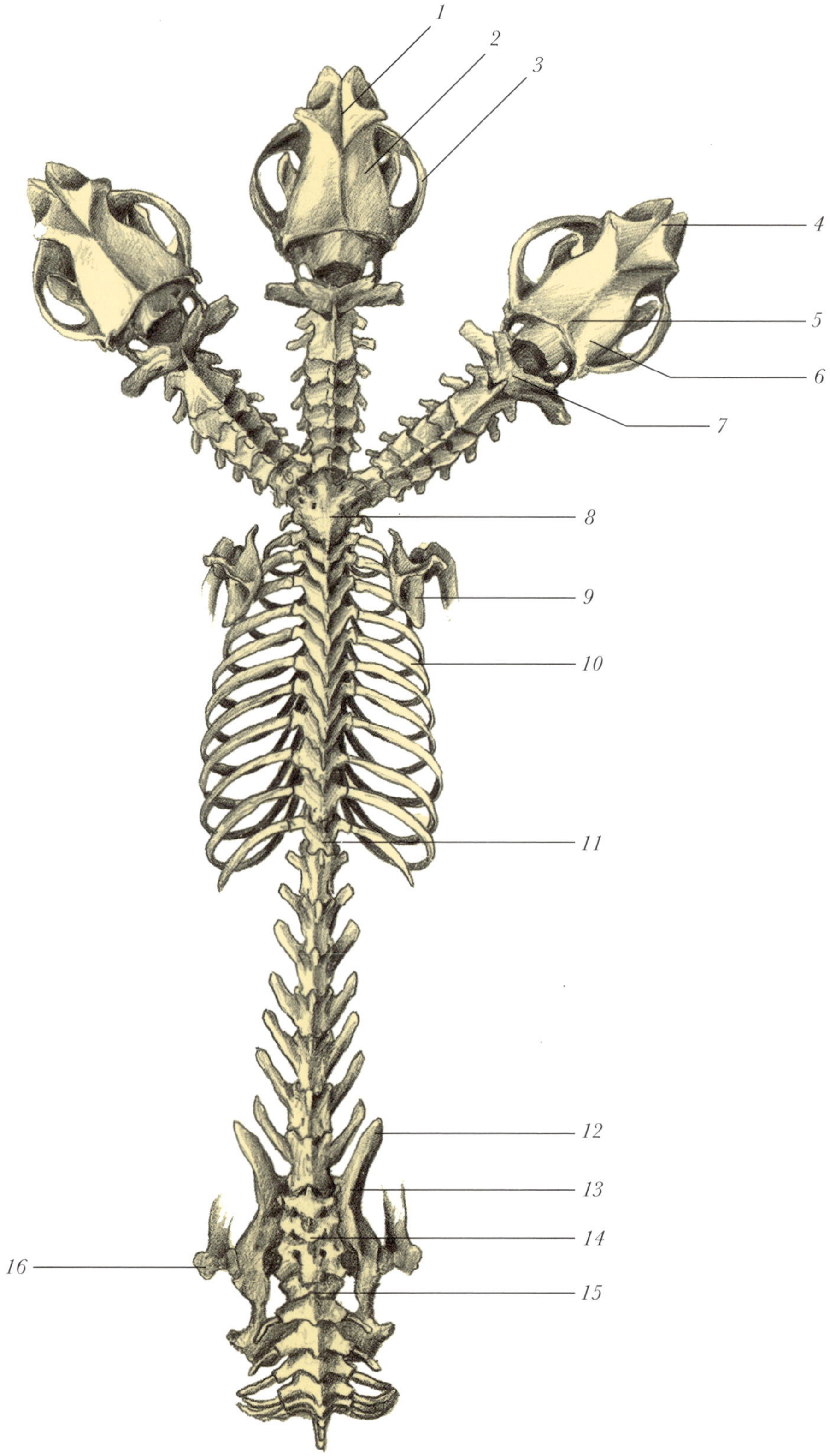

图 5

1– 额骨
2– 顶骨
3– 颧弓
4– 鼻骨
5– 枕骨
6– 颞骨
7– 第1节颈椎
8– 三胸廓椎骨
9– 肩胛骨
10– 肋骨
11– 第12节胸椎
12– 髀结
13– 盆骨
14– 骶骨
15– 第1节尾椎
16– 大转子

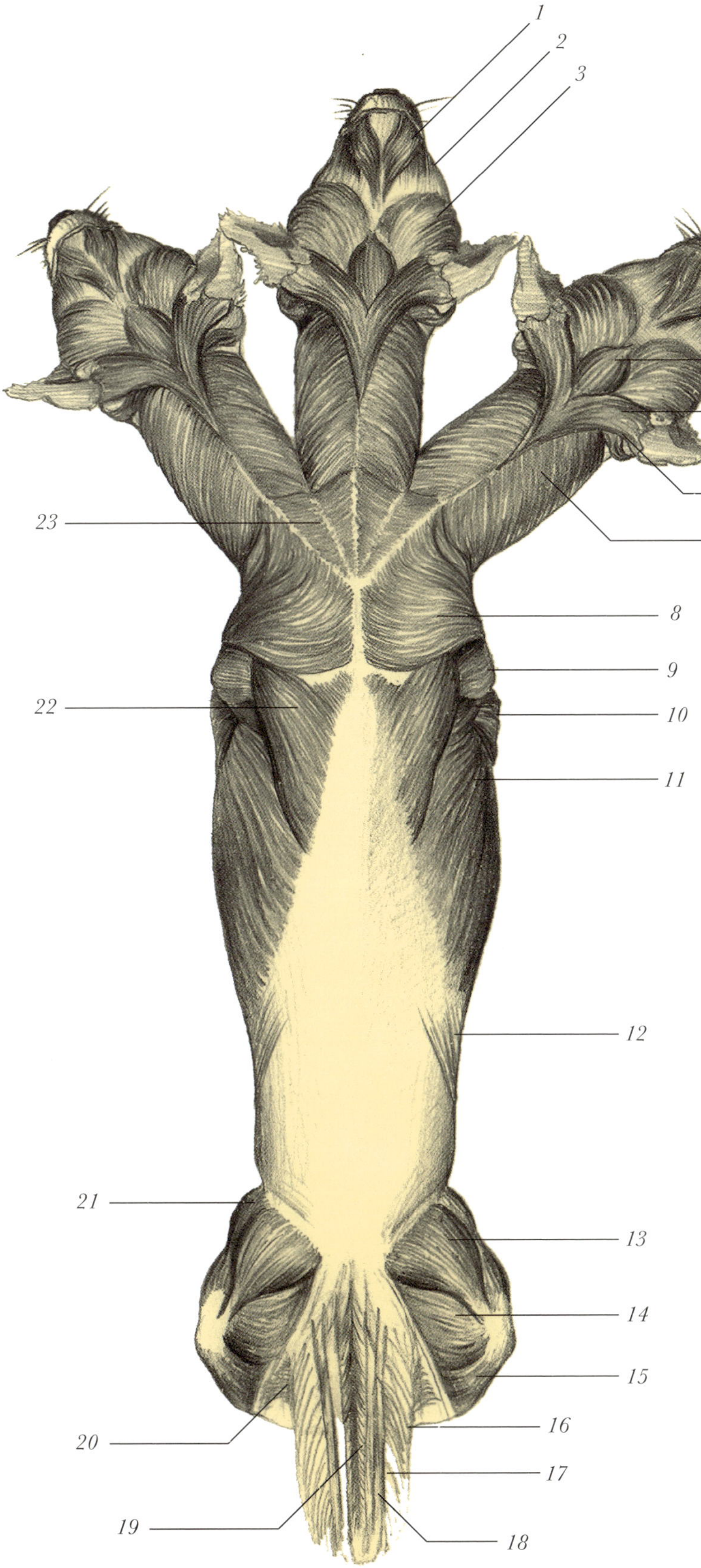

图 6

1– 提鼻唇肌
2– 颧肌
3– 额盾肌
4– 枕肌
5– 提耳廓肌
6– 耳廓长提肌
7– 肱头肌
8– 斜方肌
9– 三角肌
10– 肱三头肌
11– 背阔肌
12– 腹外斜肌
13– 臀中肌
14– 股大肌
15– 股二头肌
16– 尾部肌肉群
17– 髂肋肌
18– 背最长肌
19– 棘肌
20– 闭孔内肌
21– 缝匠肌（前侧）
22– 斜方肌
23– 附属背阔肌

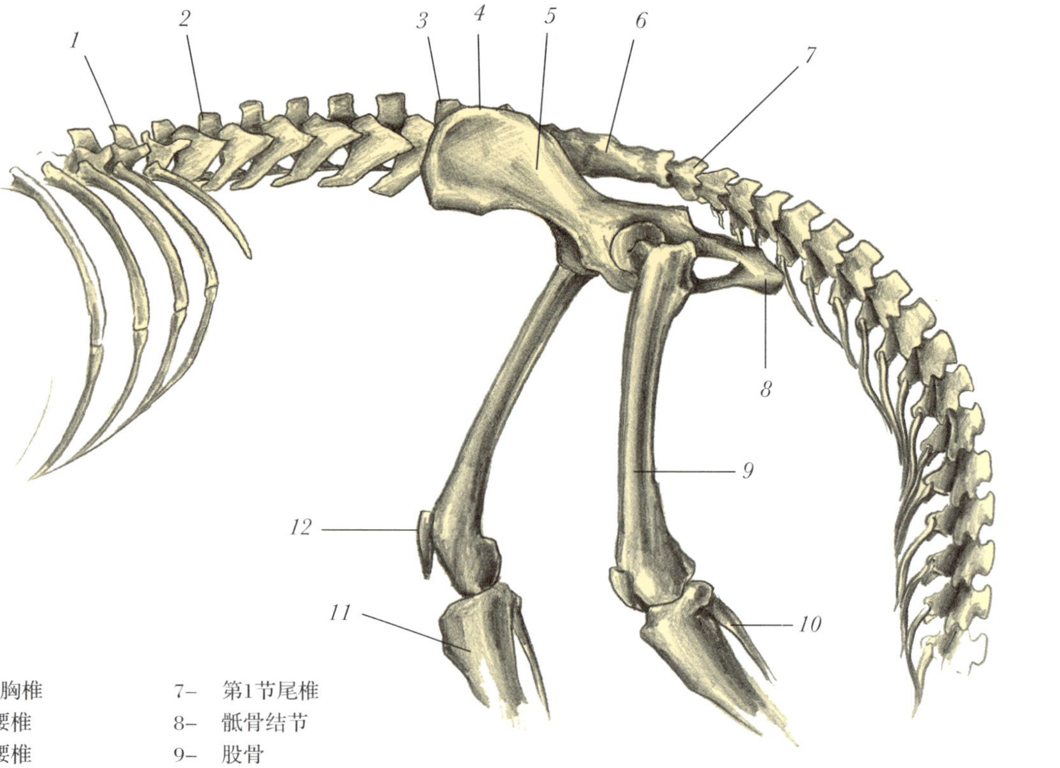

图 7

1– 第12节胸椎
2– 第1节腰椎
3– 第6节腰椎
4– 髀结
5– 盆骨
6– 骶骨
7– 第1节尾椎
8– 骶骨结节
9– 股骨
10– 腓骨
11– 胫骨
12– 膝盖骨

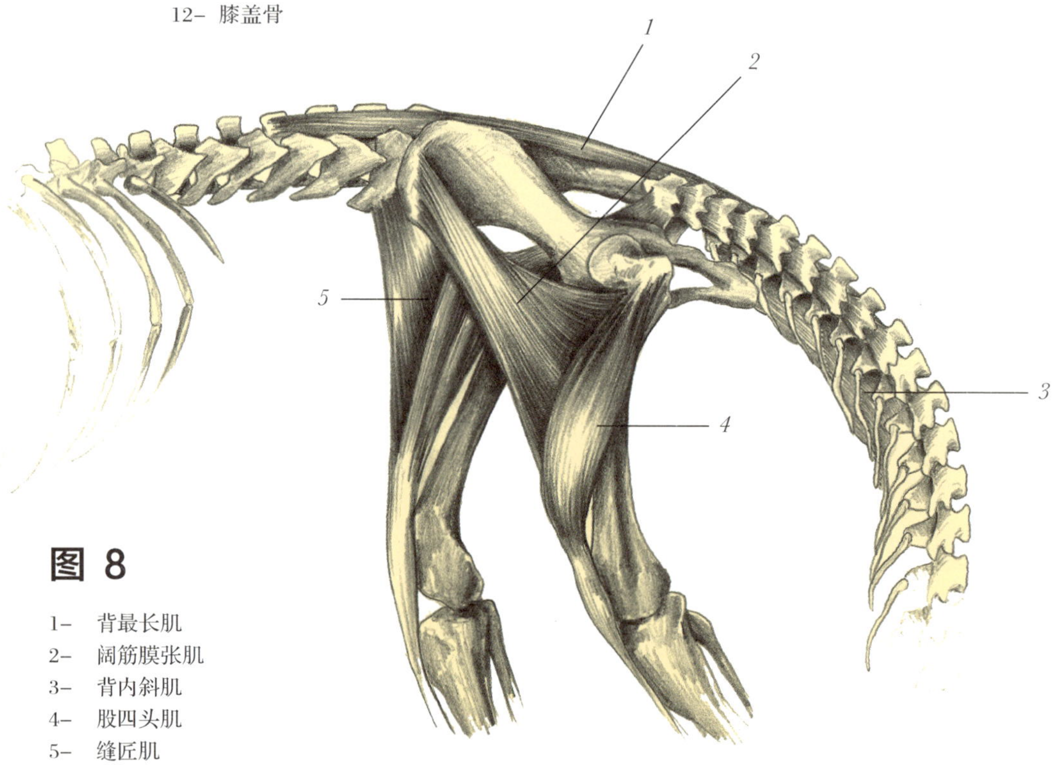

图 8

1– 背最长肌
2– 阔筋膜张肌
3– 背内斜肌
4– 股四头肌
5– 缝匠肌

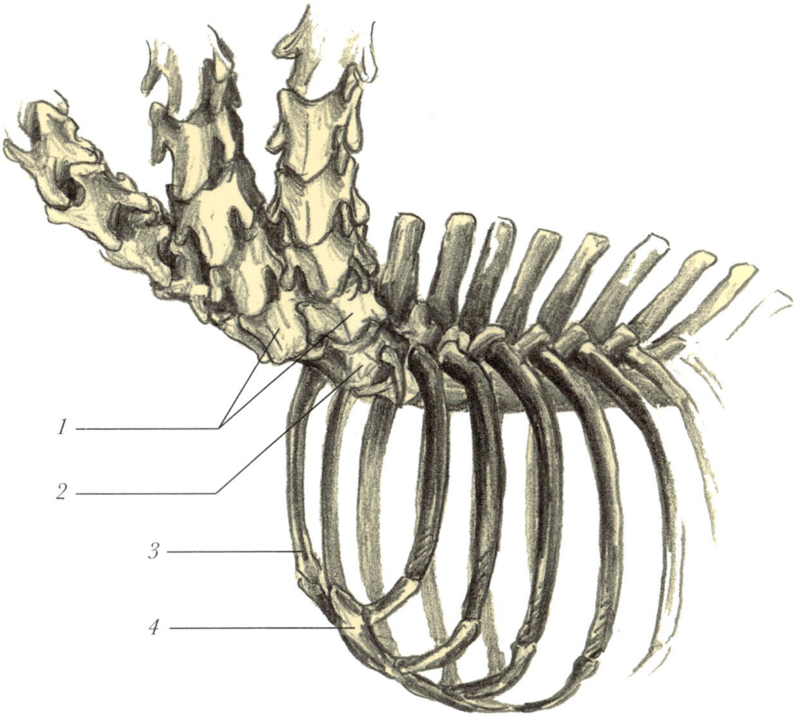

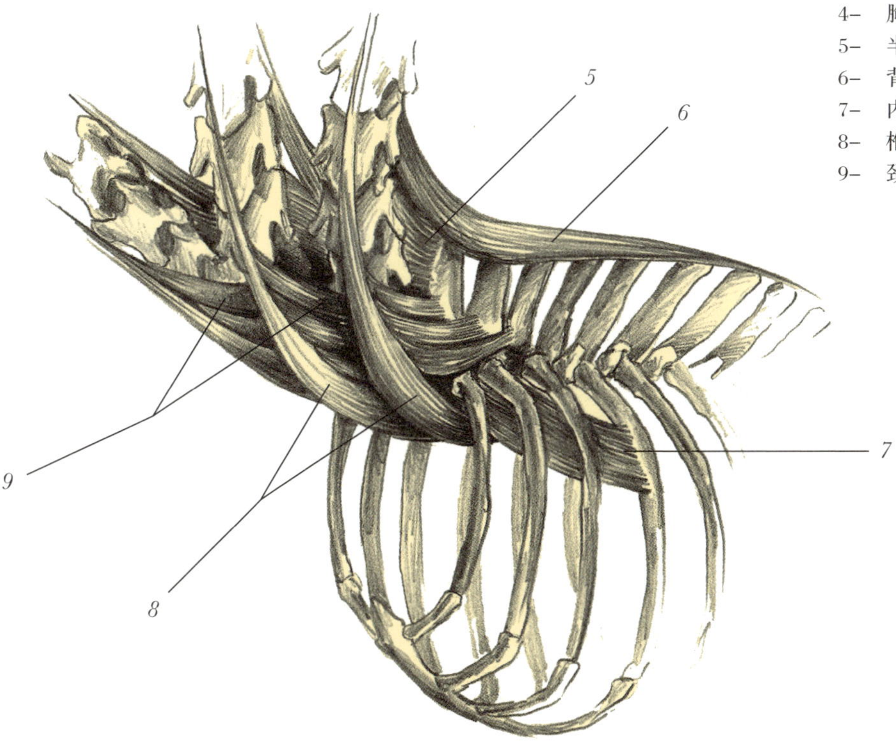

图 9 和 图10

1– 第7节颈椎
2– 三胸廓椎骨
3– 肋骨
4– 胸骨
5– 半棘肌
6– 背最长肌
7– 内肋间肌
8– 椎骨肋长肌
9– 颈腹锯肌

制作飞马标本是一项颇为费时耗力的工程，显然，这是布莱克医生最大的杰作。首先，他要设计复杂的滑轮起重系统，将该动物移送到手术台上。此外，他还需要很多索具，以使标本在展出期间保持预先设计好的造型（与图中所画相同的姿势）。

我用了好几个月时间才将这对恐怕永远飞不起来的翅膀竖立起来。我还认真地将肌肉缝到了相应的位置，并把神经、皮肤和该动物躯体的所有纤维都安排妥当……但它并没有因此活过来。我做这些工作只是为了展示它原本的样子，告诉大家它曾经真实存在过。

——斯宾塞·布莱克

戈尔贡飞马

界	动物界	科	马科
门	脊椎动物门	属	飞马[2]属
纲	戈尔贡[1]纲	种	戈尔贡飞马种
目	奇蹄目		

① 即 Gorgonis，古希腊神话中长有尖牙、头生毒蛇的妖怪，著名的蛇发女妖美杜莎就是其中之一。—— 译者注

② 即 Pegasus（珀伽索斯），美杜莎与海神波塞冬所生，古希腊神话中最著名的奇幻生物之一，形象为长有双翼的马，通常为白色，后被宙斯变成飞马座。—— 译者注

因为曾经飞到过奥林匹斯山上，飞马这种动物便十分有名，关于它的幻想故事也不计其数。

这种动物双翼的大小和翼展都很突出，所以其实际飞行能力比整体形象看起来更杰出。当然，一旦了解了它的生理结构，飞马如何飞翔之谜就迎刃而解了。这种动物体内遍布气囊，其比例超过鸟类气囊的两倍，意味着它在呼吸方面有着极大的自由度，这也是它必然的进化方向。

控制双翼的肌肉十分发达。如果能有机会在显微镜下观察真正的飞马细胞，我相信我们就能揭开其超凡神力的秘密。这类细胞在人体肌肉组织中并非完全不存在，只是并不活跃，处于蛰伏状态。如果人类肌肉经过训练后也能具备和飞马一样的能力，人类的力量将能创造出许多超乎想象的奇迹。

解剖学家会认为这种动物的骸骨构造跟鸟纲动物和马属动物十分相似。令人惊讶的是，它的生理结构和马没有什么两样，翅膀结构也与普通鸟类一致。因此，我推测该科不同种动物之间的差异一定很大。

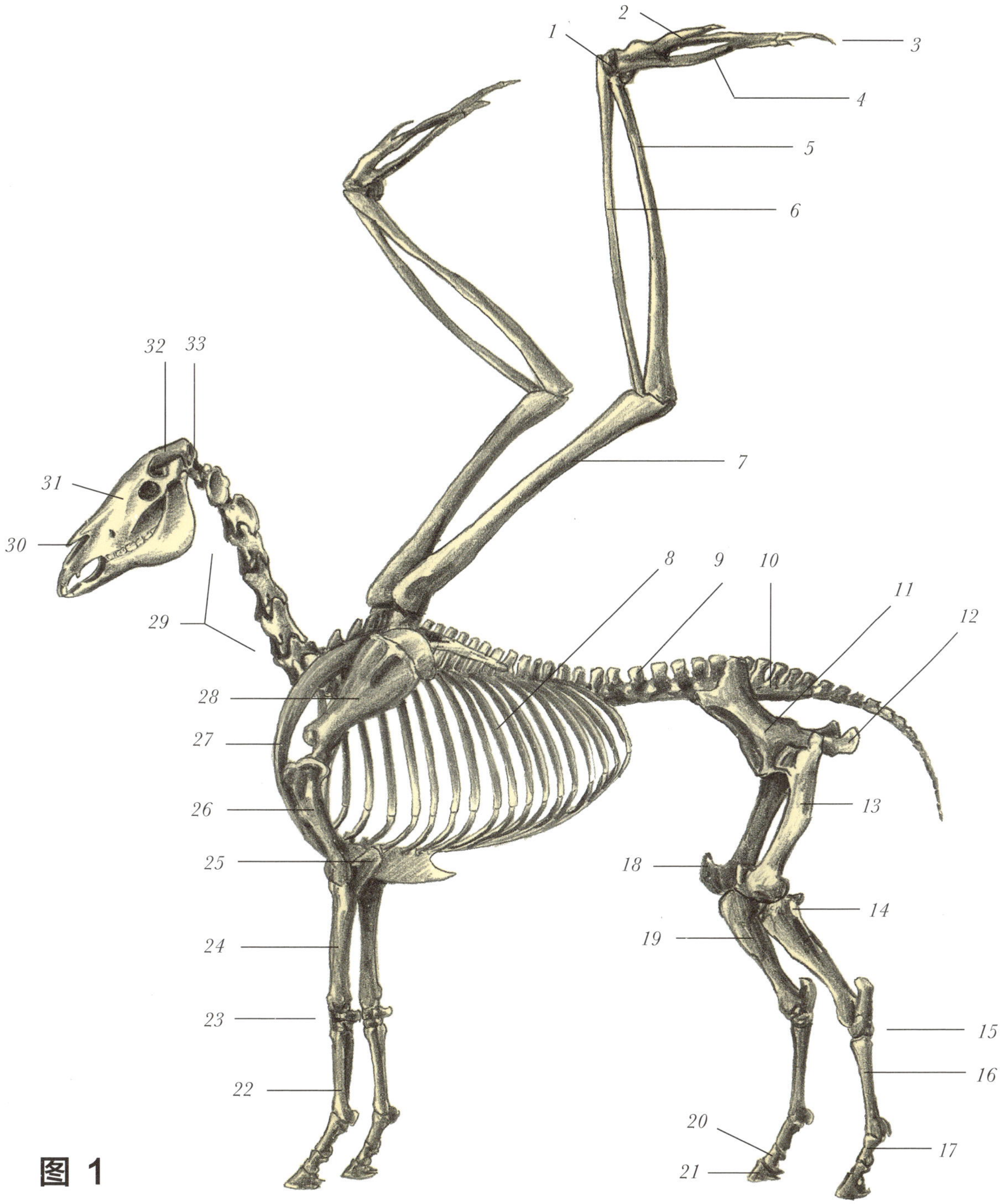

图 1

1– 桡侧腕骨
2– 第1指
3– 指骨
4– 腕掌骨
5– 尺骨
6– 桡骨
7– 肱骨
8– 肋骨
9– 椎骨
10– 骶骨
11– 盆骨
12– 坐骨
13– 股骨
14– 腓骨
15– 跗骨
16– 第3跖骨
17– 近节趾骨（骹骨）
18– 膝盖骨
19– 胫骨
20– 中节趾骨（蹄冠）
21– 远节趾骨（蹄骨）
22– 第3掌骨
23– 腕骨
24– 桡骨
25– 鹰嘴
26– 肱骨
27– 叉骨
28– 肩胛骨
29– 颈椎
30– 鼻骨
31– 上颌骨
32– 顶骨
33– 枕髁

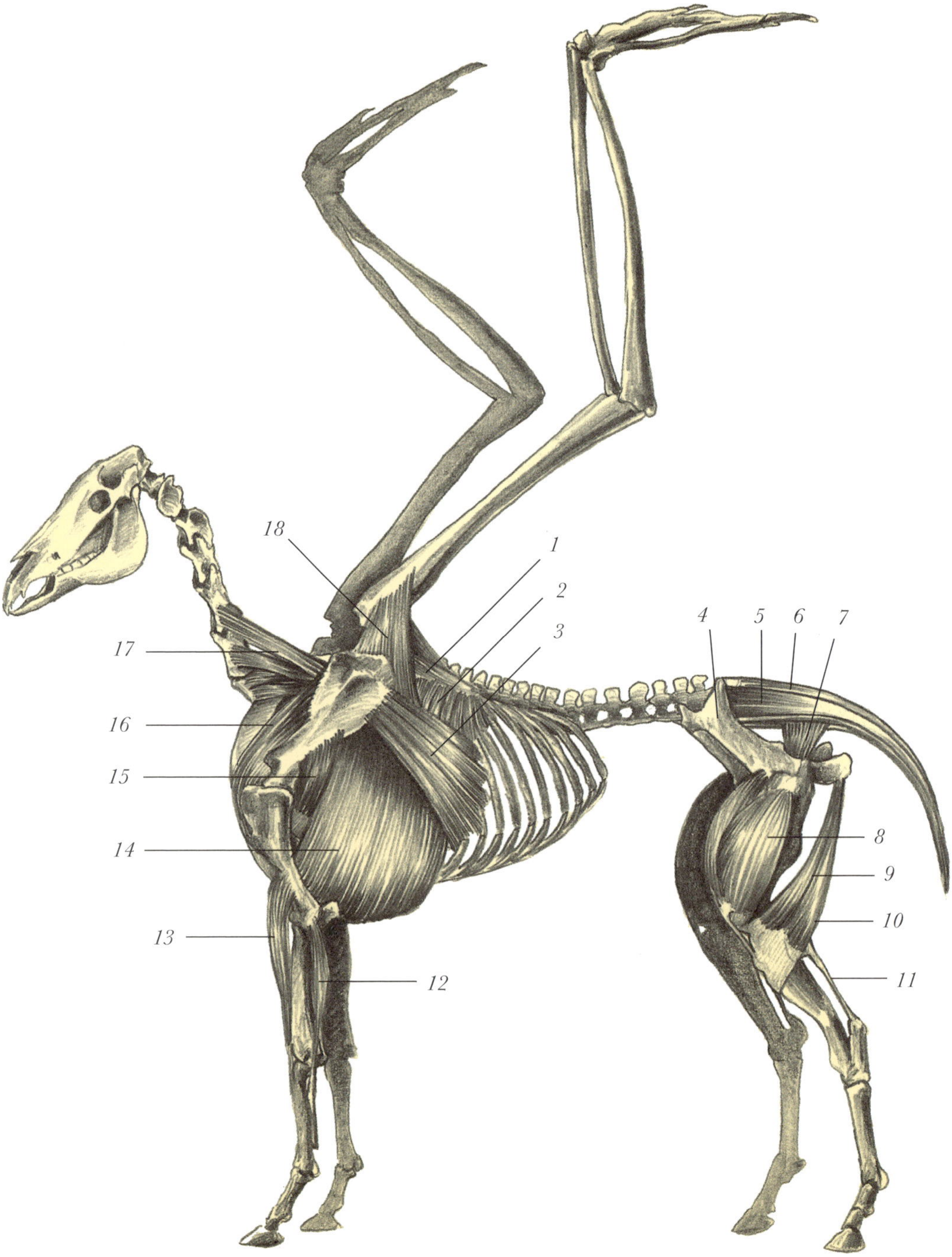

图 2

1– 肩胛鞘基后突缘
2– 背锯肌
3– 胸腹锯肌
4– 骨盆
5– 尾部长提肌
6– 尾部短提肌
7– 尾部内收肌
8– 股四头肌
9– 半膜肌
10– 股二头肌
11– 趾浅屈肌
12– 尺侧腕伸肌
13– 桡侧腕伸肌
14– 胸肌
15– 大圆肌
16– 胸小肌肩胛端
17– 颈腹锯肌
18– 胸肌

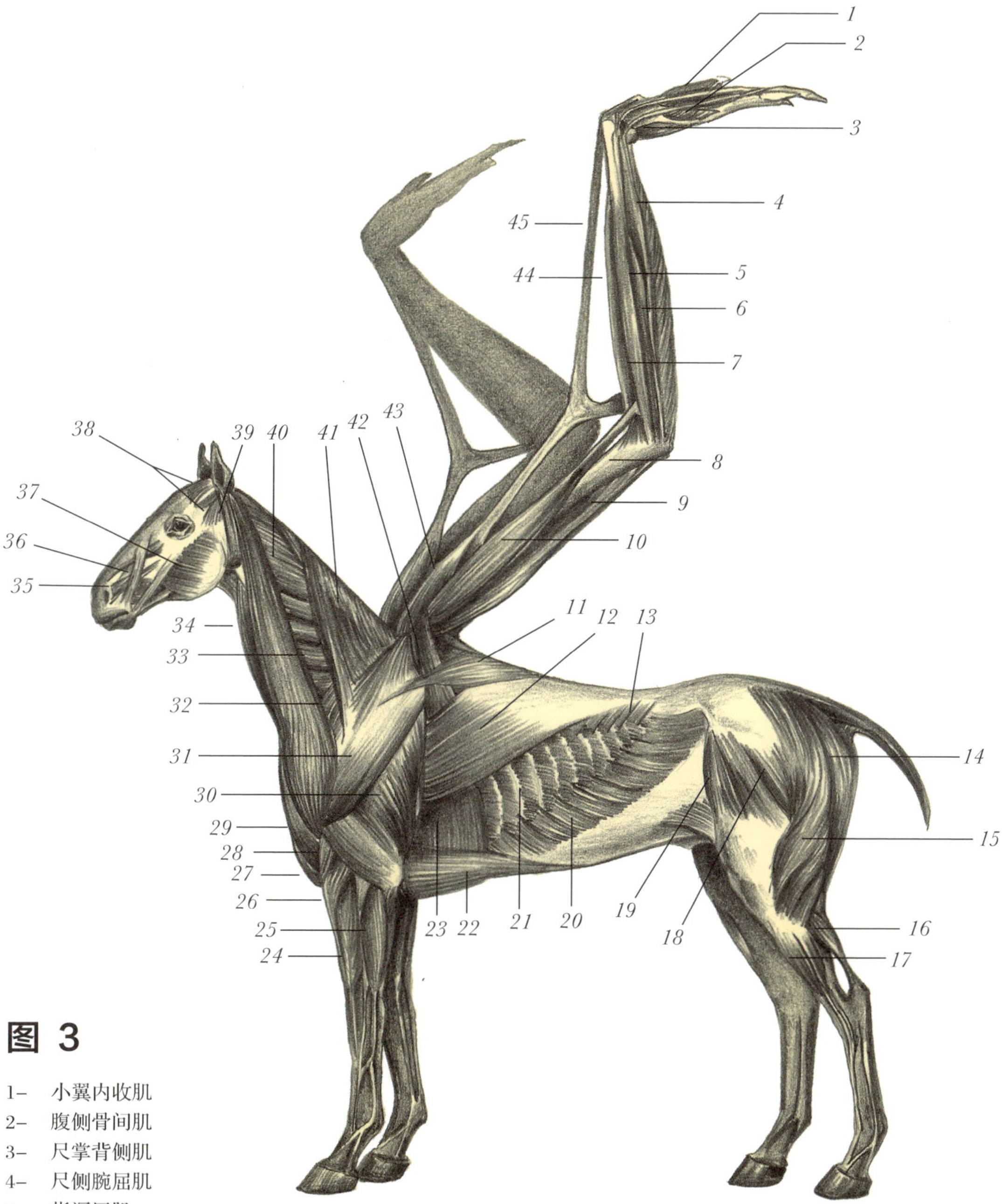

图 3

1– 小翼内收肌
2– 腹侧骨间肌
3– 尺掌背侧肌
4– 尺侧腕屈肌
5– 指深屈肌
6– 指浅屈肌
7– 旋前浅肌
8– 肱骨
9– 肱三头肌
10– 肱二头肌
11– 斜方肌
12– 背阔肌
13– 背锯肌
14– 半腱肌
15– 股二头肌
16– 腓肠肌
17– 趾长伸肌
18– 股大肌
19– 上筋膜
20– 腹外斜肌
21– 外肋间肌
22– 胸深肌
23– 胸肌
24– 趾总伸肌
25– 尺侧腕伸肌
26– 桡侧腕伸肌
27– 胸大肌
28– 中间肱肌
29– 肱二头肌
30– 肱三头肌
31– 三角肌
32– 冈上肌
33– 颈腹锯肌
34– 胸骨下颌肌
35– 犬齿肌
36– 提鼻唇肌
37– 咬肌
38– 盾肌
39– 腮腺耳甲肌
40– 棘肌
41– 斜方肌
42– 胸肌
43– 前翼膜张肌
44– 桡侧掌伸肌
45– 前翼膜张肌（长肌腱）

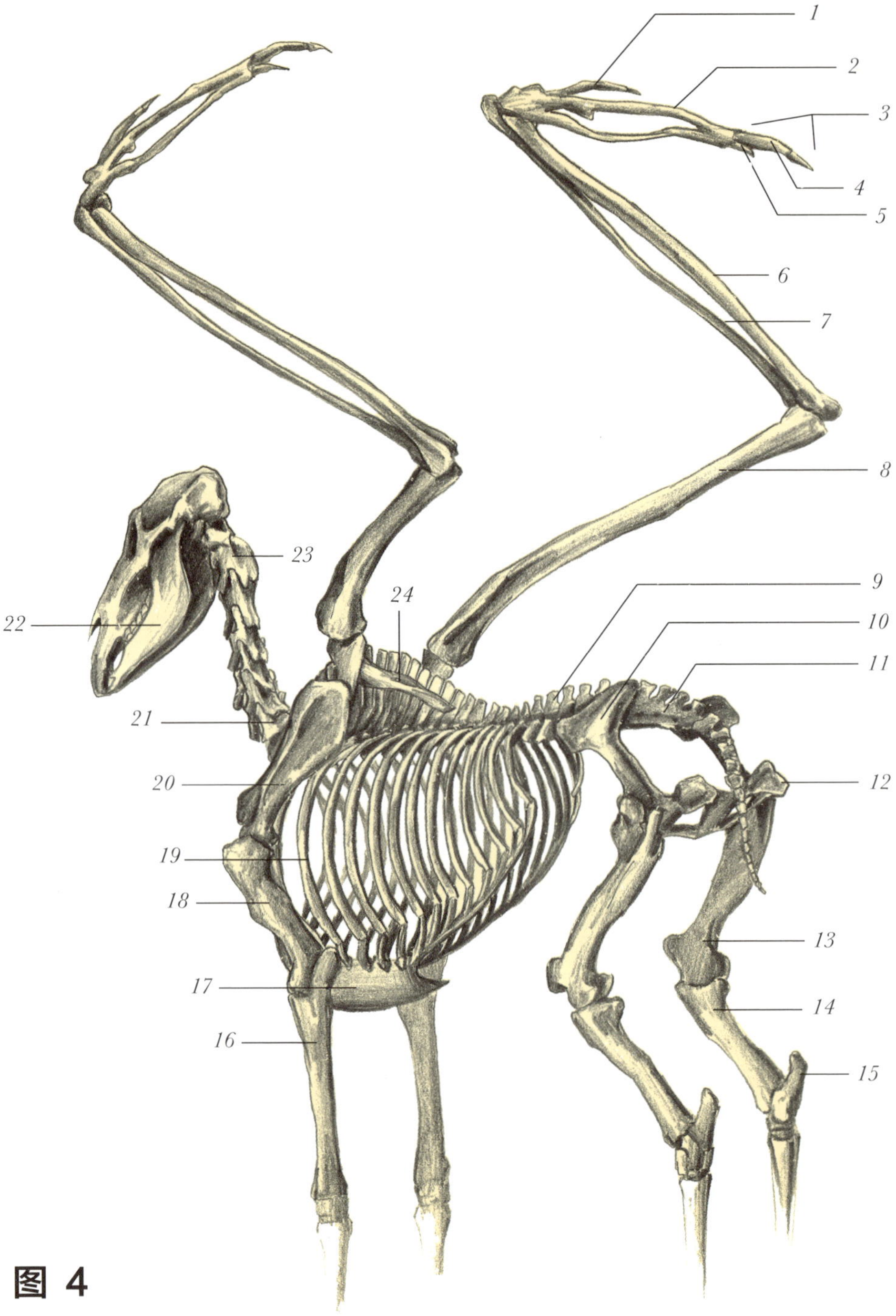

图 4

1- 第1指
2- 腕掌骨
3- 指骨
4- 第2指
5- 第3指
6- 尺骨
7- 桡骨
8- 肱骨
9- 椎骨
10- 盆骨
11- 骶骨
12- 坐骨结节
13- 股骨
14- 胫骨
15- 跟结
16- 桡骨
17- 胸骨突
18- 肱骨
19- 肋骨
20- 肩胛骨
21- 第7节颈椎
22- 下颌骨
23- 第1节颈椎
24- 肩胛背

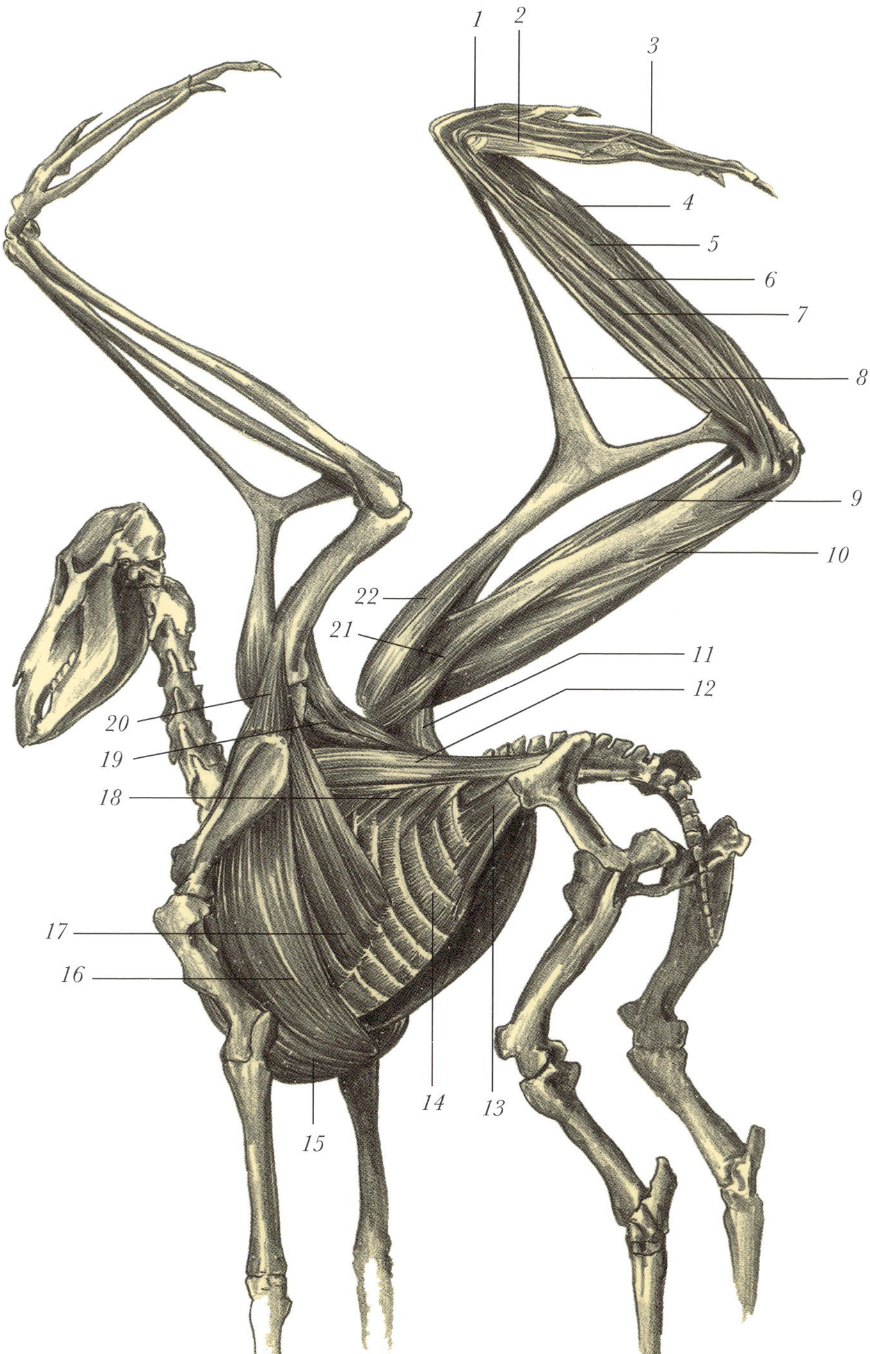

图 5

1– 小翼内收肌
2– 尺掌背侧肌
3– 大指长伸肌
4– 尺侧腕屈肌
5– 近端肘肌
6– 尺侧翼伸肌
7– 指总伸肌
8– 前翼膜张肌（长肌腱）
9– 肱二头肌
10– 肱三头肌
11– 后背阔肌
12– 背最长肌
13– 腹内斜肌
14– 肋间肌
15– 胸小肌
16– 胸肌
17– 胸前锯肌
18– 后锯肌
19– 肩胛鞘基后突缘
20– 滑移二头肌
21– 大三角肌
22– 前翼膜张肌

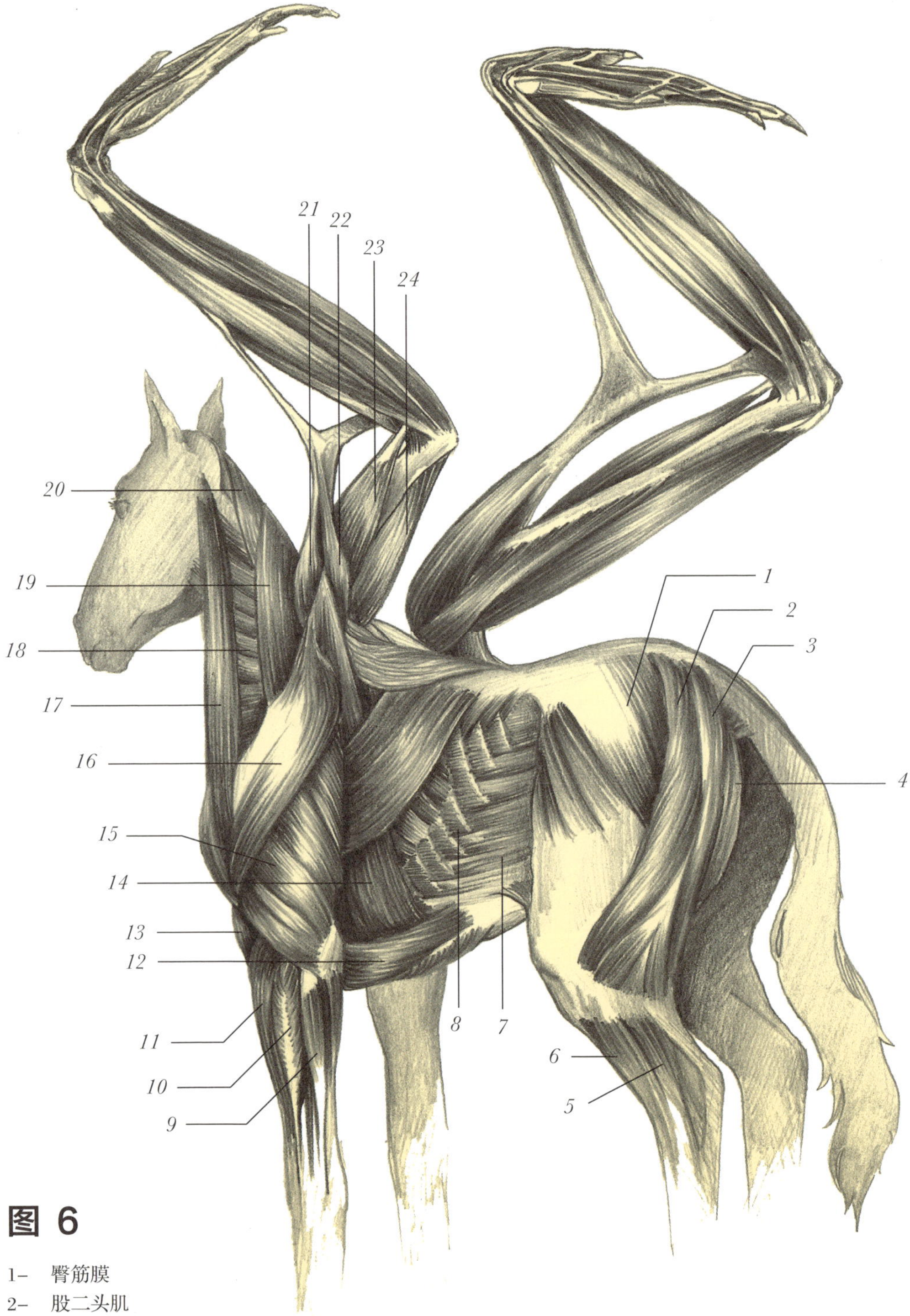

图 6

1– 臀筋膜
2– 股二头肌
3– 半腱肌
4– 半膜肌
5– 趾侧伸肌
6– 趾长伸肌
7– 内斜肌
8– 肋间肌
9– 尺侧腕伸肌
10– 趾总伸肌
11– 桡侧腕伸肌
12– 胸小肌
13– 中间肱肌
14– 胸肌
15– 肱三头肌
16– 三角肌
17– 肱头肌
18– 颈腹锯肌
19– 斜方肌
20– 棘肌
21– 前翼膜张肌
22– 滑移二头肌
23– 肱二头肌
24– 肱三头肌

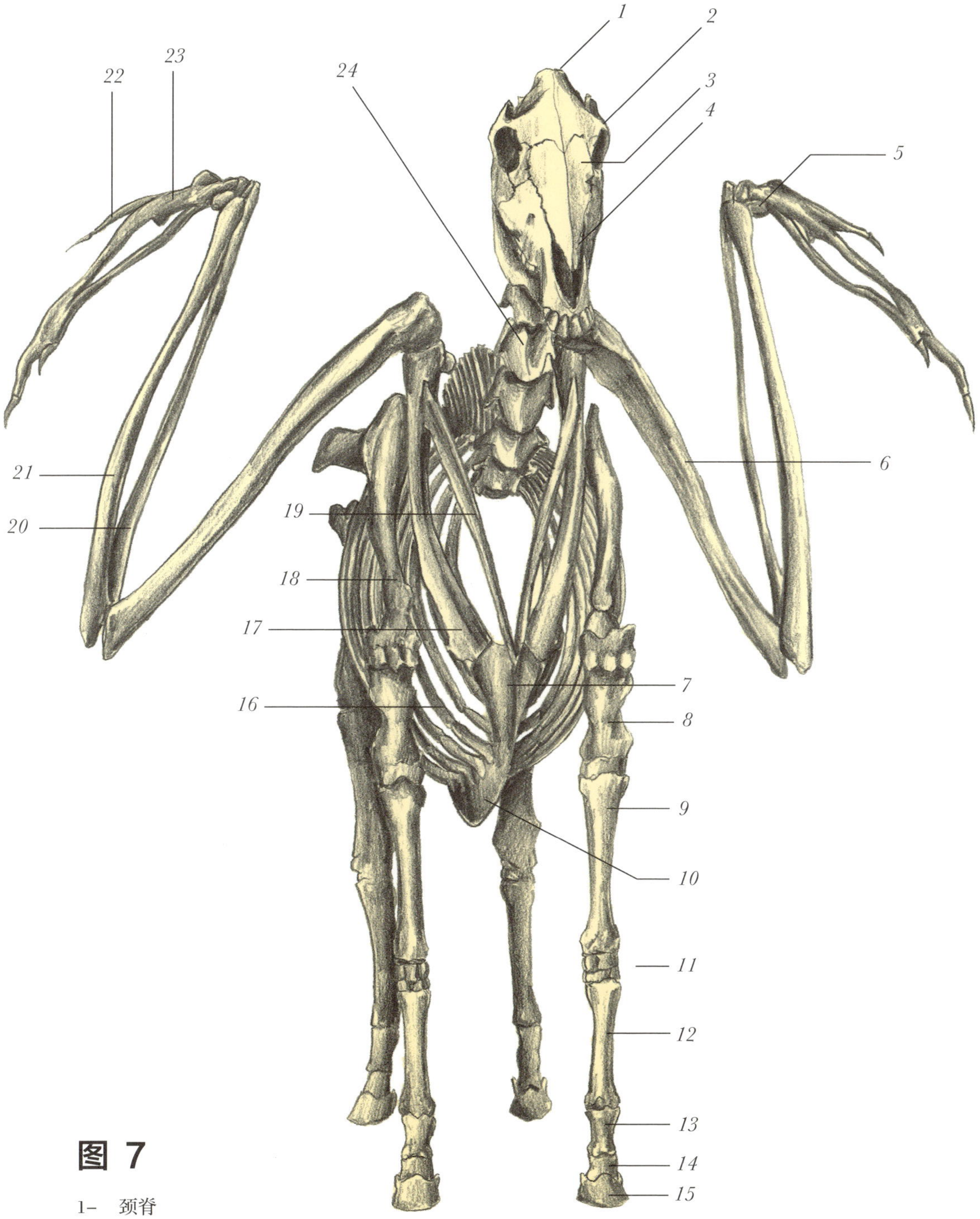

图 7

1– 颈脊
2– 额骨
3– 上颌骨
4– 鼻骨
5– 尺侧腕骨
6– 肱骨
7– 胸骨
8– 肱骨
9– 桡骨
10– 龙骨突
11– 腕骨
12– 第3掌骨
13– 近节趾骨
14– 中节趾骨
15– 远节趾骨
16– 肋骨
17– 乌喙骨
18– 肩胛骨
19– 叉骨
20– 桡骨
21– 尺骨
22– 第1指
23– 腕掌骨
24– 椎骨

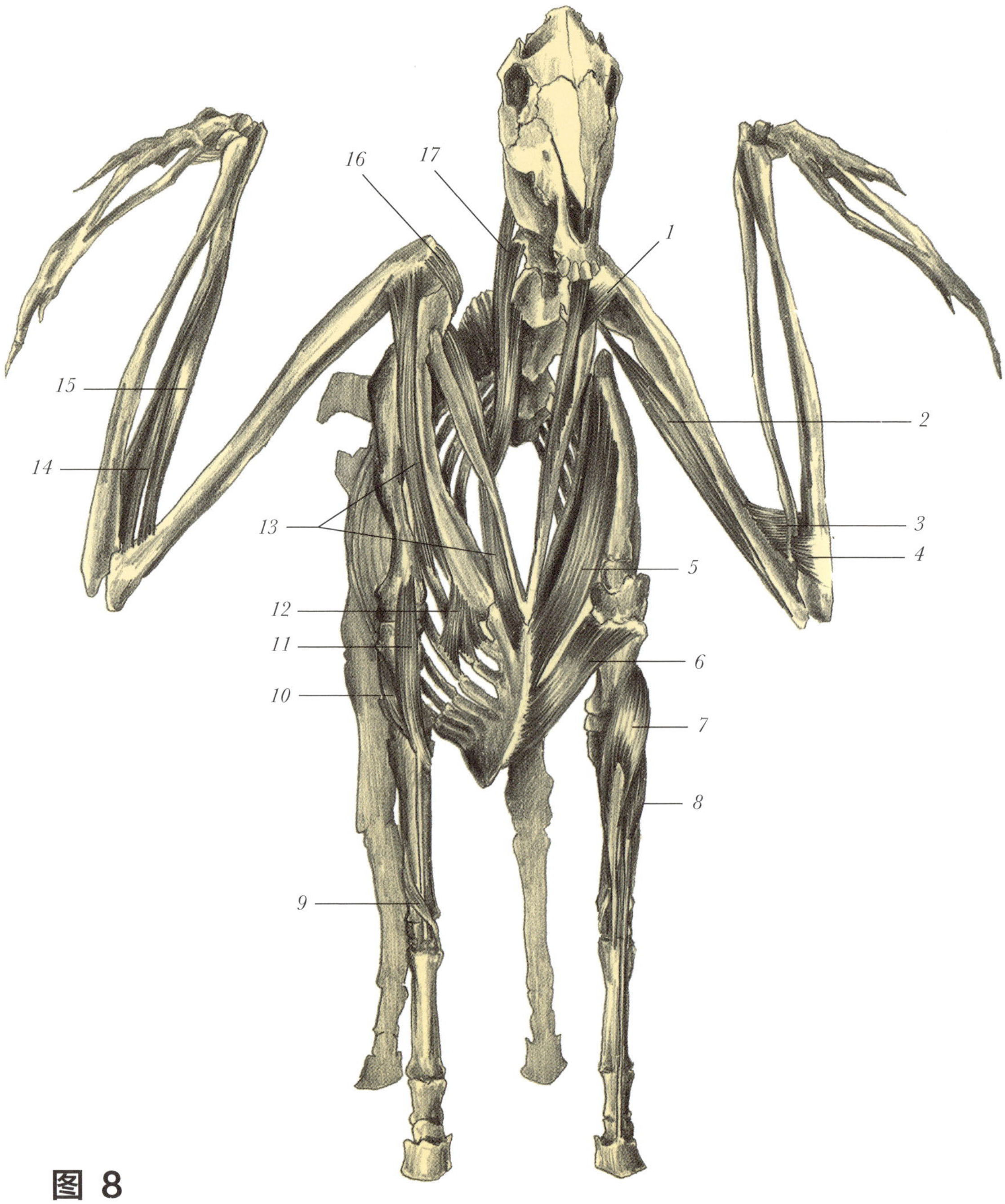

图 8

1– 小圆肌
2– 肱三头肌
3– 肱肌
4– 肘肌
5– 胸前肌
6– 胸横小肌
7– 桡侧腕伸肌
8– 趾总伸肌
9– 趾长收肌
10– 中间肱肌
11– 肱二头肌
12– 前侧喙突锯肌
13– 胸小肌
14– 旋前深肌
15– 旋前浅肌
16– 冈上肌
17– 头长肌

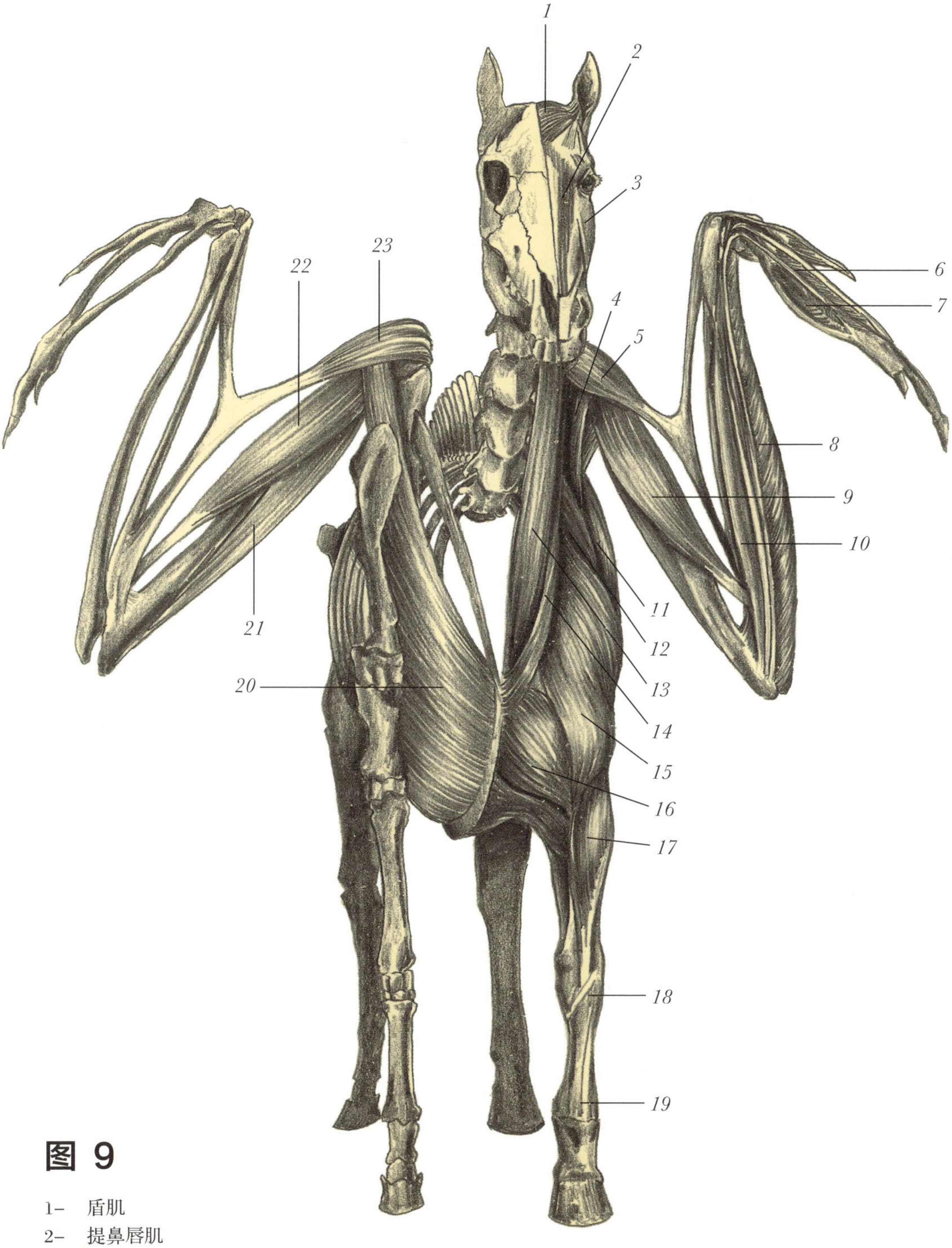

图 9

1– 盾肌
2– 提鼻唇肌
3– 咬肌
4– 胸大肌
5– 前翼膜张肌
6– 指浅屈肌
7– 腹侧骨间肌
8– 尺侧腕屈肌
9– 肱二头肌
10– 旋前浅肌
11– 斜方肌
12– 冈上肌
13– 锁骨乳突肌
14– 前侧颈部肌肉
15– 肱头肌
16– 胸大肌
17– 桡侧腕伸肌
18– 趾长收肌
19– 趾总伸肌
20– 胸肌
21– 肱三头肌
22– 肱二头肌
23– 前翼膜张肌

显然，东方龙是布莱克医生创造出的所有动物中可信度最高的。他认为这种动物很可能在今天依然存在。通过他的描述可以得知，这是一种大型两栖动物，从解剖学角度看，它与所属纲下的其他动物基本相同。布莱克认为，龙是世界上最伟大的神兽之一，没有任何天敌，活动也不受任何地域界限的限制。

有趣的是，布莱克医生还在笔记中提到了各种各样的西方（火）龙。这表示他愿意相信这些动物都是可能存在的，尽管它们看起来并不像。

东方龙

界	动物界	科	魔龙科
门	脊椎动物门	属	龙属
纲	两栖纲	种	东方龙种
目	有尾目		

这具尸骸是我在日本东部的中乌岛[①]上的一座古老寺庙中发现的。在同行人员中，我是唯一一个相信尸骸真实性的人，于是我将这具骸骨买了下来。但我总觉得它其实只是一条巨蛇，而事实也和我的印象很接近，这具尸骸确实与蛇极其相似。骸骨全长四十英尺。尽管颅骨只剩下一小部分，但我重塑了这个令人惊讶不已、敬畏非常的动物。它庞大的身躯、节节突起的脊椎、尖利的爪子和优秀的自保能力，都是它能在当前环境下生存的优势。

其他种类的龙，尤其是西方龙，可能是这种龙的祖先，不过我觉得它们之间的血缘关系相距较远。西方龙身生双翼，口能吐火，比这种东方龙看起来更接近海怪或九头蛇。鉴于尚未开展针对西方龙的研究，我无法以科学的角度肯定这一判断。

悠久的东方传说中详尽描述了该地区特有的龙，让人感觉作者似乎对这种动物相当了解。和很多小型的蛇、蜥蜴以及两栖动物一样，龙也会衍生出多个不同变种（型体不同、习性不同），以适应特殊需求和环境。当然，很多类型的龙都早已灭绝，但并非全部。我实在难以相信这类动物已经不复存在了。它们肯定还生活在最幽深的海底或者最幽暗的沼泽。

① 别名“恒河岛”，据说是曾存在于太平洋海域的幻岛。—— 译者注

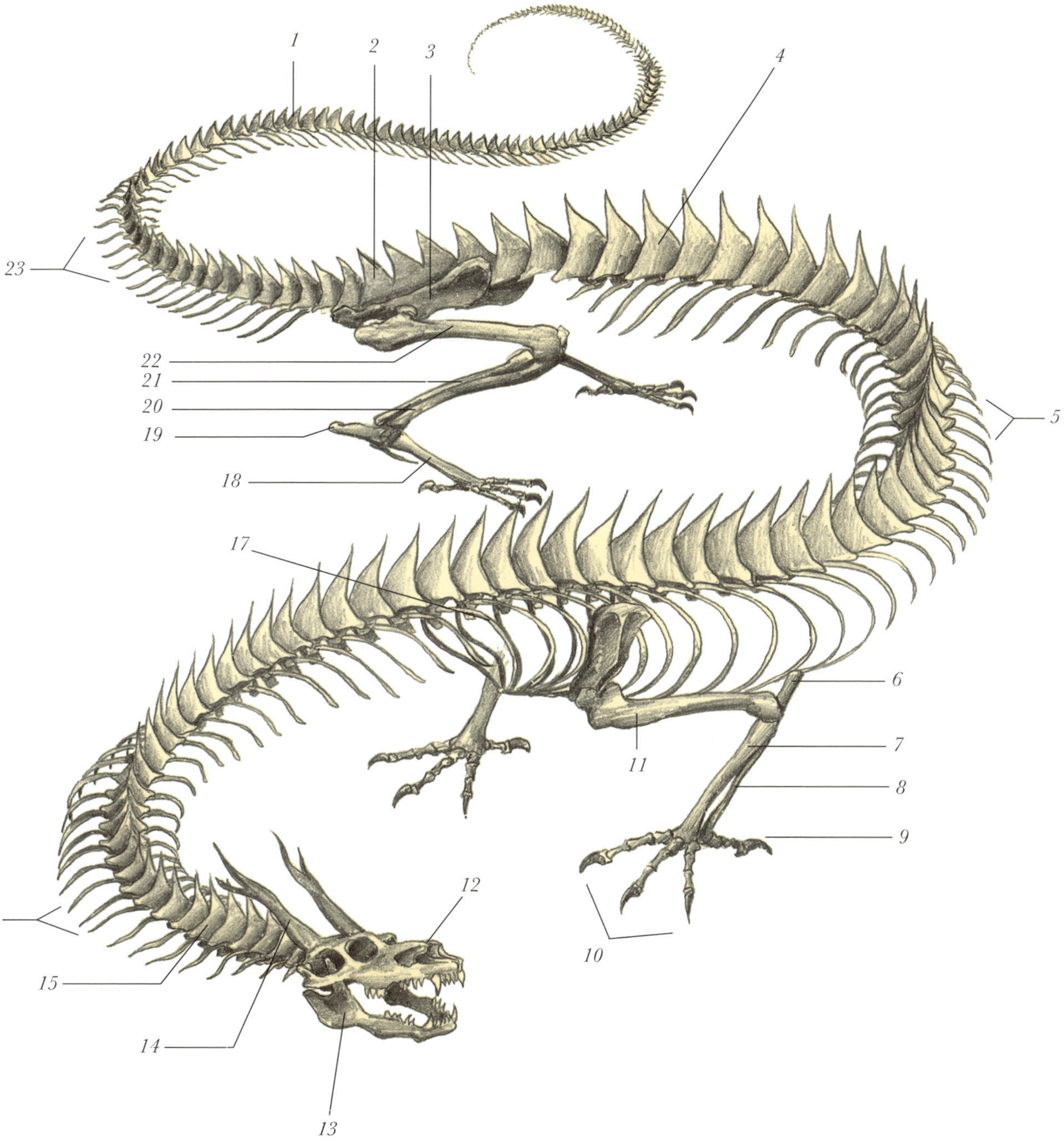

图 1

1– 尾部棘突	7– 桡骨	13– 下颌骨	19– 跟结
2– 骶骨	8– 尺骨	14– 角	20– 胫骨
3– 盆骨	9– 后趾（第1趾）	15– 颈部棘突	21– 腓骨
4– 腰椎棘突	10– 趾骨	16– 颈肋	22– 股骨
5– 胸肋	11– 肱骨	17– 第1胸肋	23– 尾肋
6– 鹰嘴	12– 鼻骨	18– 跖骨	

图 2

1– 尾部
2– 阔筋膜张肌
3– 缝匠肌
4– 髂肋肌
5– 腰腹肌肉群
6– 背最长肌
7– 背阔肌
8– 肱三头肌
9– 趾总伸肌
10– 锁臂肌
11– 三角肌
12– 斜方肌
13– 胸大肌
14– 提鼻唇肌
15– 眼轮匝肌
16– 颊肌
17– 咬肌
18– 颈部肌肉群
19– 髂肋肌
20– 股二头肌
21– 半腱肌
22– 半膜肌
23– 尾部内收肌群

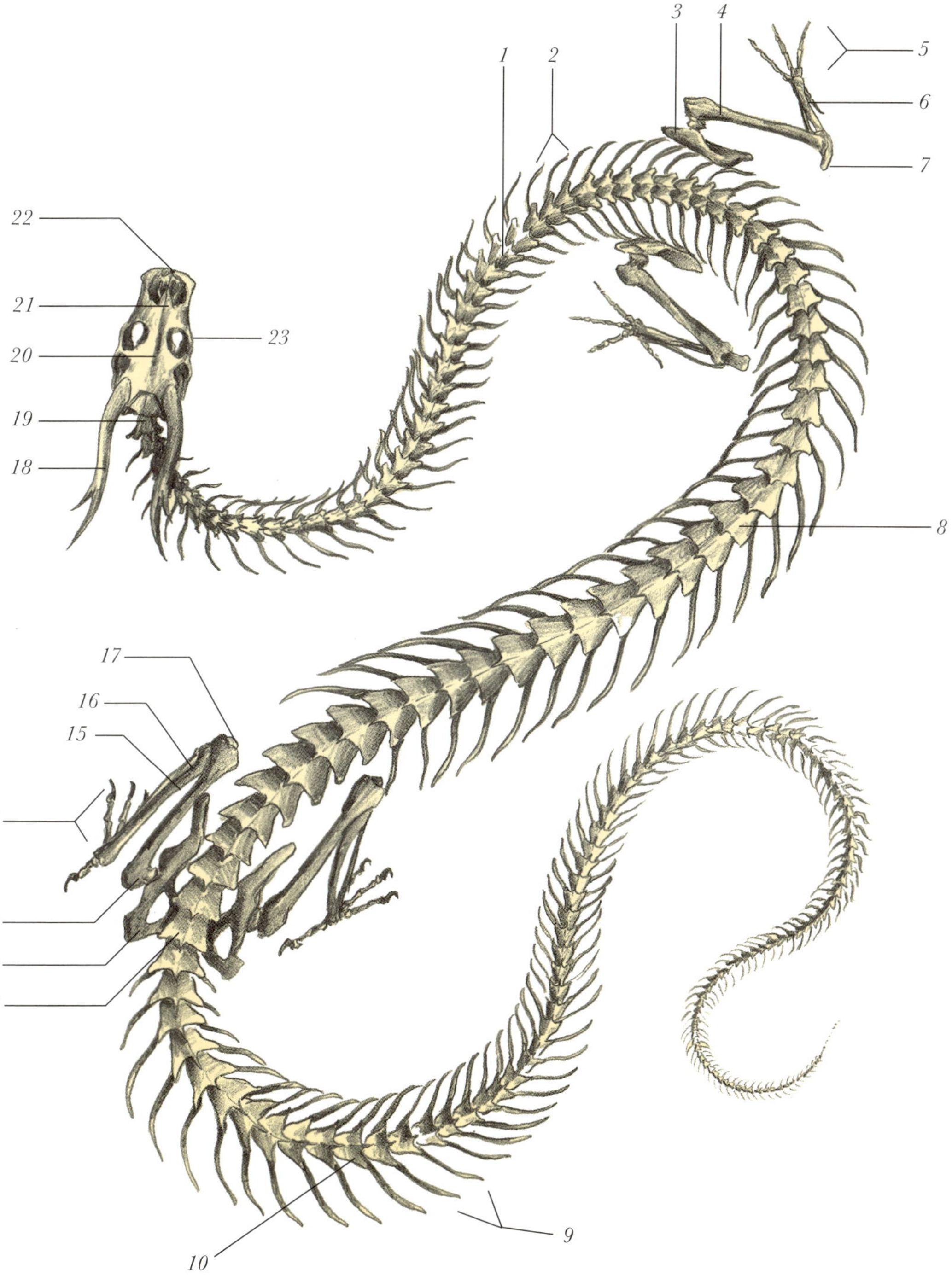

图 3

1– 颈部棘突	7– 鹰嘴	13– 股骨	19– 第1节颈椎（寰椎）
2– 颈肋	8– 胸椎棘突	14– 趾骨	20– 顶骨
3– 肩胛骨	9– 尾肋	15– 胫骨	21– 鼻骨
4– 肱骨	10– 尾椎棘突	16– 腓骨	22– 切齿骨
5– 趾骨	11– 骶骨	17– 膝盖骨	23– 颧弓
6– 桡骨	12– 盆骨	18– 角	

图 4

1– 髂肋肌
2– 斜方肌
3– 三角肌
4– 肱三头肌
5– 尺侧腕伸肌
6– 趾侧伸肌
7– 背阔肌
8– 髂肋肌
9– 半腱肌
10– 小腿内收肌
11– 股大肌
12– 臀中肌
13– 背最长肌
14– 提耳廓肌
15– 盾肌
16– 提鼻唇肌
17– 颧肌

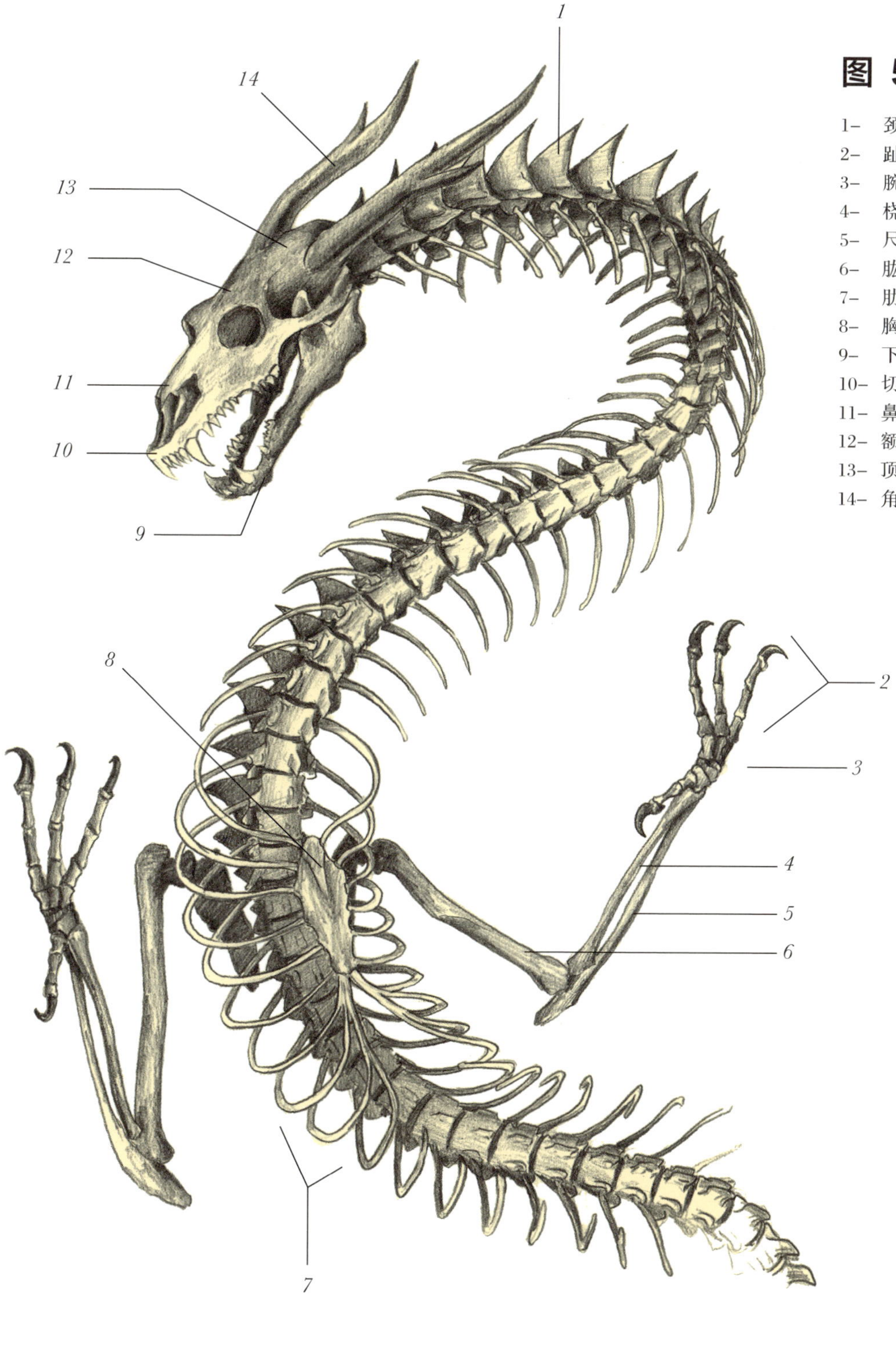

图 5

1– 颈椎棘突
2– 趾骨
3– 腕骨
4– 桡骨
5– 尺骨
6– 肱骨
7– 肋骨
8– 胸骨
9– 下颌骨
10– 切齿骨
11– 鼻骨
12– 额骨
13– 顶骨
14– 角

图 6

1– 背最长肌
2– 髂肋肌
3– 颈部肌肉群
4– 胸大肌
5– 三角肌
6– 肱二头肌
7– 肱三头肌
8– 肱桡肌
9– 桡侧腕屈肌
10– 掌长肌
11– 肱肌
12– 腹后肌群
13– 肋锯肌
14– 尺侧腕屈肌
15– 第1趾内收长肌和第1趾内收短肌
16– 提鼻唇肌
17– 眼轮匝肌
18– 颞肌
19– 咬肌
20– 颊肌
21– 翼肌

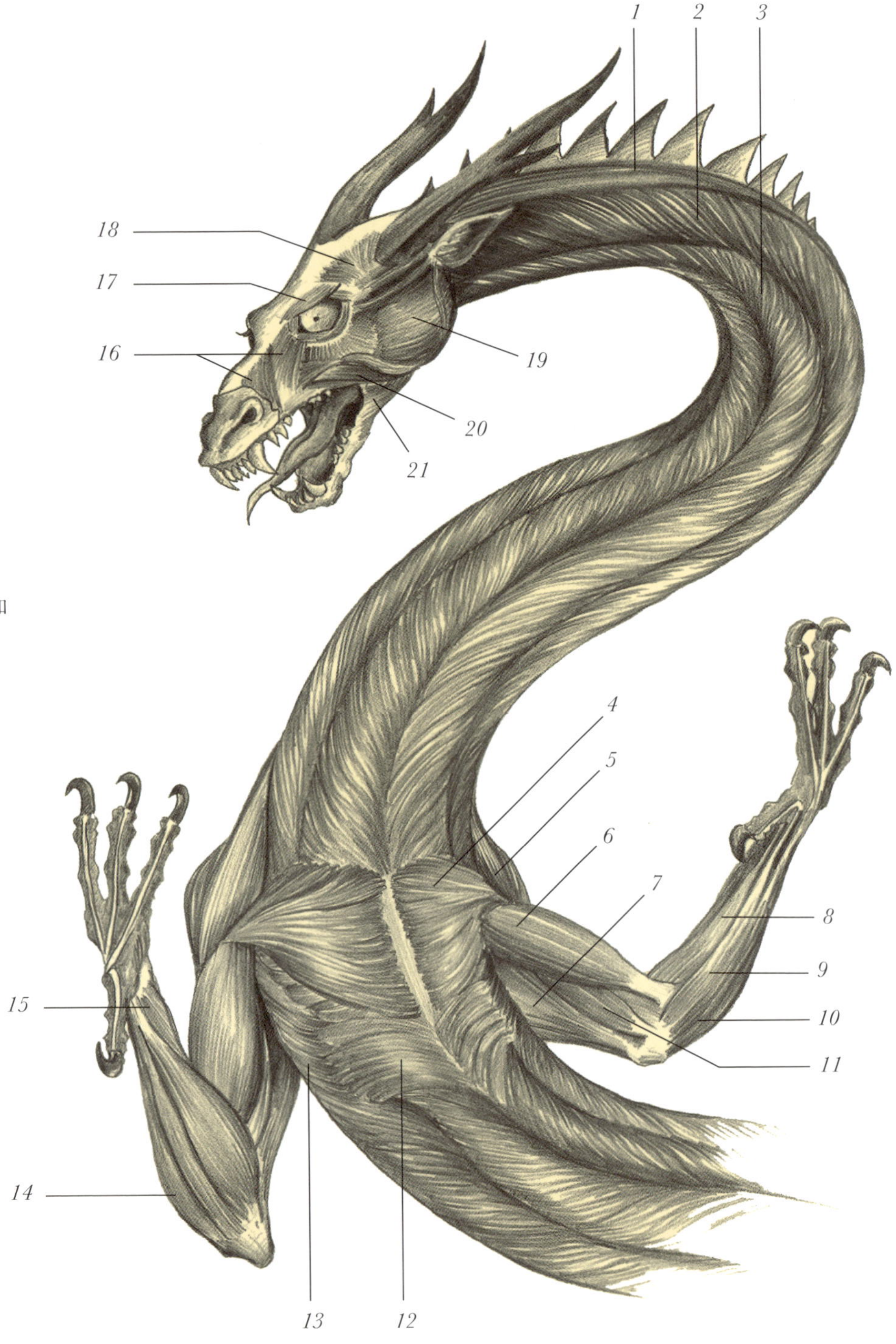

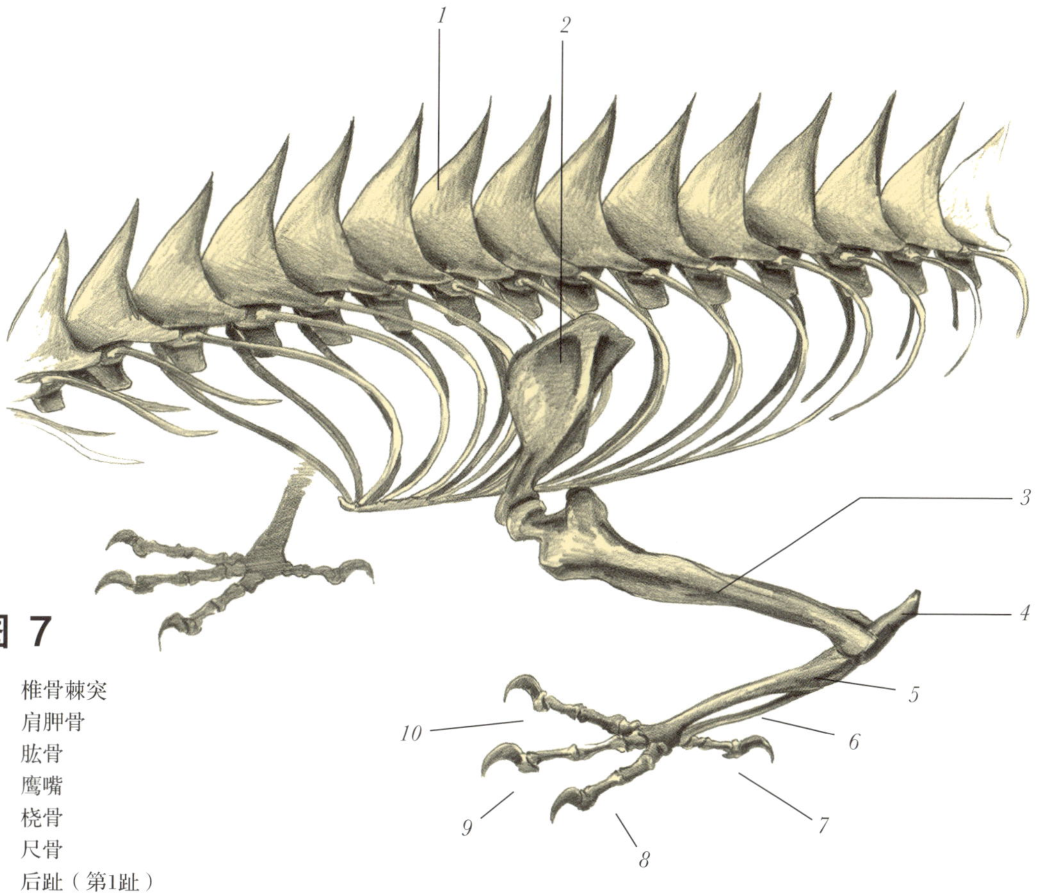

图 7

1- 椎骨棘突
2- 肩胛骨
3- 肱骨
4- 鹰嘴
5- 桡骨
6- 尺骨
7- 后趾（第1趾）
8- 第4趾
9- 第3趾
10- 第2趾

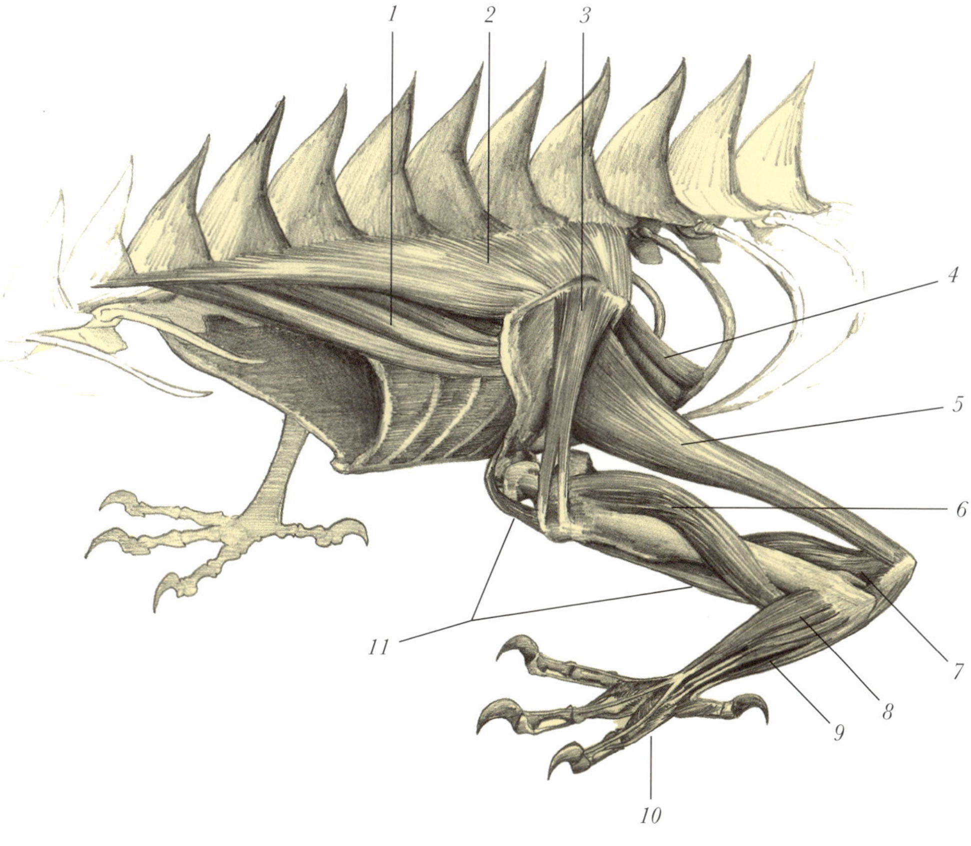

图 8

1- 腹锯肌
2- 菱形肌
3- 冈下肌
4- 背锯肌
5- 肱三头肌
6- 肱肌
7- 肘肌
8- 桡侧腕伸肌
9- 趾侧伸肌
10- 固有趾伸肌
11- 肱二头肌

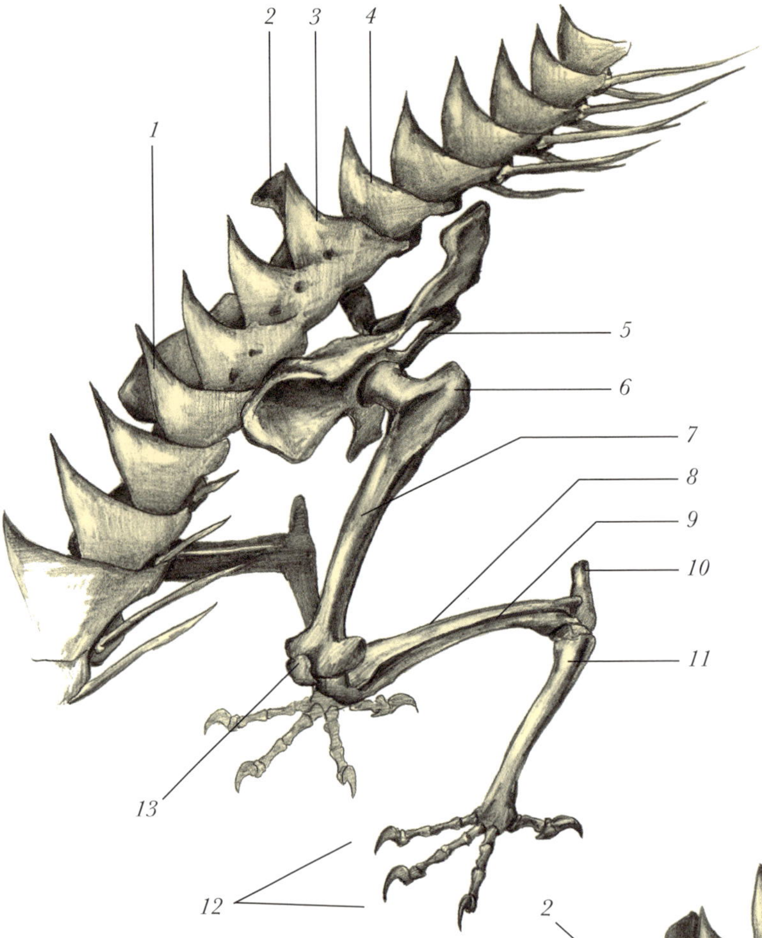

图 9

1- 棘突
2- 坐骨
3- 骶骨
4- 第1节尾椎
5- 盆骨
6- 大转子
7- 股骨
8- 腓骨
9- 胫骨
10- 跟结
11- 跖骨
12- 趾骨
13- 膝盖骨

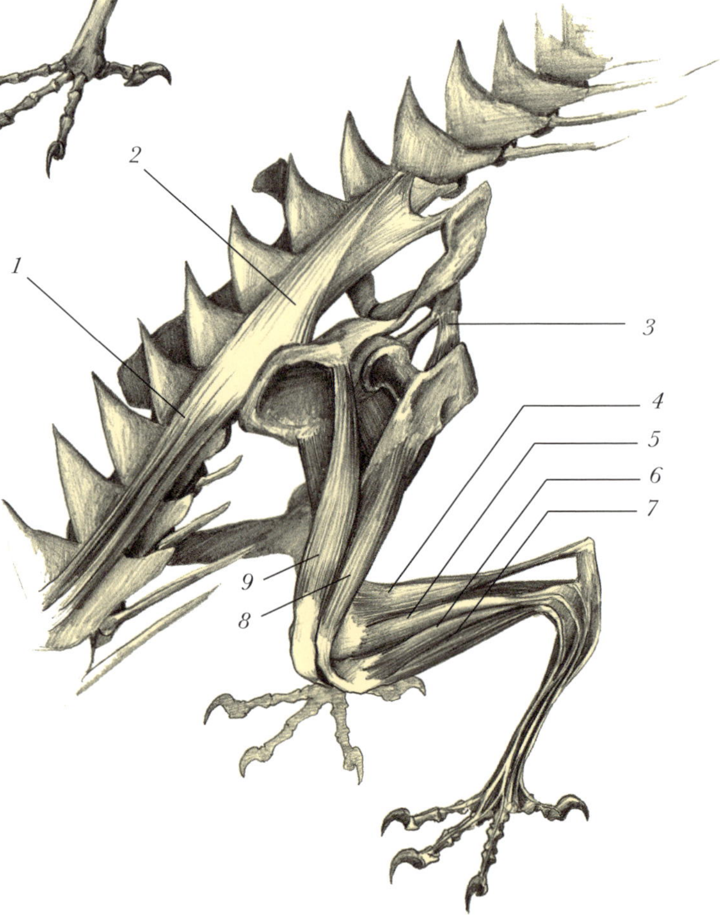

图 10

1- 背最长肌
2- 背腰筋膜
3- 股薄肌
4- 腓肠肌
5- 趾深屈肌
6- 趾侧伸肌
7- 趾长伸肌
8- 股外侧肌
9- 股直肌

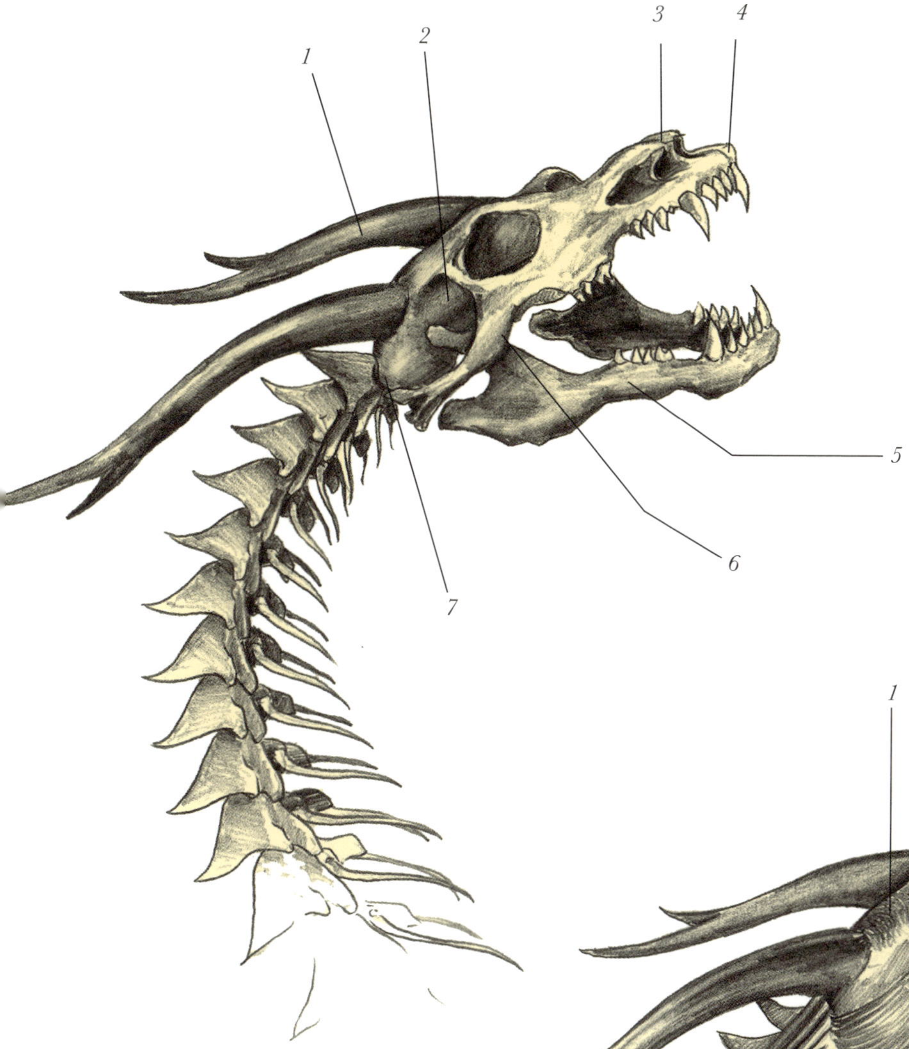

图 11

1– 角
2– 颞骨
3– 鼻骨
4– 切齿骨
5– 下颌骨
6– 颧弓
7– 寰椎（第1节颈椎）

图 12

1– 颞肌
2– 眼轮匝肌
3– 提鼻唇肌
4– 颊肌
5– 翼肌
6– 咬肌
7– 背内斜肌
8– 棘肌和半棘肌

鉴于半人马的重量，布莱克医生可能会使用制作飞马时所用的设计复杂的滑轮系统。我们有理由认为，他制作的大部分标本还存在于世，只不过都在私人收藏家手中。

布莱克是一位优秀的标本制作大师，很多收藏家都对他的作品趋之若鹜，而且所费不菲。布莱克曾提到自己一直在保加利亚某个小村庄寻找证据，但并没有其他考古学家证实他所说的真实性。

半人马

界	动物界	科	人马科
门	脊椎动物门	属	半人马属
纲	哺乳纲	种	半人马种
目	奇蹄目		

关于此类动物的传说多有道听途说之嫌，且听上去并不美好。半人马可能遭遇过捕猎，并因此灭绝。我找到它们的骸骨时，发现它们是被切成很多小块后才下葬的。这说明它们的敌人穷凶极恶，对它们施加了十分残酷的极刑。不过，半人马在自然历史上存在的时间不算短，因此留下了很多变种，比如长着马蹄的“半人马”、身有双翼的“半人马”、半人半牛或半人半驴的“半人马”，而且可能还有更多其他变种。

我是从巴尔干半岛索菲亚东部的一个保加利亚小村庄找到这具研究标本的。我找到了大量证据，这说明进一步的挖掘研究可以带来更多更大的人类学成就。遗憾的是，我无法在这个美丽村庄中买地置产、长久居住。也许有一天，另一位科学家的研究能够为世人揭示这个文明，揭开伟大的半人马的神力秘密。

图 1

1– 顶骨
2– 颞骨
3– 枕骨
4– 椎骨
5– 肩胛骨
6– 肱骨
7– 肩胛骨
8– 第10节胸椎
9– 第5节腰椎
10– 骶骨
11– 盆骨
12– 坐骨
13– 股骨
14– 腓骨
15– 胫骨
16– 跟结
17– 跗骨
18– 第3掌骨
19– 近节指骨（骹骨）
20– 中节趾骨（蹄冠）
21– 远节趾骨（蹄骨）
22– 鹰嘴
23– 第3掌骨
24– 腕骨
25– 桡骨
26– 肱骨
27– 指骨
28– 掌骨
29– 腕骨
30– 尺骨
31– 桡骨
32– 胸骨
33– 下颌骨
34– 上颌骨
35– 颧弓
36– 颧骨突
37– 额骨

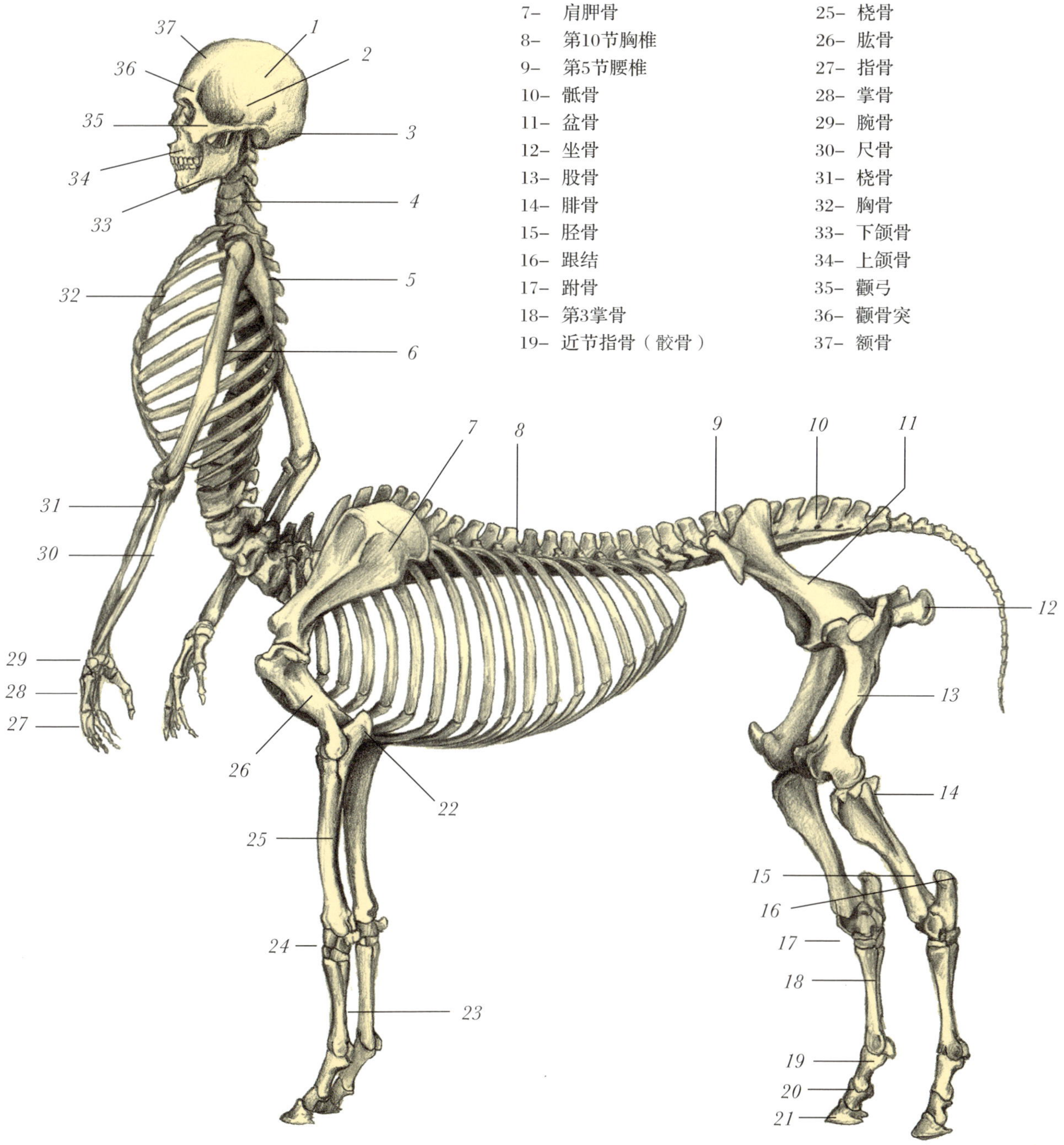

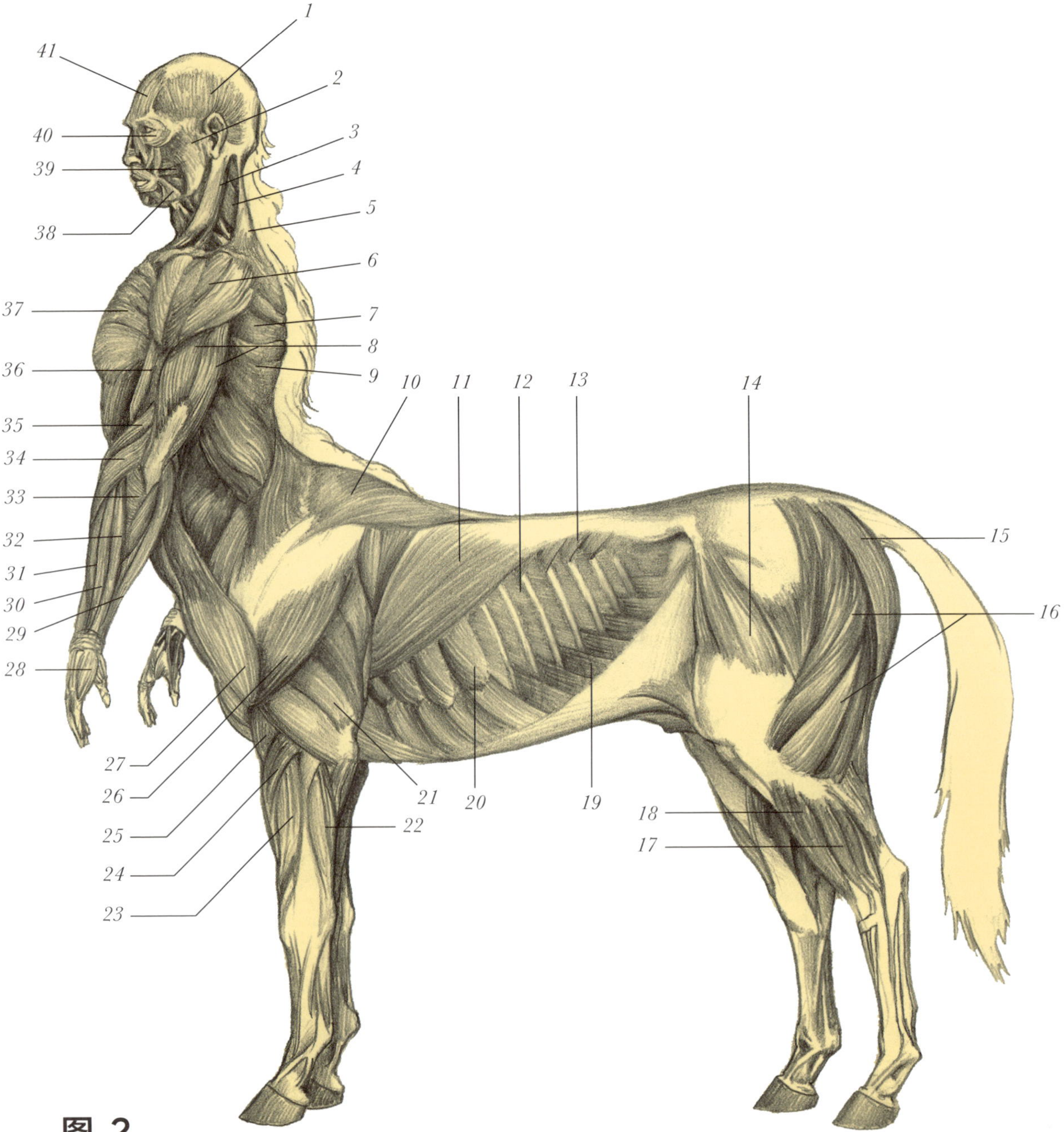

图 2

1– 颞肌
2– 咬肌
3– 胸锁乳突肌
4– 肩胛提肌
5– 斜方肌
6– 三角肌
7– 大圆肌
8– 肱三头肌
9– 背阔肌
10– 斜方肌
11– 背阔肌
12– 外肋间肌
13– 后锯肌
14– 阔筋膜张肌
15– 半腱肌
16– 股二头肌
17– 趾侧伸肌
18– 胫骨后肌
19– 腹外斜肌
20– 胸锯肌
21– 肱三头肌
22– 尺侧腕伸肌
23– 趾总伸肌
24– 桡侧腕伸肌
25– 肱肌
26– 三角肌
27– 肱头肌
28– 小鱼际肌
29– 指浅屈肌
30– 指总伸肌
31– 桡侧腕短伸肌
32– 尺侧腕伸肌
33– 肘肌
34– 桡侧腕伸肌
35– 肱桡肌
36– 肱二头肌
37– 胸大肌
38– 口三角肌
39– 笑肌
40– 眼轮匝肌
41– 额肌

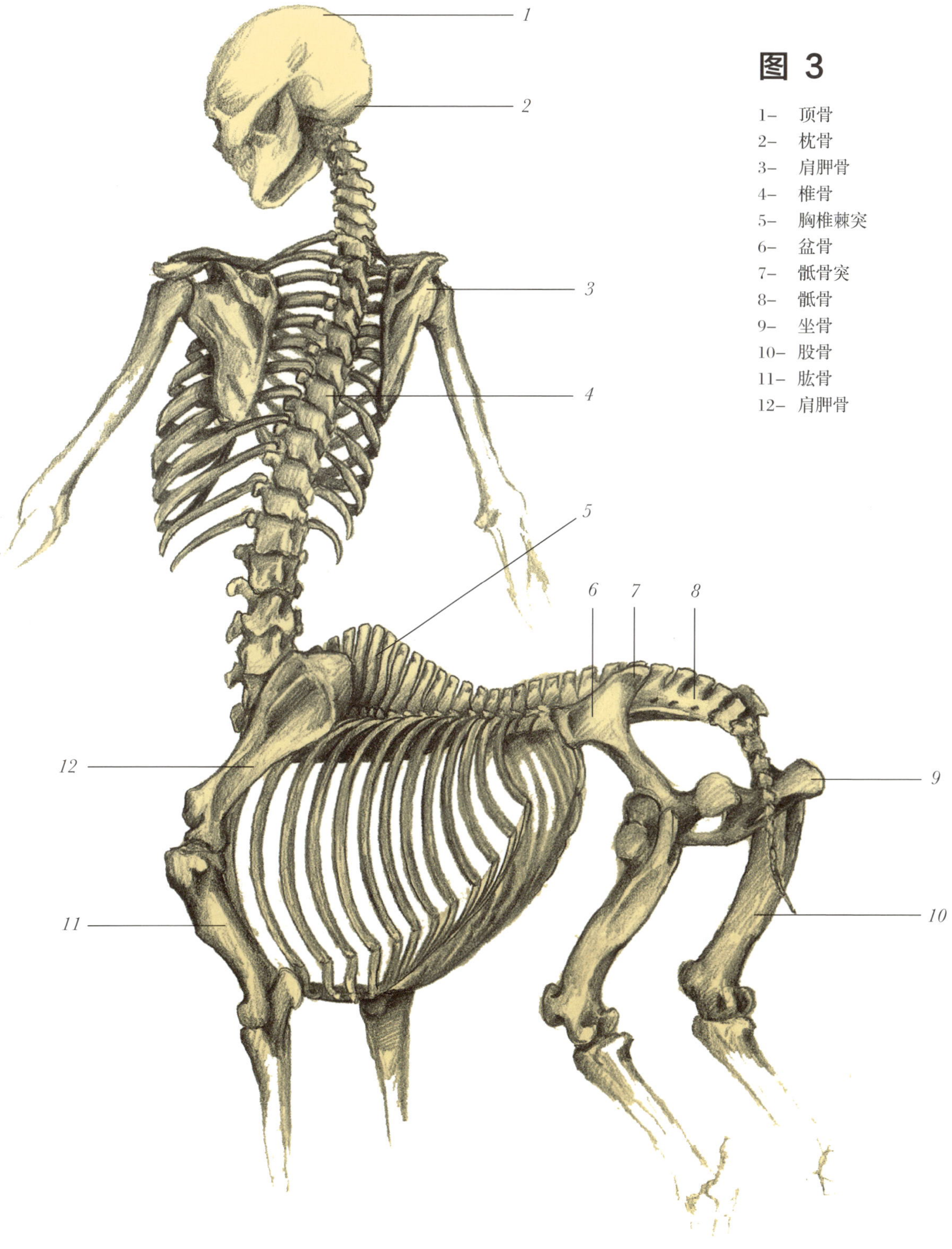

图 3

1– 顶骨
2– 枕骨
3– 肩胛骨
4– 椎骨
5– 胸椎棘突
6– 盆骨
7– 骶骨突
8– 骶骨
9– 坐骨
10– 股骨
11– 肱骨
12– 肩胛骨

图 4

1– 胸锁乳突肌
2– 斜方肌
3– 三角肌
4– 肱三头肌
5– 背阔肌
6– 斜方肌
7– 背阔肌
8– 外肋间肌
9– 阔筋膜张肌
10– 臀浅肌
11– 股二头肌
12– 半腱肌
13– 半膜肌
14– 股薄肌
15– 趾长伸肌
16– 腹外斜肌
17– 桡侧腕伸肌
18– 肱三头肌
19– 腹锯肌
20– 三角肌
21– 肱头肌
22– 胸侧臀肌
23– 腹外斜肌
24– 大圆肌
25– 小圆肌
26– 冈下肌

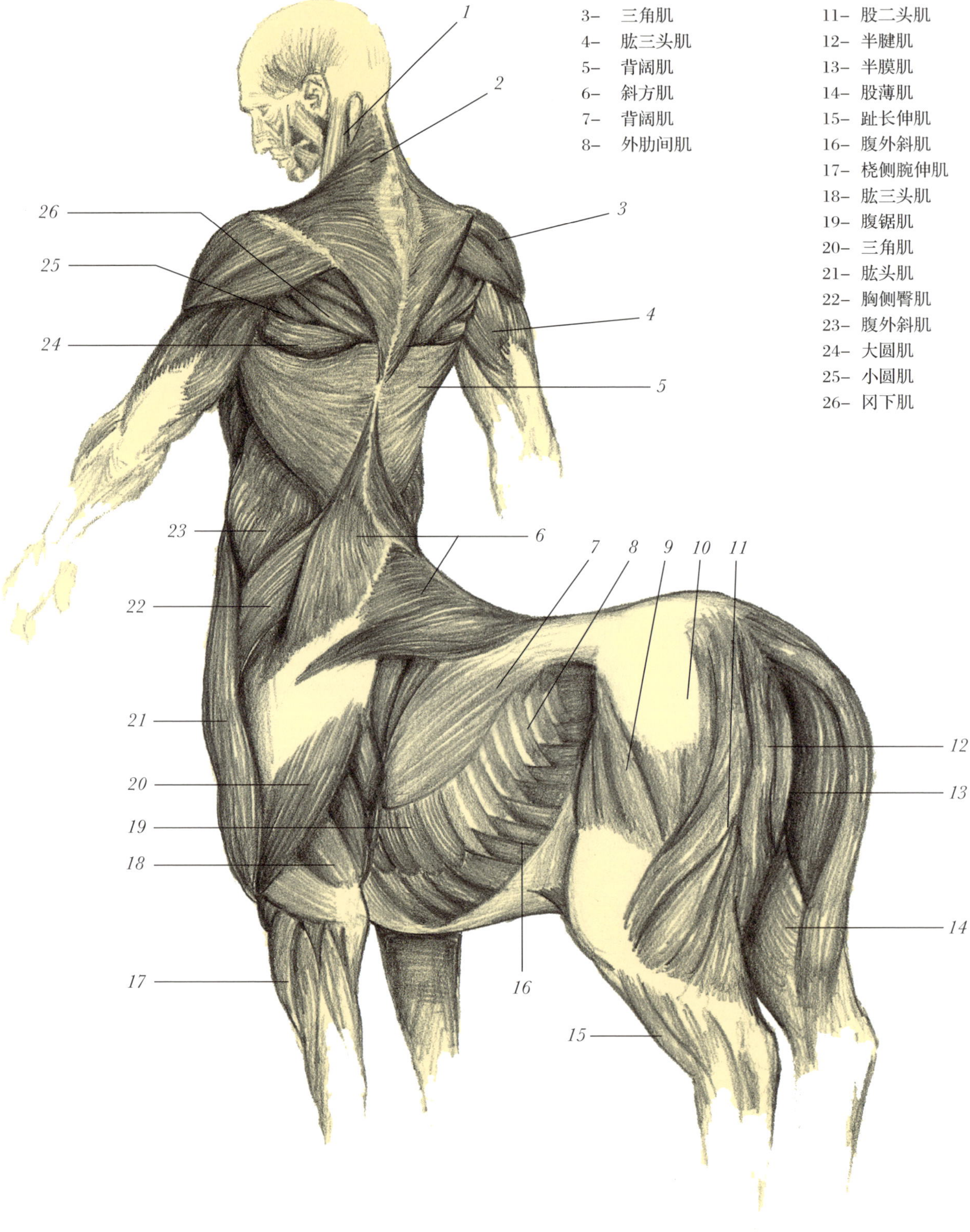

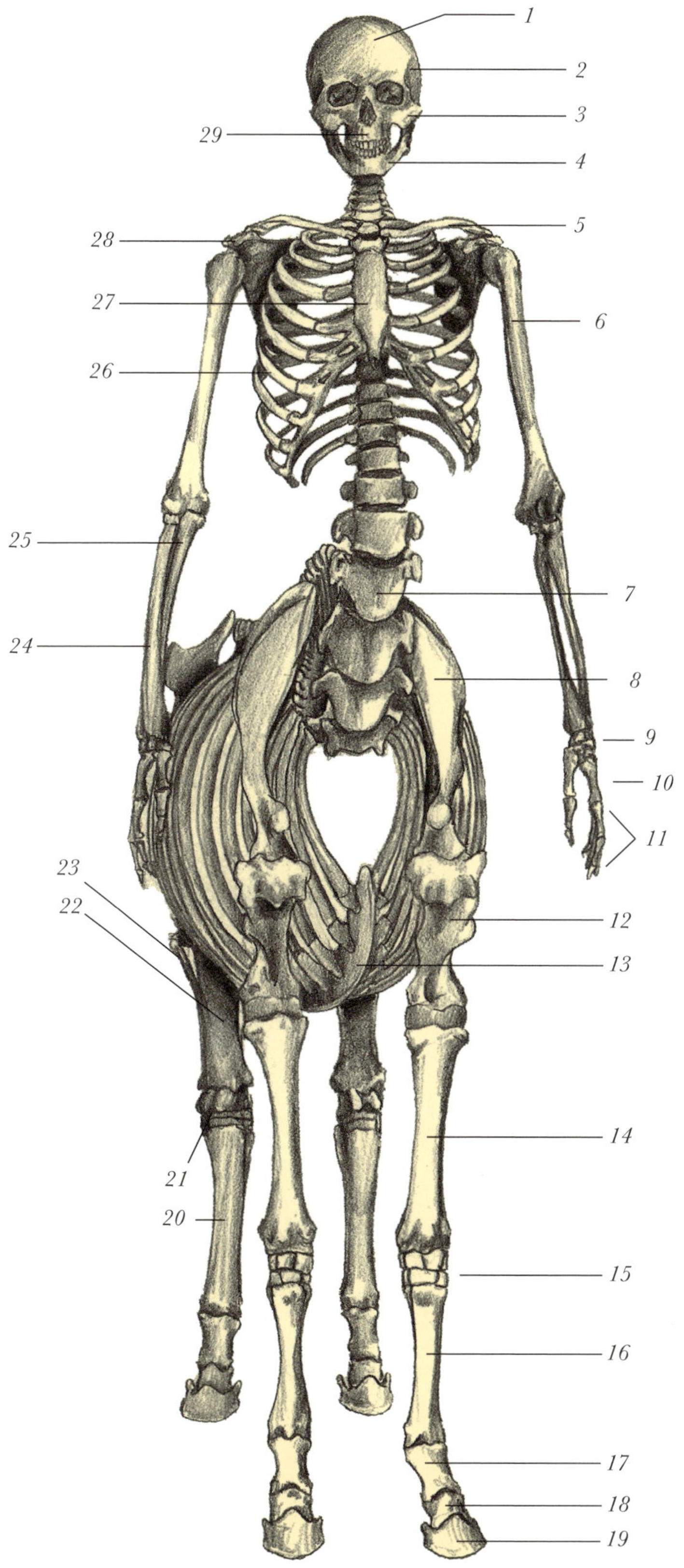

图 5

1– 额骨
2– 颞骨
3– 颧弓
4– 下颌骨
5– 锁骨
6– 肱骨
7– 腰颈椎骨
8– 肩胛骨
9– 腕骨
10– 掌骨
11– 指骨
12– 肱骨
13– 胸骨
14– 桡骨
15– 腕骨
16– 第3掌骨
17– 近节趾骨
18– 中节趾骨
19– 远节趾骨
20– 第3掌骨
21– 跗骨
22– 胫骨
23– 腓骨
24– 桡骨
25– 尺骨
26– 肋骨
27– 胸骨
28– 肩胛骨
29– 上颌骨

图 6

1– 额肌
2– 眼轮匝肌
3– 提上唇肌
4– 降口角肌
5– 胸锁乳突肌
6– 三角肌
7– 胸大肌
8– 肱二头肌
9– 腹直肌
10– 肱桡肌
11– 桡侧腕伸肌
12– 胸腹肌
13– 皮下腰颈肌
14– 肱头肌
15– 胸大肌
16– 肱肌
17– 桡侧腕伸肌
18– 桡侧腕屈肌
19– 肱三头肌
20– 鱼际肌
21– 桡侧腕屈肌
22– 旋前圆肌
23– 肱肌
24– 锯肌
25– 斜方肌
26– 轮匝肌

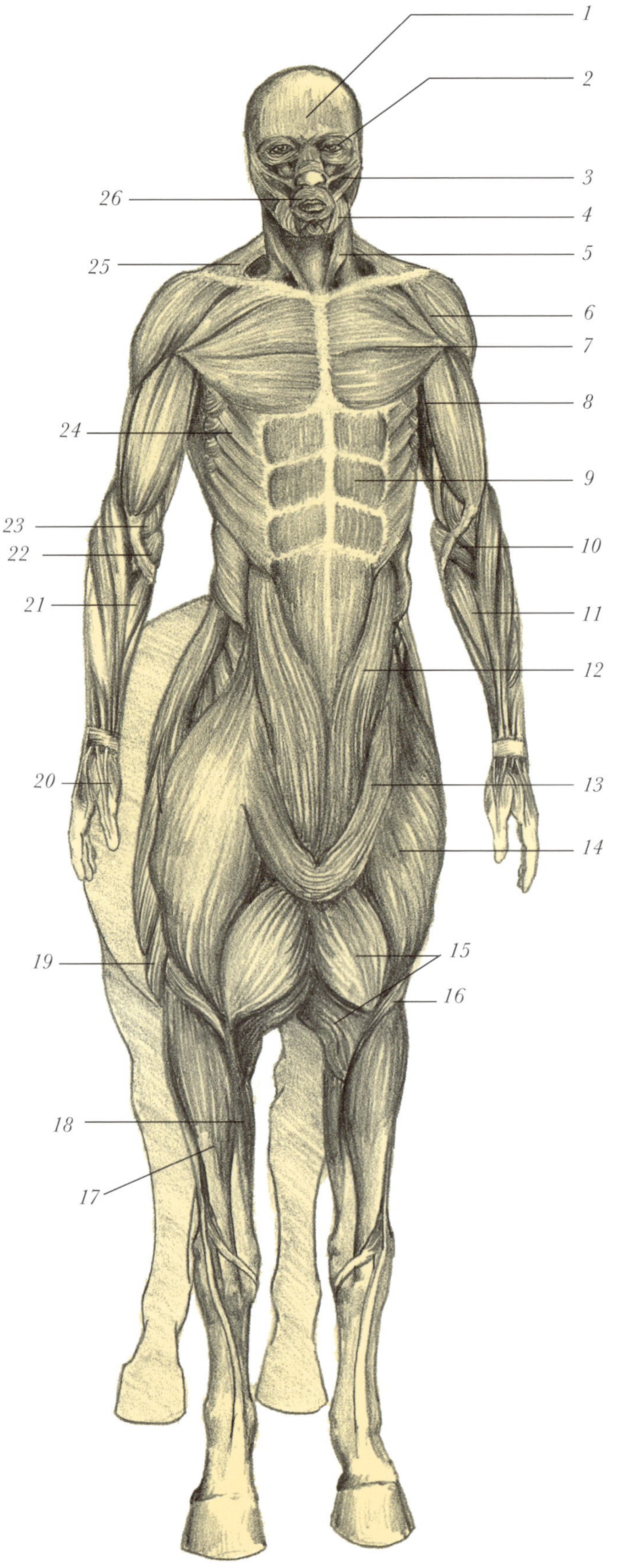

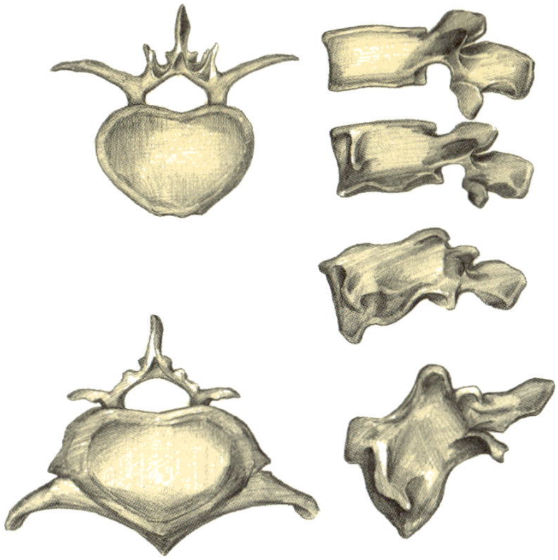

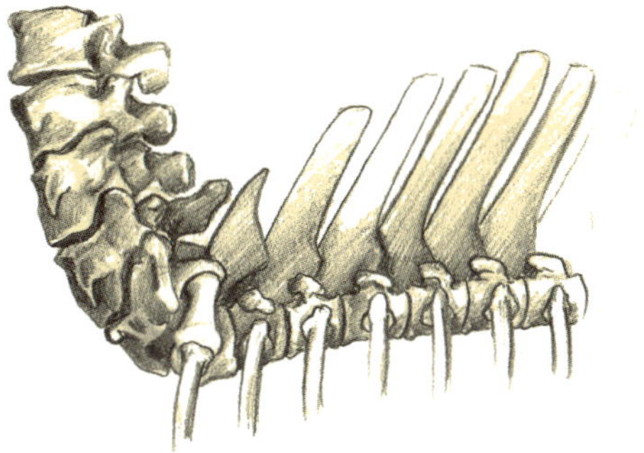

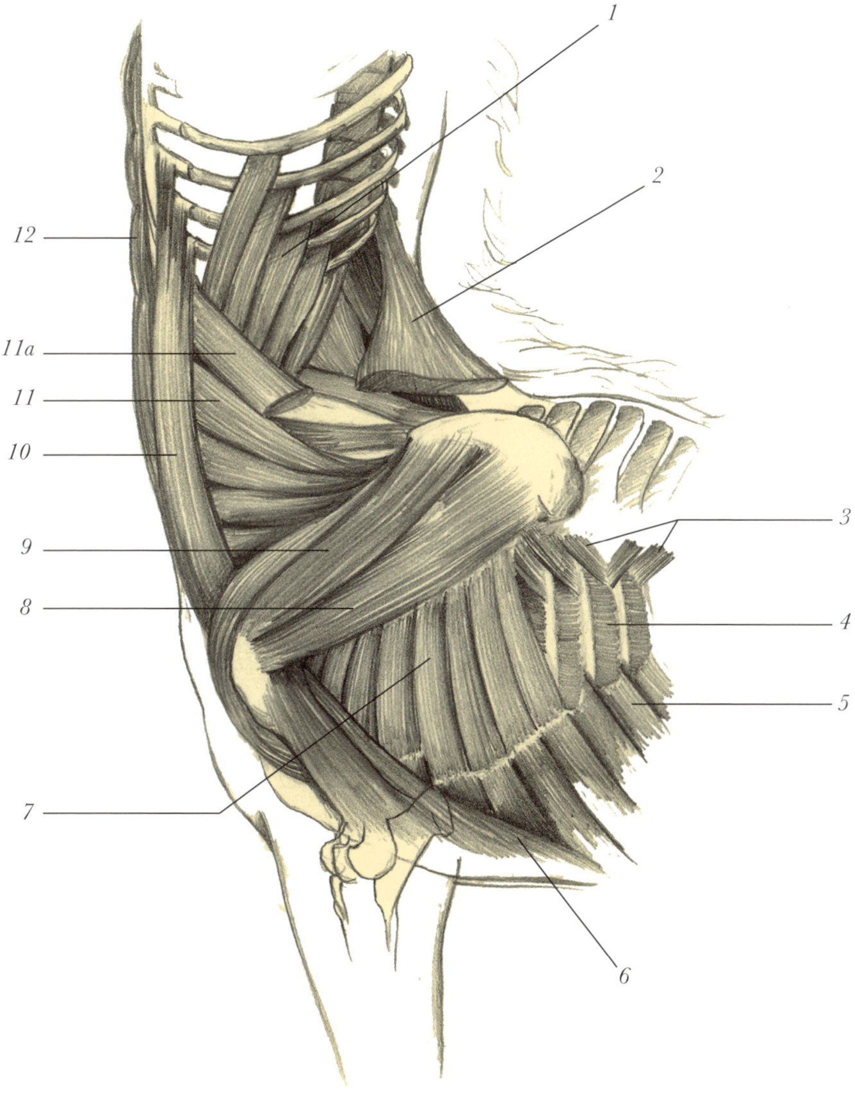

图 7

1– 腹外斜肌
2– 斜方肌（可见剖面图）
3– 背锯肌
4– 外肋间肌
5– 腹外斜肌
6– 胸深肌
7– 腹锯肌
8– 冈下肌
9– 冈上肌
10– 皮下腰颈肌
11– 腹锯肌
11a– 腹锯肌（可见剖面图）
12– 腹直肌

人面鹰是布莱克医生成就的巅峰，即在他对人体及其自我进化能力方面的研究中，该成就是最高的。显然，本章也是《绝迹动物古抄本》中最长的一章，其中不仅描绘了该动物的肌肉和骨骼系统，还涉及了生理机能甚至生殖系统。

厄里倪厄斯人面鹰

界	动物界	科	人面鹰科
门	脊椎动物门	属	人面鹰属
纲	哺乳纲	种	厄里倪厄斯②人面鹰种
目	人面鹰①目		

① 即 Harpy（哈耳庇厄），古希腊神话中的鹰身女妖。—— 译者注

② 即 Erinyes（厄里倪厄斯），古希腊神话中的三个复仇女神，后在雅典娜的劝说下转变为繁荣的保护者。通常被描述为身材高大、头上长满毒蛇、背后生有翅膀、手执火炬或鞭子的丑陋老妇。—— 译者注

人面鹰是所有奇幻生物之母。它曾经是集万千宠爱于一身的美丽女神，后来却演变成了恐怖怪兽的形象。我怀疑这种突然转变，是因为观察者看到的是人面鹰家族中的不同变种，却错误地将其混为一谈。显然，这种动物和智天使及飞人玻瑞阿得斯兄弟等十分相似。我们这次研究的人面鹰则是比较古老的一种，后来的变种比它大得多，也更加面目可憎。

小型人面鹰并没有人类胳膊那样的前肢，与其说是人类，它们更像是禽类。但是，它们显然拥有人类的头颈，上颌骨的突起在双唇下形成了类似鸟喙的脊状物，下颌骨亦然。口腔中较深的位置有牙，即它生长着臼齿和智齿；门齿和犬齿则被喙替代。它的面部（颧骨和面颊下部）覆盖着层次分明的羽毛，远远看去和普通的鸟类很像。

和其他很多鸟类一样，人面鹰体内也有一个复杂的气体循环系统，由诸多用于辅助降温的气囊组成，可以让气流连续通过肺部。这种机制使得它在呼气的同时还能连续不断地吸气。此外，气囊还能降低翼端和内部器官的温度。

人面鹰的生殖系统与鸟类一致，拥有一个卵巢，可以产卵。其卵巨大无比，直径有17~20厘米，孵化过程需要近五周时间。新孵化的“雏鸟”会利用破卵齿（前额上的小而坚硬的突起，成功离开蛋壳后会逐渐消失）敲破蛋壳。

人面鹰既有鸣管，也有喉咙，因此既能像鸟一样鸣叫，也可以同人一般讲话。不过，没有证据显示人面鹰有自己的语言。它的血管系统没有什么特别之处，只是一张由动脉和静脉交织而成的较为复杂的血管网罢了，对于医生和解剖学家来说并不陌生。

生理方面值得注意的是，人面鹰没有鸟类的砂囊，只有人类的胃和较大的胰腺，肠道的长度则比人类短，比鸟类长；它们的心脏同样有两个心房和两个心室，肾脏硕大，这使人面鹰的胸部融合了禽类与人类的生理差异。我想它应该是食肉类动物，但基本上能消化吸收所有东西，包括腐肉。

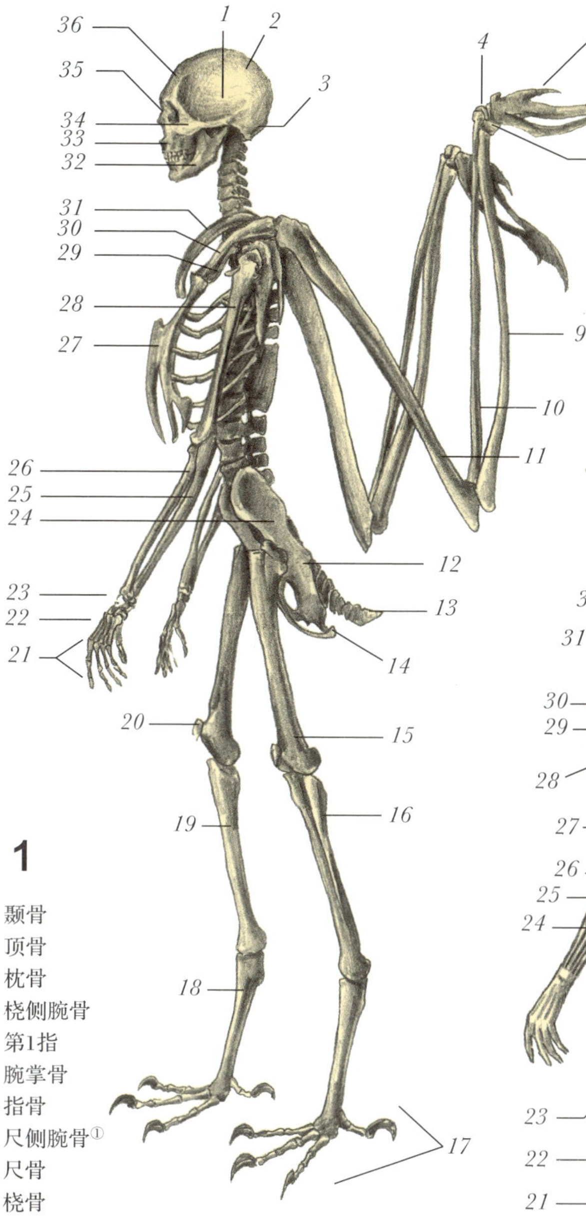

图 1

1– 颞骨
2– 顶骨
3– 枕骨
4– 桡侧腕骨
5– 第1指
6– 腕掌骨
7– 指骨
8– 尺侧腕骨[①]
9– 尺骨
10– 桡骨
11– 肱骨
12– 坐骨
13– 尾综骨
14– 耻骨
15– 股骨
16– 腓骨
17– 趾骨
18– 跗跖骨
19– 胫跗骨
20– 膝盖骨
21– 指骨
22– 掌骨
23– 腕骨
24– 盆骨
25– 尺骨
26– 桡骨
27– 胸骨
28– 肱骨
29– 锁骨
30– 乌喙骨
31– 叉骨
32– 下颌骨
33– 上颌骨
34– 颧弓
35– 鼻骨
36– 额骨

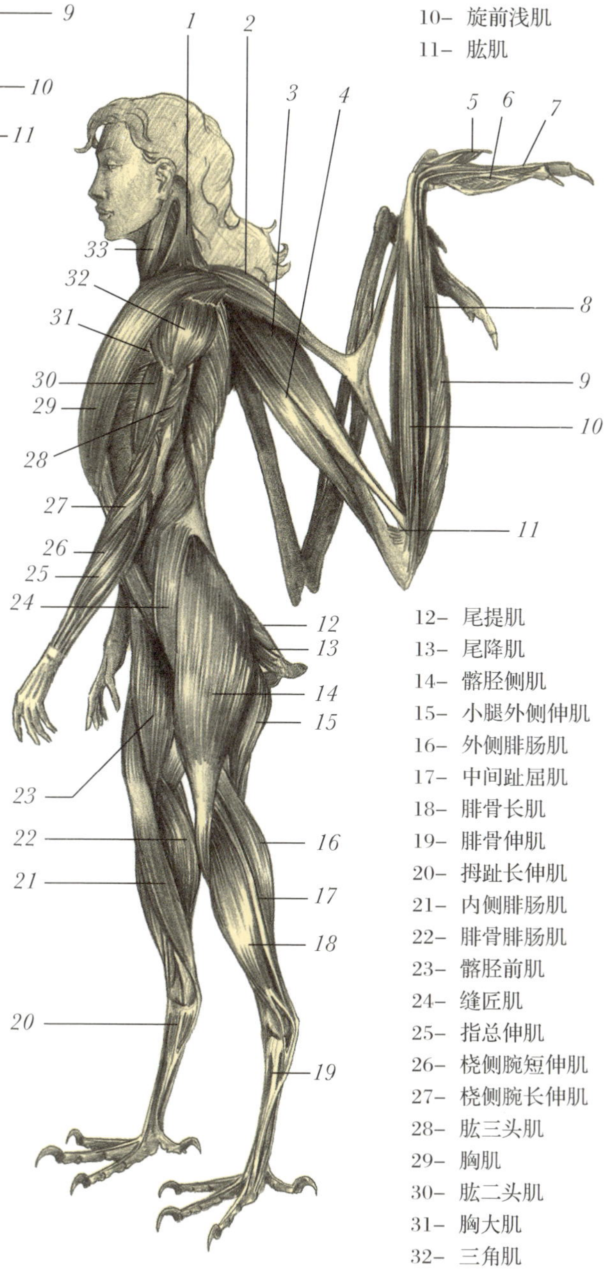

图 2

1– 斜方肌
2– 前翼膜张肌
3– 肱二头肌
4– 肱三头肌
5– 小翼内收肌
6– 腹侧骨间肌
7– 大指内收肌
8– 指屈肌
9– 尺侧腕屈肌
10– 旋前浅肌
11– 肱肌
12– 尾提肌
13– 尾降肌
14– 髂胫侧肌
15– 小腿外侧伸肌
16– 外侧腓肠肌
17– 中间趾屈肌
18– 腓骨长肌
19– 腓骨伸肌
20– 拇趾长伸肌
21– 内侧腓肠肌
22– 腓骨腓肠肌
23– 髂胫前肌
24– 缝匠肌
25– 指总伸肌
26– 桡侧腕短伸肌
27– 桡侧腕长伸肌
28– 肱三头肌
29– 胸肌
30– 肱二头肌
31– 胸大肌
32– 三角肌
33– 胸锁乳突肌

① 原版作“桡侧腕骨”，有误，按图改正。—— 译者注

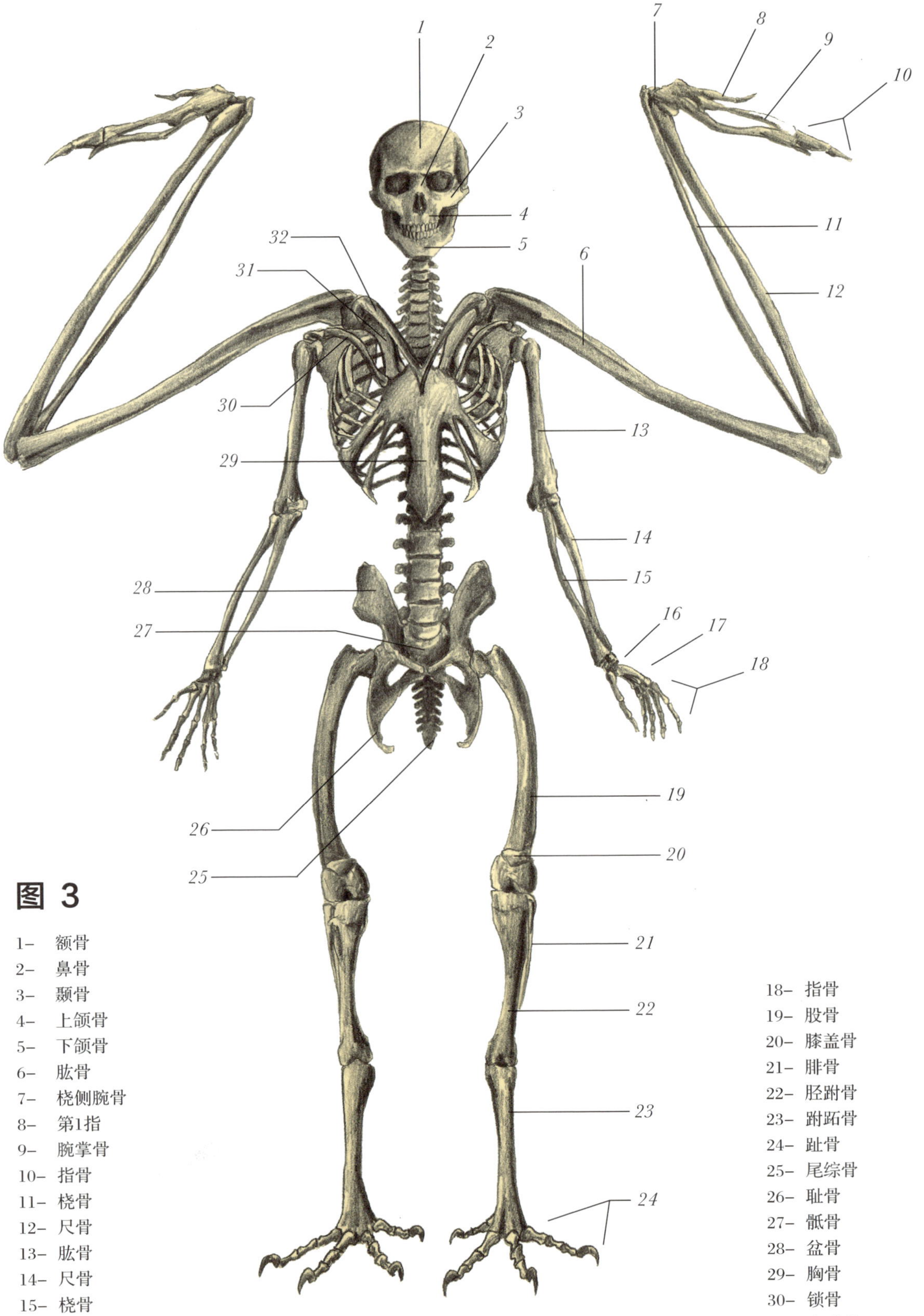

图 3

1- 额骨
2- 鼻骨
3- 颞骨
4- 上颌骨
5- 下颌骨
6- 肱骨
7- 桡侧腕骨
8- 第1指
9- 腕掌骨
10- 指骨
11- 桡骨
12- 尺骨
13- 肱骨
14- 尺骨
15- 桡骨
16- 腕骨
17- 掌骨
18- 指骨
19- 股骨
20- 膝盖骨
21- 腓骨
22- 胫跗骨
23- 跗跖骨
24- 趾骨
25- 尾综骨
26- 耻骨
27- 骶骨
28- 盆骨
29- 胸骨
30- 锁骨
31- 乌喙骨
32- 叉骨

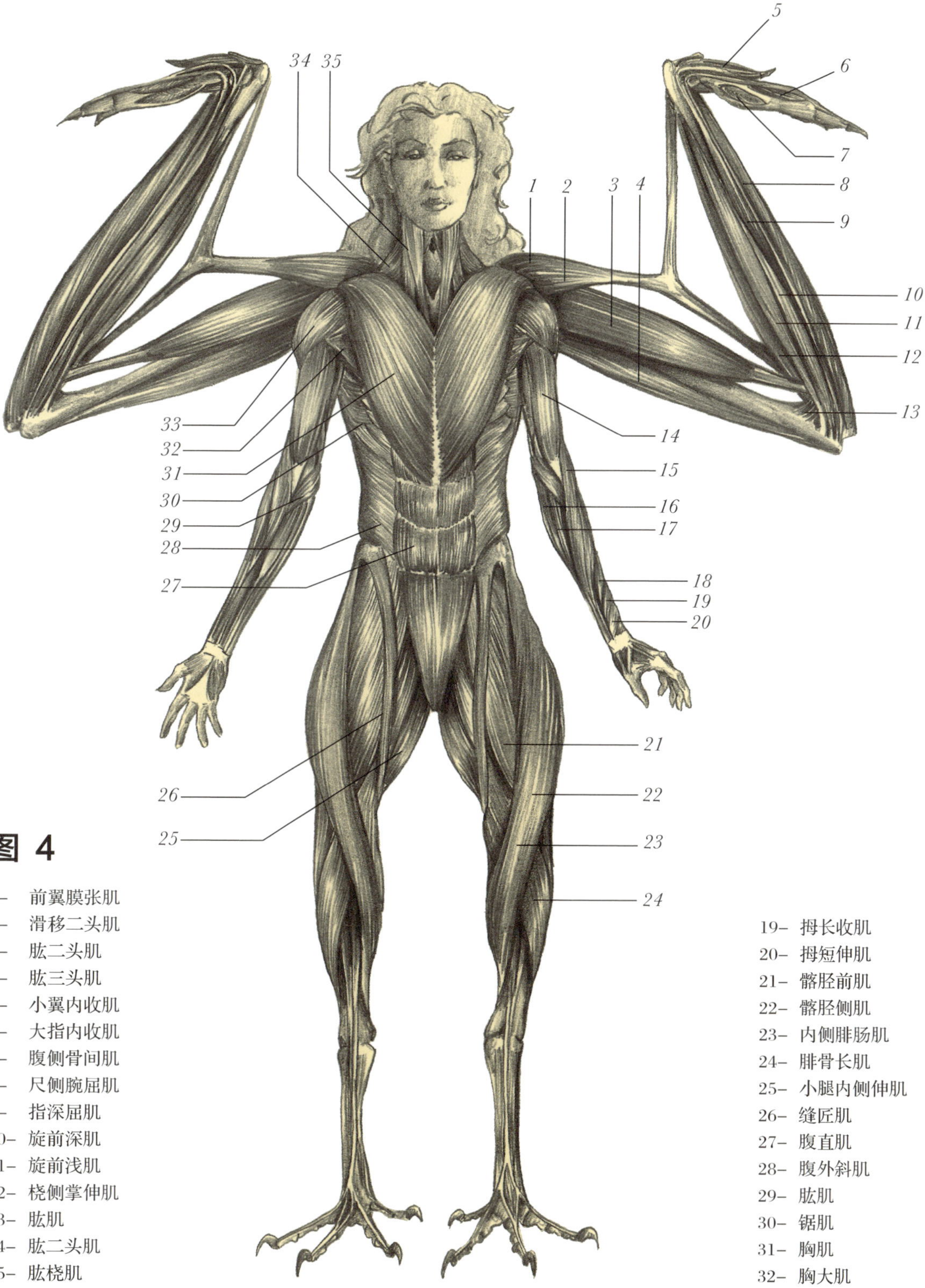

图 4

1– 前翼膜张肌
2– 滑移二头肌
3– 肱二头肌
4– 肱三头肌
5– 小翼内收肌
6– 大指内收肌
7– 腹侧骨间肌
8– 尺侧腕屈肌
9– 指深屈肌
10– 旋前深肌
11– 旋前浅肌
12– 桡侧掌伸肌
13– 肱肌
14– 肱二头肌
15– 肱桡肌
16– 掌长肌
17– 桡侧腕屈肌
18– 桡侧腕短伸肌
19– 拇长收肌
20– 拇短伸肌
21– 髂胫前肌
22– 髂胫侧肌
23– 内侧腓肠肌
24– 腓骨长肌
25– 小腿内侧伸肌
26– 缝匠肌
27– 腹直肌
28– 腹外斜肌
29– 肱肌
30– 锯肌
31– 胸肌
32– 胸大肌
33– 三角肌
34– 斜方肌
35– 胸锁乳突肌

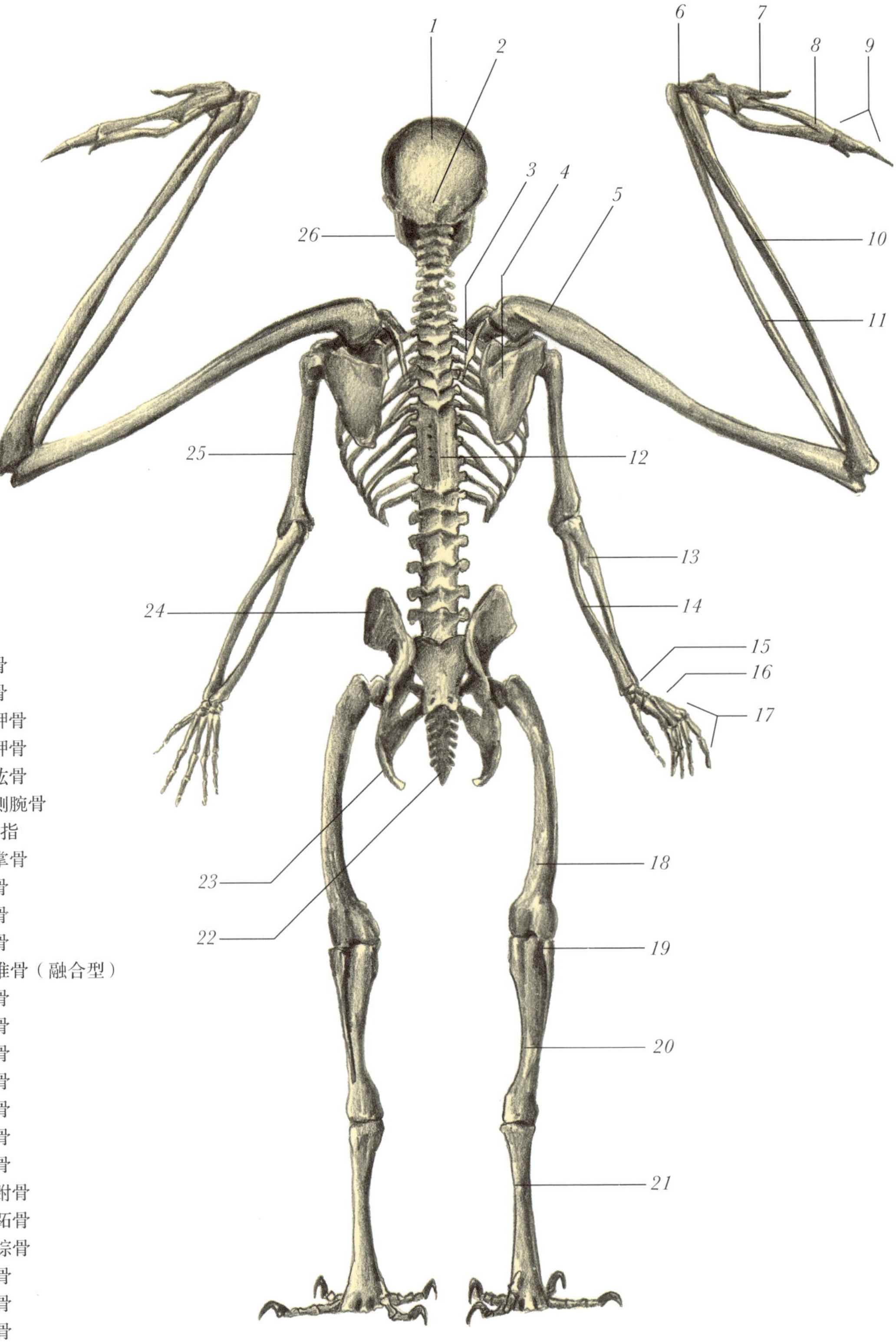

图 5

1– 顶骨
2– 枕骨
3– 翼胛骨
4– 肩胛骨
5– 翼肱骨
6– 桡侧腕骨
7– 第1指
8– 腕掌骨
9– 指骨
10– 尺骨
11– 桡骨
12– 胸椎骨（融合型）
13– 尺骨
14– 桡骨
15– 腕骨
16– 掌骨
17– 指骨
18– 股骨
19– 腓骨
20– 胫跗骨
21– 跗跖骨
22– 尾综骨
23– 耻骨
24– 盆骨
25– 肱骨
26– 下颌骨

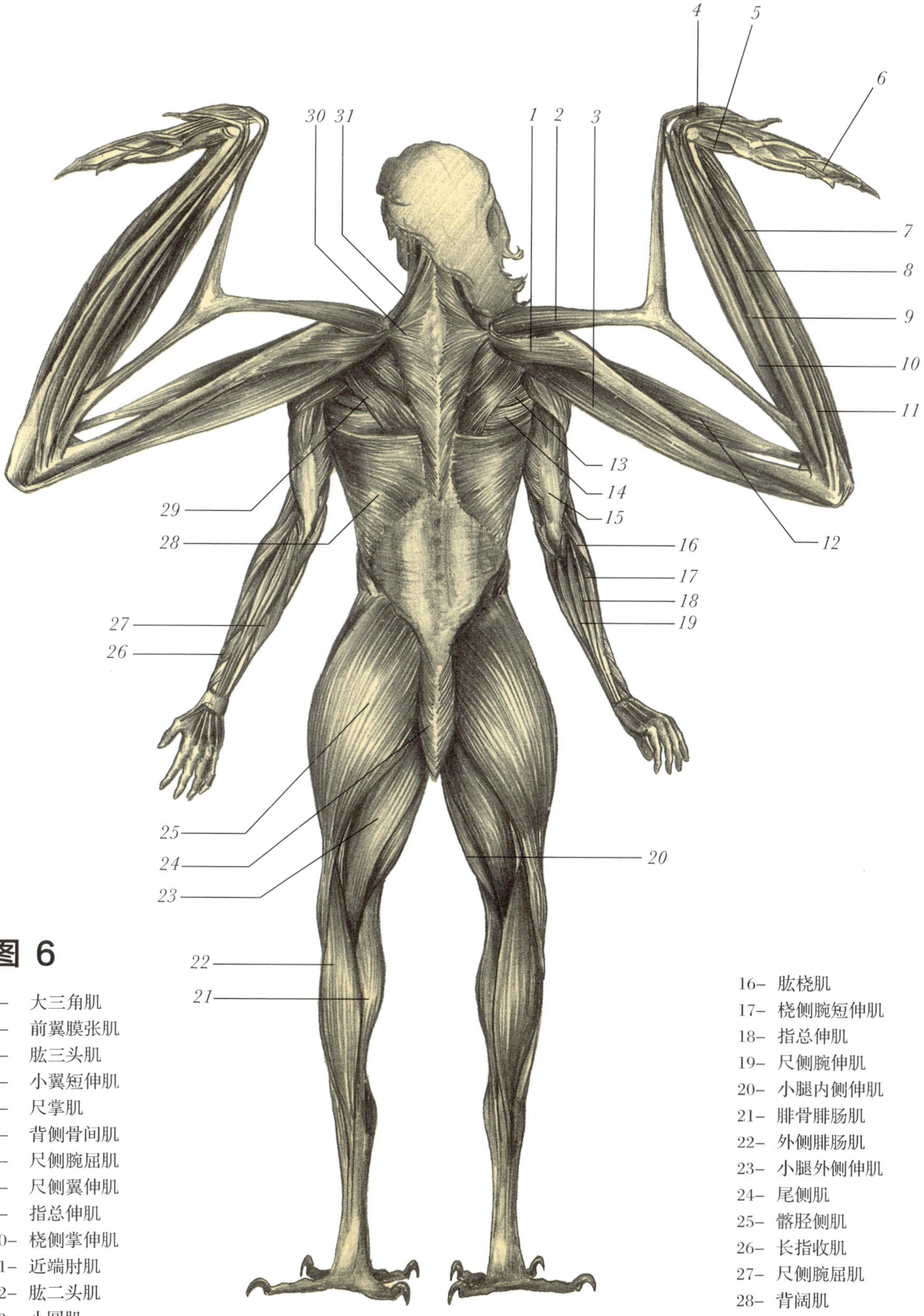

图 6

1- 大三角肌
2- 前翼膜张肌
3- 肱三头肌
4- 小翼短伸肌
5- 尺掌肌
6- 背侧骨间肌
7- 尺侧腕屈肌
8- 尺侧翼伸肌
9- 指总伸肌
10- 桡侧掌伸肌
11- 近端肘肌
12- 肱二头肌
13- 小圆肌
14- 大圆肌
15- 肱三头肌
16- 肱桡肌
17- 桡侧腕短伸肌
18- 指总伸肌
19- 尺侧腕伸肌
20- 小腿内侧伸肌
21- 腓骨腓肠肌
22- 外侧腓肠肌
23- 小腿外侧伸肌
24- 尾侧肌
25- 髂胫侧肌
26- 长指收肌
27- 尺侧腕屈肌
28- 背阔肌
29- 冈下肌
30- 斜方肌
31- 翼斜方肌

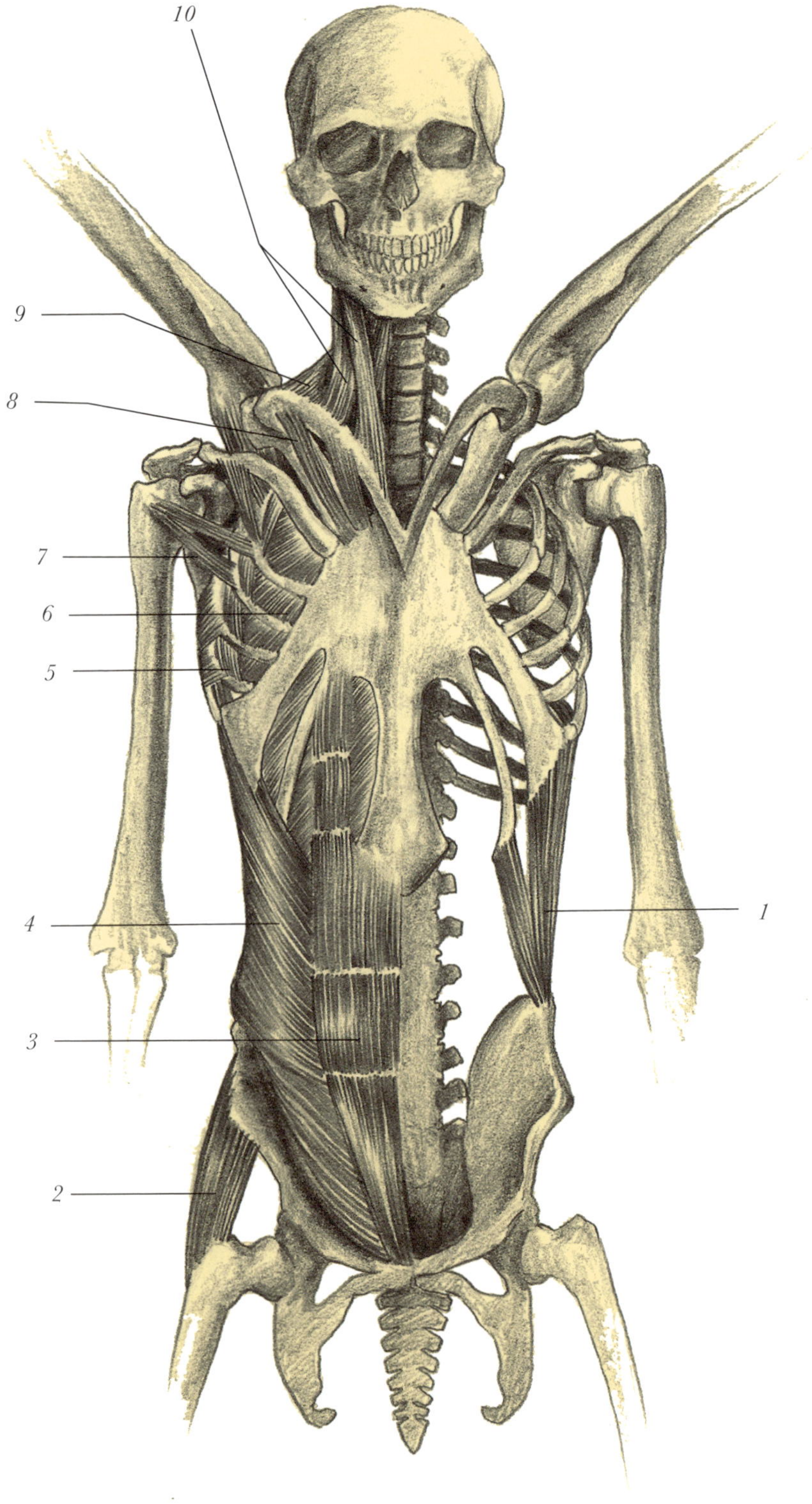

图 7

1– 腰方肌
2– 臀中肌
3– 腹直肌
4– 腹外斜肌
5– 外肋间肌
6– 内肋间肌
7– 胸大肌
8– 叉骨韧带
9– 斜方肌
10– 胸锁乳突肌

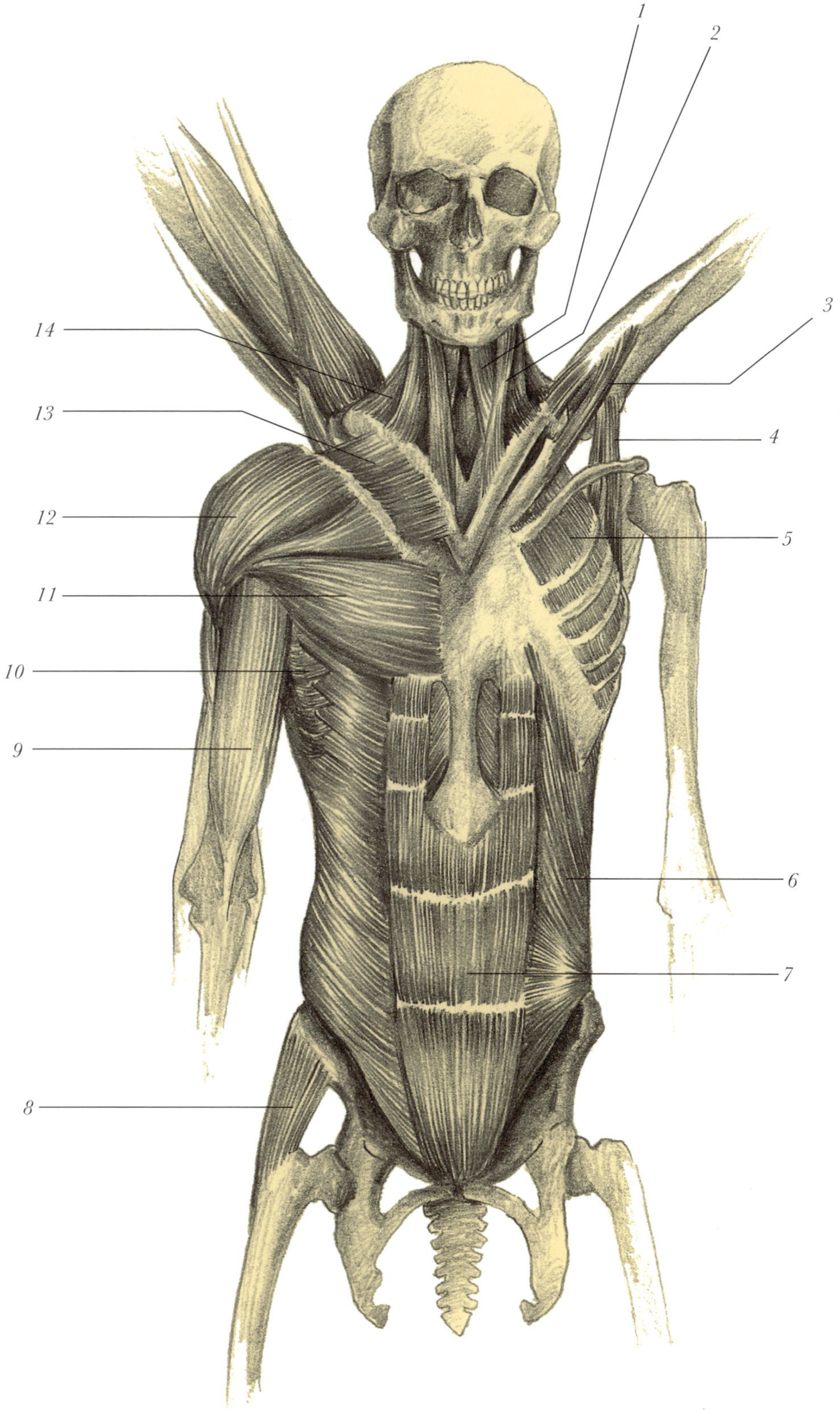

图 8

1- 胸舌骨肌
2- 胸锁乳突肌
3- 短胸肌
4- 后背阔肌
5- 内肋间肌
6- 腹外斜肌
7- 腹直肌
8- 臀中肌
9- 肱二头肌
10- 锯肌
11- 胸大肌
12- 三角肌
13- 外叉骨肋间带
14- 斜方肌

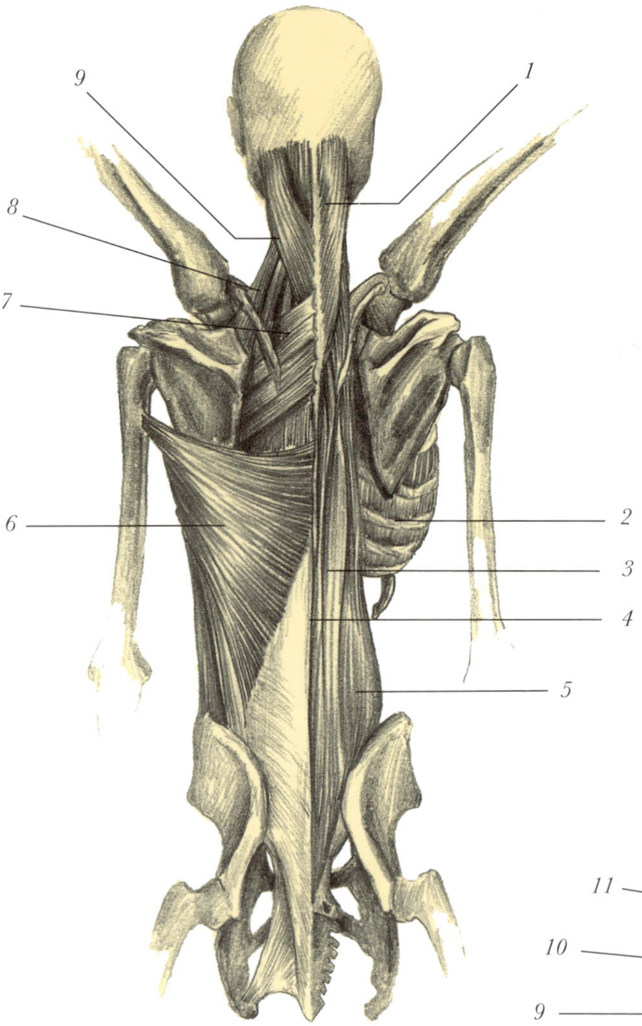

图 9

1- 头夹肌
2- 外肋间肌
3- 背最长肌
4- 棘横肌
5- 腰髂肋肌
6- 背阔肌
7- 小菱形肌
8- 肩胛提肌
9- 头上斜肌

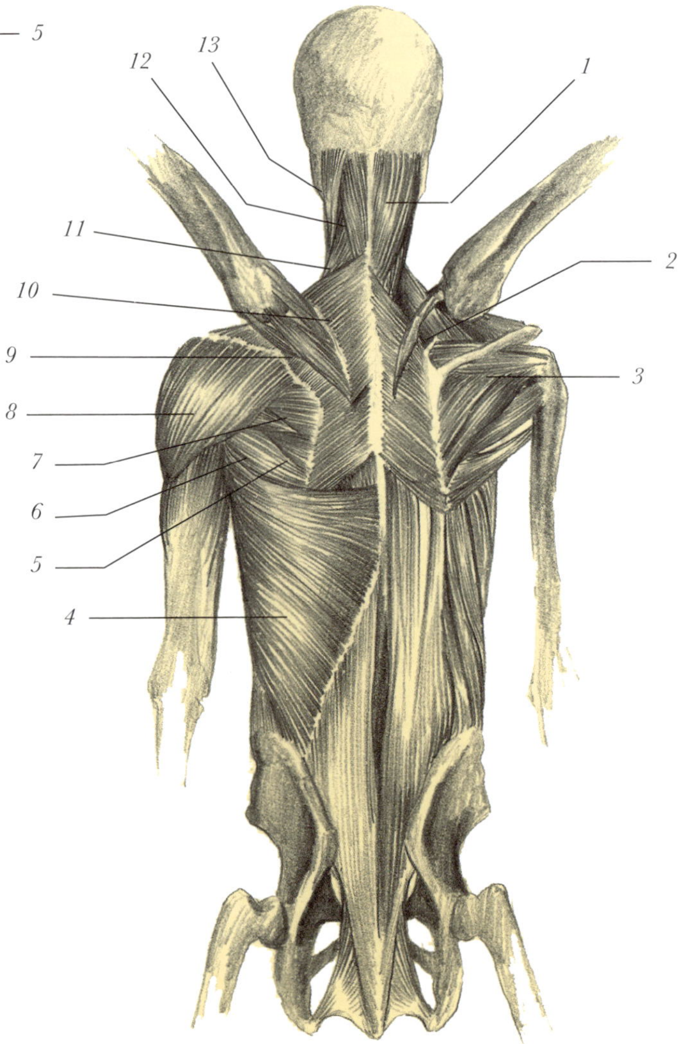

图 10

1- 头夹肌
2- 肩胛提肌
3- 冈上肌
4- 背阔肌
5- 小圆肌
6- 大圆肌
7- 冈下肌
8- 三角肌
9- 肩胛鞘基后突缘
10- 后菱形肌
11- 肩胛提肌
12- 头上斜肌
13- 胸锁乳突肌

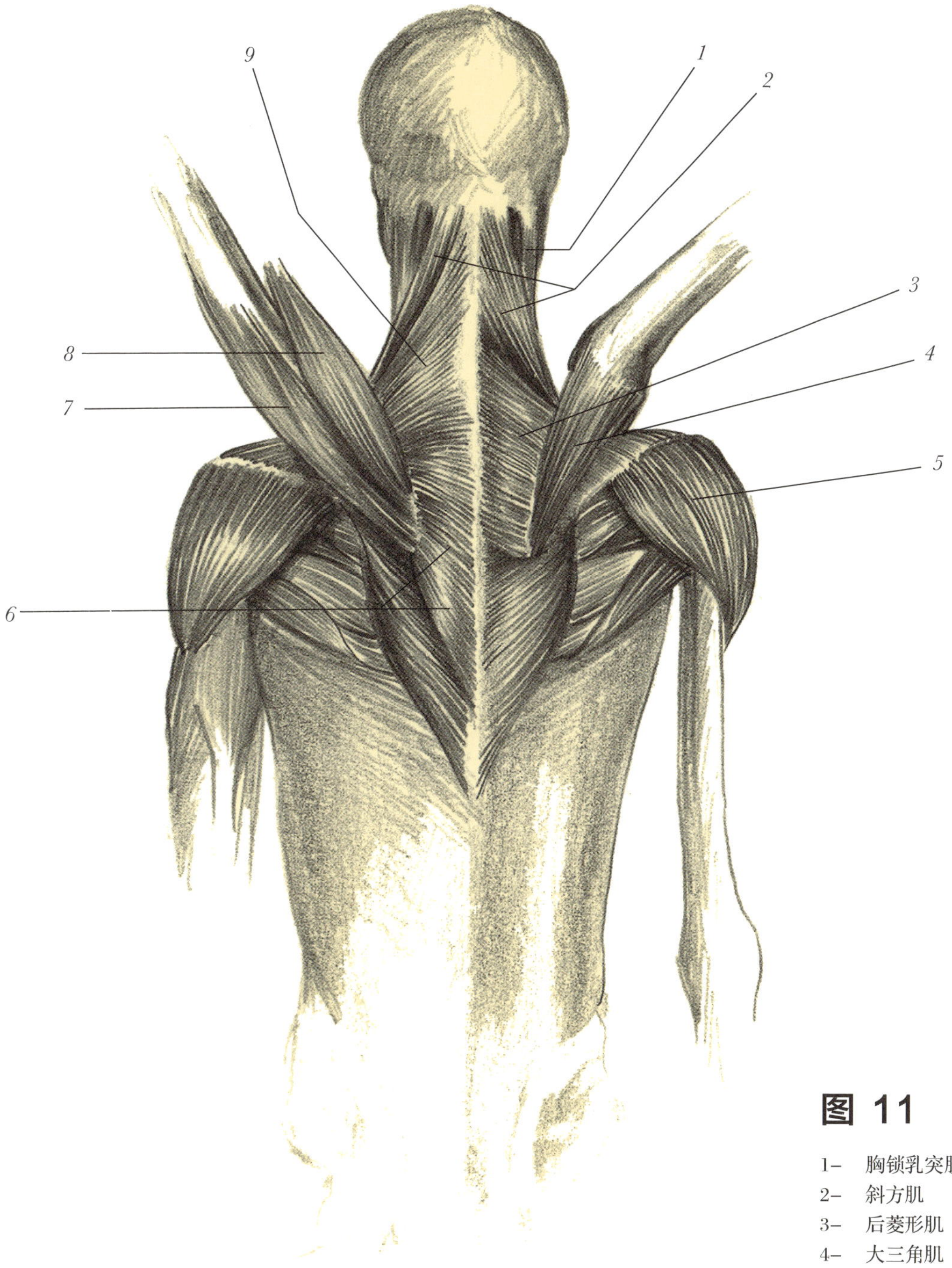

图 11

1– 胸锁乳突肌
2– 斜方肌
3– 后菱形肌
4– 大三角肌
5– 三角肌
6– 后背阔肌
7– 肱三头肌
8– 大三角肌
9– 后斜方肌

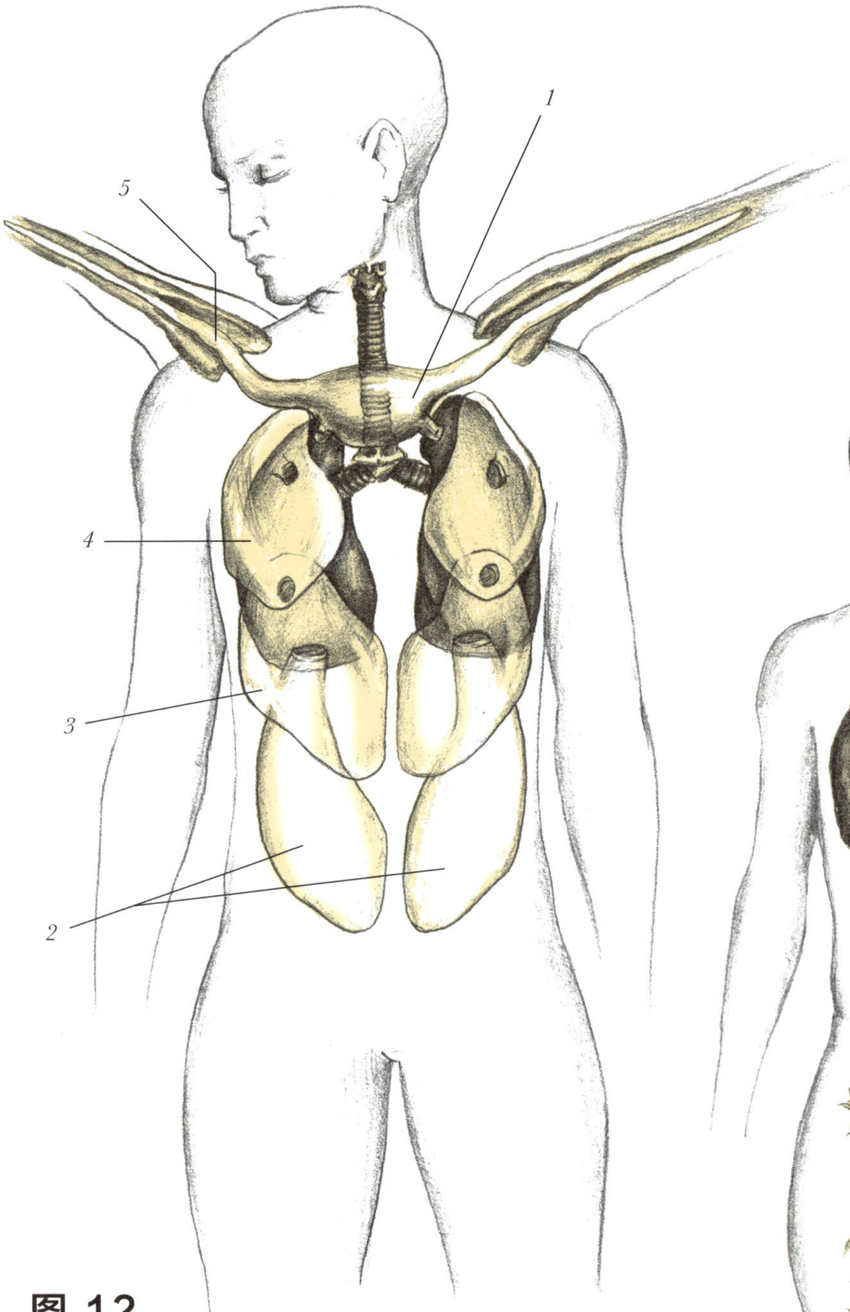

图 12

1– 锁骨间气囊
2– 腹气囊
3– 后胸气囊
4– 前胸气囊
5– 肱内气囊

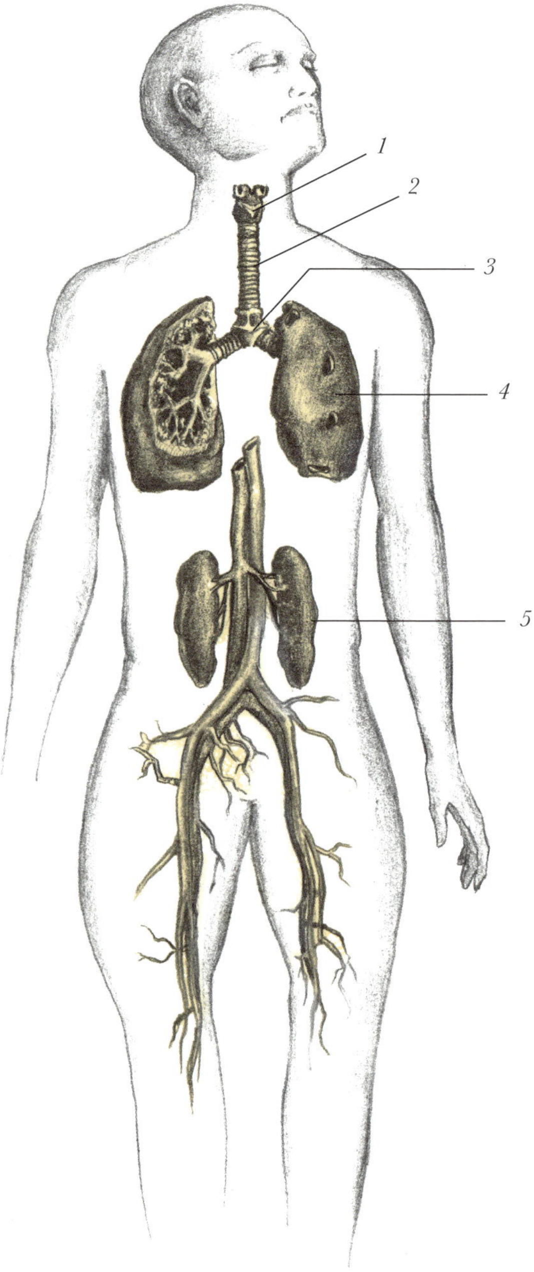

图 13

1– 咽喉
2– 气管
3– 鸣管
4– 肺
5– 肾脏

图 14

1– 肝脏
2– 胃
3– 胰腺
4– 肱动脉/静脉
5– 翼肱动脉/静脉

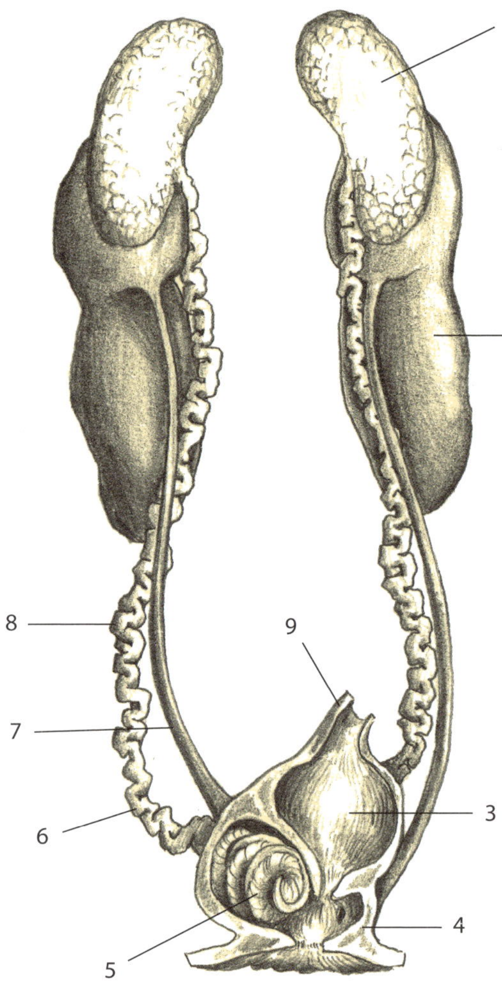

图 15

1– 睾丸
2– 肾脏
3– 粪道
4– 泄殖腔
5– 阴茎
6– 储精囊
7– 输尿管
8– 输精管
9– 大肠

图 16

1– 卵巢
2– 漏斗口
3– 卵白蛋白
4– 卵子和外壳
5– 输尿管
6– 阴道
7– 泄殖腔
8– 大肠
9– 输卵管
10– 输尿管
11– 肾脏

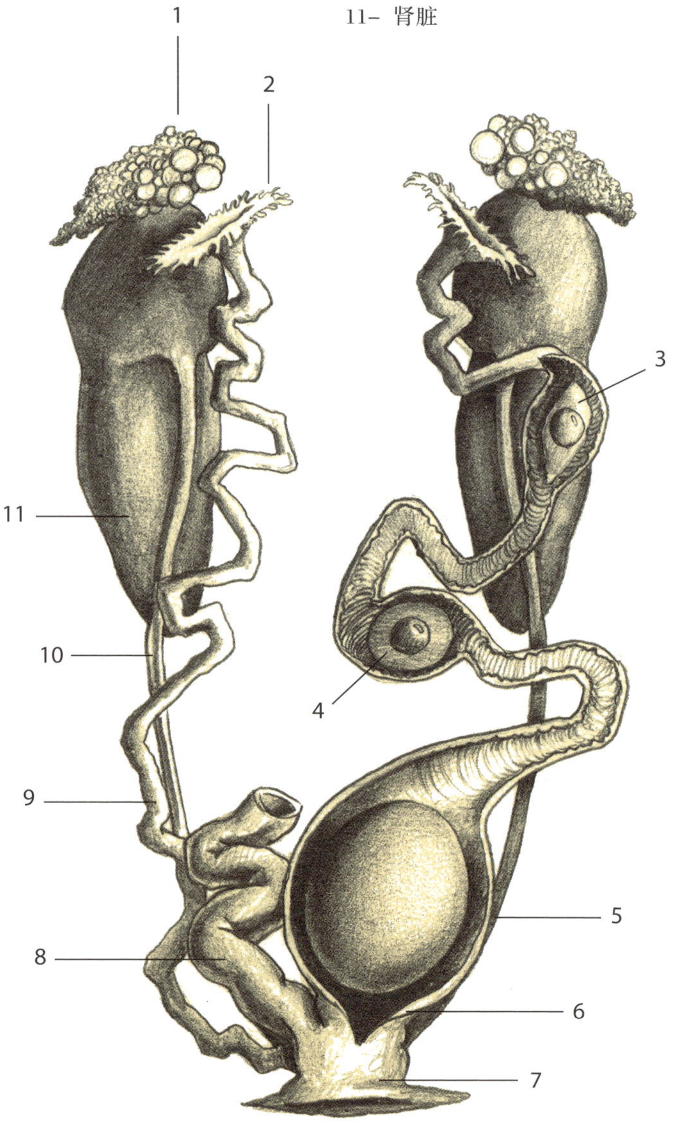

图 17

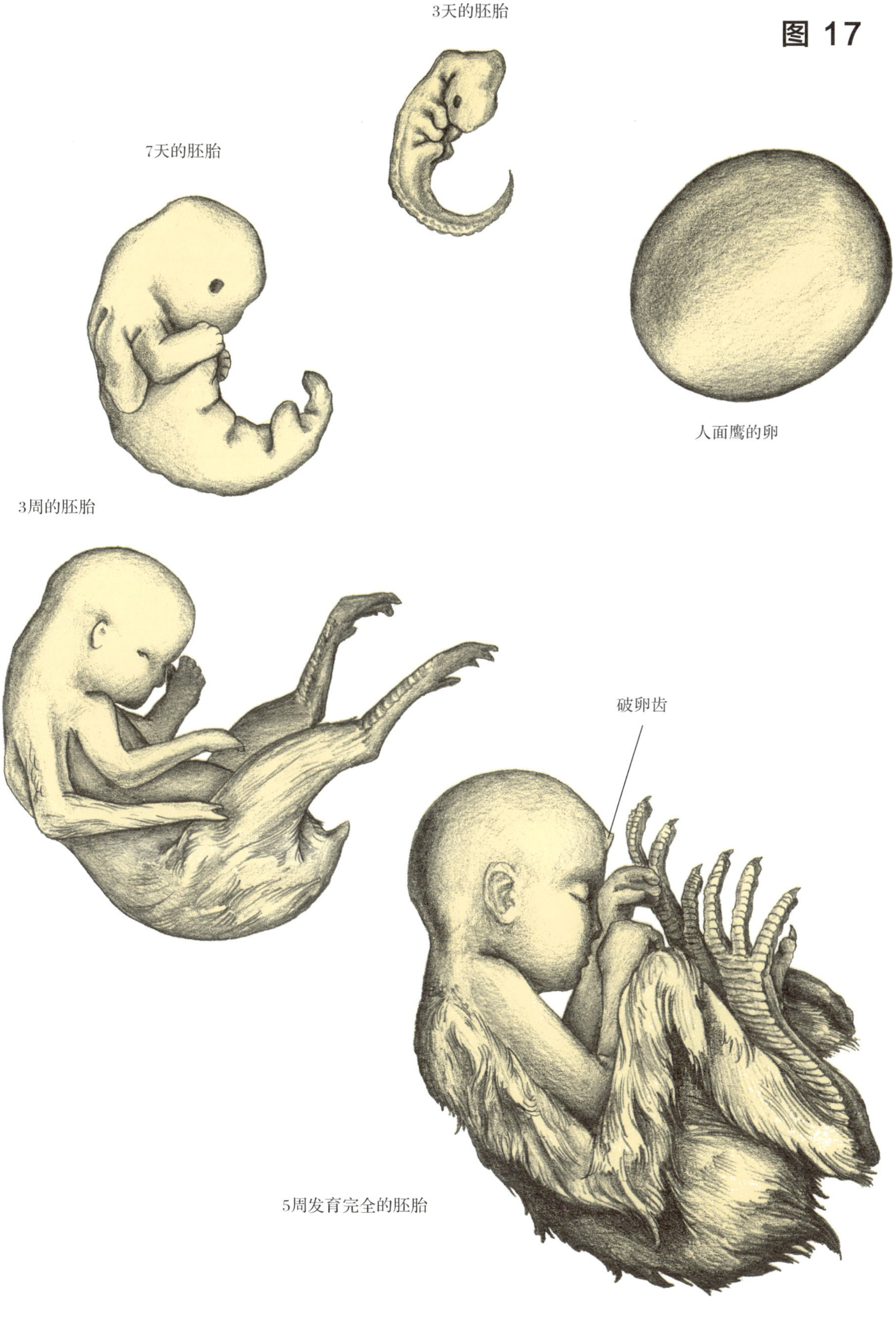

图 18

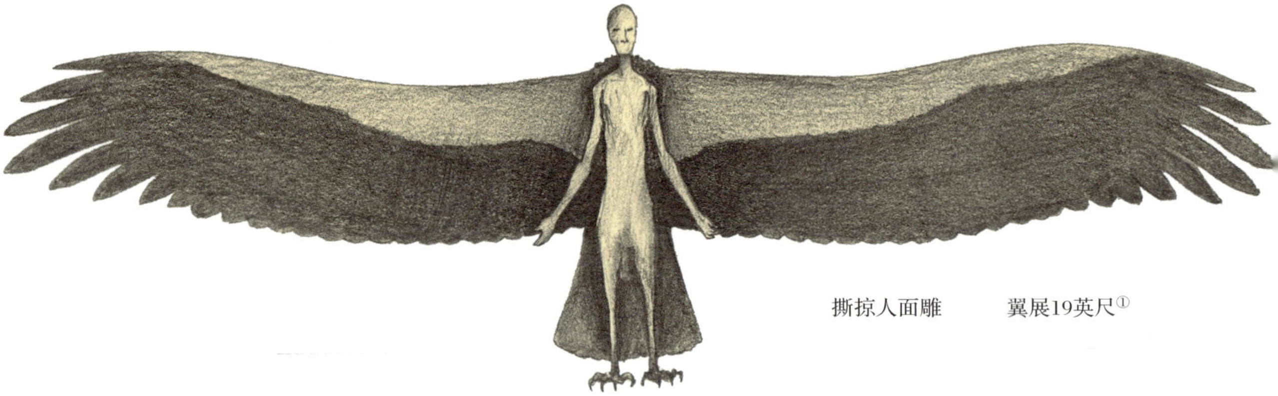

撕掠人面雕　　翼展19英尺①

厄里倪厄斯人面鹰　　翼展12英尺

司铎法蒂斯人面隼②　　翼展6英尺

虔信人面隼　　翼展8英尺

① 1 英尺等于 30.48 厘米。—— 译者注

② 即 Strophades，希腊群岛名。希腊神话中，色雷斯国王菲纽斯因泄露天机，众神诅咒他一旦用餐就有哈耳庇厄人面鹰抢夺他的食物。后来伊阿宋率领阿耳戈船英雄寻找金羊毛时路过此岛，其中的玻瑞阿代的两个儿子帮助菲纽斯把哈耳庇厄人面鹰赶到了司铎法蒂斯群岛，使其立誓不再回来骚扰菲纽斯才放过它们。—— 译者注

图 19

后 记

一场奇特而震撼的阅读之旅结束了。当11种幻想中的生物走出幻想，变成各个角度的肌肉和骨骼解剖图，那种感觉就像走进了另一个真实的世界。但这并不是本书的全部，甚至可以说不是最奇特和最震憾的部分——虽然能做到这一点已经是让人非常激动的事情了。

合上这部“史无前例”的书，你的脑中会萦绕一个名字：斯宾塞·布莱克医生。很多人会觉得他是邪恶的，因为他对那些病患、那些动物特别是对他自己亲人的行为。但他并非科幻故事中充满野心的邪恶科学家，他只是和其他所有的伟大科学家一样，爱上了科学并执着地相信自己爱得正确。不同之处在于，他是错误的，他失败了。

从出生于掘尸者家庭到家破人亡后销声匿迹，斯宾塞·布莱克医生悲剧的一生让人郁悒。我们的灵魂被他吓到了，读者也因此记住了他。这正是本书让人震撼的原因。

但科学探索怎么会一直正确呢？很多人似乎忘了这一点。斯宾塞·布莱克医生是虚构的，但又是真实的。他是科学发展之路上的失败者，被人们遗忘在科学之光照射不到的阴影里。

冷静地为一名悲剧人物而非成功者做“传记”，这正是本书独特和宝贵的地方。我们不希望这样奇特而震撼的阅读之旅随着读完本书最后一页而结束。想了解斯宾塞·布莱克医生的生平与事业的读者可以访问QUIRKBOOKS.COM/THERESURRECTIONIST，该网站有许多宝贵资料供您参考。这个独一无二的在线资料库包括一段关于本书的短片、关于制作神话传说中的动物的其他信息，还有用于学术研究和私人目的的数字影像可供下载。

图书在版编目(CIP)数据

绝迹动物古抄本:斯宾塞·布莱克医生的解剖手记/[美]E. B. 哈德斯佩斯(E. B. Hudspeth)著;万洁译. —武汉:湖北人民出版社,2017.10(2022.9 重印)
英文书名:The Resurrectionist:The Lost Work of Dr. Spencer Black
ISBN 978-7-216-09285-2

Ⅰ. ①绝… Ⅱ. ①E… ② 万… Ⅲ. ①神话—动物—世界—图集
Ⅳ. ①B932.1-64

中国版本图书馆 CIP 数据核字(2017)第 211265 号

THE RESURRECTIONIST: THE LOST WORK OF DR. SPENCER BLACK
By E. B. HUDSPETH

策划编辑:丁 雪
责任编辑:丁 雪 曾若雪
封面制作:刘舒扬
责任校对:范承勇
责任印制:王铁兵

出版发行: 湖北人民出版社	**地址**:武汉市雄楚大道 268 号
印刷:武汉市金港彩印有限公司	**邮编**:430070
开本:787 毫米×1092 毫米 1/16	**印张**:12.25
版次:2017 年 10 月第 1 版	**印次**:2022 年 9 月第 7 次印刷
字数:196 千字	**定价**:89.00 元
书号:ISBN 978-7-216-09285-2	

本社网址:http://www.hbpp.com.cn
本社旗舰店:http://hbrmcbs.tmall.com
读者服务部电话:027-87679657
投诉举报电话:027-87679757
(图书如出现印装质量问题,由本社负责调换)